马克思主义美学丛书

Marxist Aesthetics

马克思主义美学史

〔苏〕M. C. 卡冈　主编

汤侠生　译

中央编译出版社

Central Compilation & Translation Press

图书在版编目（CIP）数据

马克思主义美学史 /（苏）M.C.卡冈主编；汤侠生
译 . -- 北京：中央编译出版社，2023.3
　　ISBN 978-7-5117-4310-7

　　Ⅰ . ①马… Ⅱ . ① M… ②汤… Ⅲ . ①马克思主义美学
—研究 Ⅳ . ① B83

中国版本图书馆 CIP 数据核字（2022）第 199490 号

马克思主义美学史

责任编辑	汪　婷	
责任印制	刘　慧	
出版发行	中央编译出版社	
地　　址	北京市海淀区北四环西路 69 号（100080）	
电　　话	（010）55627391（总编室）	（010）55627116（编辑室）
	（010）55627320（发行部）	（010）55627377（新技术部）
经　　销	全国新华书店	
印　　刷	北京汇林印务有限公司	
开　　本	880 毫米 × 1230 毫米　1/32	
字　　数	281 千字	
印　　张	11.75	
版　　次	2023 年 3 月第 1 版	
印　　次	2023 年 3 月第 1 次印刷	
定　　价	88.00 元	

新浪微博：@ 中央编译出版社　　　**微　　信**：中央编译出版社（ID：cctphome）
淘宝店铺：中央编译出版社直销店（http://shop108367160.taobao.com）（010）55627331
本社常年法律顾问：北京市吴栾赵阎律师事务所律师　闫军　梁勤
凡有印装质量问题，本社负责调换，电话：（010）55626985

译者序

M. C. 卡冈教授是苏联列宁格勒大学哲学系伦理学和美学教研室主任，苏联著名美学家。《苏联大百科全书》（三十卷本）"美学"条目，就是卡冈撰写的。他的主要著作有《马克思列宁主义美学讲义》、《美学史讲义》（1—4 卷）、《车尔尼雪夫斯基的美学学说》及《艺术形态学》等。近年来，卡冈提出用系统分析的方法研究美学，引起苏联美学界的广泛重视。

本书是 M. C. 卡冈教授主编的《美学史讲义》的第四卷。《美学史讲义》是在卡冈教授指导下，由十几位博士、副博士共同编写的。《美学史讲义》第四卷，论述马克思主义美学在社会主义国家和资本主义国家的形成与发展，根据书的内容及本卷单独出版的需要，现将书名改为《马克思主义美学史》。

本书对从十九世纪四十年代马克思主义美学思想在德国产生，到二十世纪七十年代本书问世前夕马克思主义美学思想的全部发展过程做了概括的分析与介绍，涉及法国、意大利、英国、美国、奥地利、德意志联邦共和国、德意志民主共和国、苏联、匈牙利、保加利亚、波兰、捷克、罗马尼亚等欧美十几个国家。

本书给自己提出的任务主要不是依次描述各派学者的观点，而是揭示马克思主义美学思想产生和发展的规律。作者认为，马克思主义美学的形成与发展是世界美学思想发展的最高阶段。围绕着这一认识，作者论证了这样一些问题，如：马克思主义美学在美学史上的地位，马克思主义美学的理论内容与文化意义，它经历了哪些发展阶段，它的现状如何，它在方法论上和理论上进一步发展的前景如何，等等。

作者认为，马克思主义美学史应分为两大阶段：一是马克思恩格斯阶段（包括他们的战友及学生）；二是列宁阶段。这一阶段包括列宁及其学生与战友对马克思主义美学思想的创造性发展，以及世界各国马克思主义美学家对美学科学所进行的系统研究。

作者在阐明马克思恩格斯的美学原理和列宁对马克思恩格斯美学思想的创造性发展后，依次阐述了马克思主义美学思想在社会主义国家和资本主义国家的发展。作者是苏联人，有关苏联美学发展状况的论述占用较多的篇幅是可以理解的，但其他国家占的篇幅相对来说，却嫌单薄了些。书中没有论及东方国家，这不能不说是一个遗憾。作者认为，"从十九世纪以来的这段时间里，近东和远东国家、拉丁美洲和非洲国家关于美学思想的知识实质上并没有得到丰富"，对这种观点我们是不能苟同的。

作者在论述过程中使用了大量文献，并在书末附上比较详细的参考书目，这对中国开展马克思主义美学史的研究，有一定的参考价值。

马克思主义美学史方面的著作，在中国尚属少见，本书的出版对中国在这方面的研究工作，定会有所裨益。译文如有不当之处，希望读者予以批评指正。

汤侠生

第一章

马克思列宁主义美学
在世界美学思想史上的地位

马克思主义美学的形成与发展可以有充分理由被称作世界美学思想史的最高阶段。在本课程 [1] 最后一部分，我们应予考察的是：这种主张有什么根据，也就是说，马克思主义美学在美学史上占有什么地位，它有哪些理论内容和何种文化意义，它在自身的发展中都经历了哪些阶段，它的现状如何，它在方法论上和理论上进一步完善的前景如何。

第一节　马克思主义在世界美学思想史上的作用

马克思主义的美学思想是作为整个马克思列宁主义学说的

---

[1]　本书原名《美学史讲义》（第4卷），是列宁格勒大学美学史课程的最后一部分。——译者

组成部分形成和发展起来的，它跟马克思列宁主义学说的其他部分——哲学、政治经济学、科学共产主义理论有着直接的联系。马克思主义美学的历史，也像全部社会主义意识形态和社会主义文化的历史那样，反映了工人阶级进行革命运动时代、对社会进行社会主义改造时代、共产主义建设时代人类发展的总进程。与此同时，马克思主义美学理论在其每一个历史发展阶段上的状况，即它研究的问题、它的方法论的出发点、它的理论水平，则又直接受两个因素制约：一个因素是邻近学科的成就，美学跟这些学科逐步有了或多或少的密切联系；另一个因素是艺术实践的运动，它既表现为无产阶级社会主义艺术的发展，又表现为对古典艺术遗产的开发。马克思列宁主义美学始终面临着二重性任务：**一要阐明人**在从美学角度把握世界方面、在艺术活动方面、社会的审美文化与艺术文化发展方面的**客观规律，二要指导这种发展**，积极促进和谐发展的新人的形成。这些任务实际上是一而二，二而一的。

在马克思和恩格斯的早期理论著作中，就已经为新的美学理论奠定了基础，这种新美学理论跟他们学说的总原则是相一致的。分析一下美学问题在他们学说中所占的地位，我们就可以揭示马克思主义创始人在对待美学的态度上跟马克思主义以前的古典哲学家的**根本对立**。

现在让我们回顾一下历史。

如果说，在十七世纪至十八世纪上半叶的哲学中，美学问题只占有极微末的地位的话，那么，在德国古典哲学中，美学则被纳入哲学知识的体系，并被看作是为使哲学知识完备所不可缺少的组成部分。此外，尽管康德、席勒、谢林、叔本华的学说有这样那样的不同，但就他们的美学理论来说，显然都夸大了艺术活动与审美教育的作用。并且，他们对人们的革命实践改造活动都持对立的态度。在他们看来，这种活动根本无足轻重。黑格尔的学说摆脱了这种错误倾向，但他的毛病是夸大了另一个方面，即把人类的认识活动绝对化了，结果得出这样的论断：审美的艺术的积极性只具有暂时的意义，而且这种积极性的繁荣兴旺似乎只是过去的事，并不属于将来。甚至费尔巴哈的唯物主义也未能摆脱窘境，因为，把社会生活的宗教、道德方面加以绝对化的结果，使得他从原则上轻视审美意识和艺术创作活动。

对待前人的这些观点，马克思和恩格斯既不赞成这一方，也不赞成另一方。他们认识到，人要获得真正的解放，靠的不是审美教育，不是逃避生活、遁入艺术世界，而是靠对社会生活进行革命改造。这一见解使得革命实践问题、而不是美学问题成了历史唯物主义创始人理论兴趣的中心。不过，他们也并不赞同黑格尔和费尔巴哈的错误见解，因为，他们用来衡量人与现实的审美关系的价值和人的艺术活动的价值的，并不是与艺术格格不入的认识论方面或宗教伦理方面的尺度，而是人的这类积极性所特有的准绳。由于马克思和恩格斯发现了劳动实践的根本意义，由于他们承认人的全面和谐发展是革命改造世界的结果和终极目的，他们才开始明确意识到这一特征。

由此可见，是基本的哲学和社会政治立场使得马克思和恩格斯避开了两种极端，即夸大美学在哲学知识体系中的意义和低估美学在这个体系中的地位。美学学说成了整个马克思主义世界观的有机组成部分，成了对革命实践进行理论论证的一个必要方面。正是由于这种缘故，所以，我们虽然在科学共产主义理论经典作家的早期著作中和成熟期著作中找不到有关美学理论的系统探讨，但是，在他们的任何一部大部头著作中几乎无不包含着一系列极重要美学问题的提出与解决。这些问题是在考察人的起源、考察人们改造世界活动的发展、考察人的本质在阶级对抗社会中的异化时产生的，是在研究物质的与精神的生产与消费的发展规律时产生的，是在思考人们在工人阶级革命斗争过程中获得解放的途径和建成共产主义社会的途径时产生的。

马克思和恩格斯在解决所有这些问题时，为贯穿于辩证唯物主义世界观整个体系中的新的美学学说奠定了基础。马克思主义美学已经持续发展了近一个半世纪，由于它的不断发展，它已经成为世界美学思想中最有影响的流派之一，它的威望不仅为它的拥护者所承认，而且也为它的反对者所承认。

较之所有其他美学理论，马克思列宁主义美学的历史创新性和它方法论上的优越性表现在什么地方、有什么根据呢？这一切首先是受已成为马克思主义美学之基石的哲学理论本身的特点制约的。

第一，马克思主义哲学所特有的彻底唯物主义的世界观使得美学科学相当接近于解决它所面临的全部问题，使它得以完全摆脱客观和主观唯心主义、实证主义和不可知论的种种残余，而这些东西是马克思主义以前的美学所没法避免的。

第二，马克思主义哲学制定的辩证方法使美学有了全面克服各种错误解释——对人从美学角度对世界的把握、对人的艺术活动所做的片面形而上学的解释和多元论折中主义的解释——的可能，使它能够看出这些错误解释中所隐含的内在矛盾和历史动态。

第三，历史唯物主义制定了这样的社会学说，它认定：社会是存在的一种性质独特的阶段，它决定人的本质和全部人类活动——实践活动、实践精神活动与理论活动——的性质。这种学说使我们有可能判明人对现实的审美关系以及人的艺术活动的社会本性。

第四，马克思列宁主义哲学的阶级性，它的共产主义党性，它不仅要解释世界，还要对世界进行革命改造的明确目标——这一切都在美学理论中得到反映，从而确定了美学理论的基本社会文化职能，即不仅要从理论上阐明人从审美角度对现实的把握的客观规律、人的艺术活动的客观规律，还要促进对社会审美文化和艺术文化的共产主义改造。

这一切使得马克思主义破天荒第一次阐明：人的审美积极性乃是人的实践创造活动的一个必要方面，这个方面是在社会劳动和人们交往的产生过程中历史地形成的。辩证唯物主义哲学从这些方法论原则推出一种崭新的艺术学说，它认为：艺术是一种社会意识形态，它反映社会存在并体现人对世界的"实践精神把握"（马克思语）的独特过程和结果；艺术就其内容、职能和发展来说是社会性的，它把审美价值跟审美之外的价值——道德价值、政治价值、生活实践价值——辩证地结合在一起。这样的艺术学说是以前的所有美学全然不知道的。

马克思列宁主义美学的历史创新性是以它的社会立场、阶级意识形态、世界观为基础的。它力求严格的科学性，同时又表达革命工人阶级的利益，而在这个阶级夺取政权之后，则表达各社会主义民族的利益、共产主义建设的利益。我们可以坚定不移地相信，阶级意识形态的主观性（"规范性"）和科学知识的利益过去在美学理论中是经常发生尖锐程度或大或小的矛盾的；而现在，在马克思列宁主义美学中，在共产主义党性和科学的客观性之间则没有这种矛盾，因为科学的客观性已成为**共产主义世界观的内在的和根本的要求**。这一点在马克思列宁主义美学制定的社会主义现实主义理论中表现得最为明显，社会主义现实主义是创作方法，它高度符合革命工人阶级和建设社会主义的各族人民的利益和理想，它把自己的主要思想立场和审美原则跟体裁上风格上丰富多彩、各种各样的表现形式辩证地结合在一起。在马克思主义美学科学发展的漫长而曲折的道路上，当然也出现过种种歪曲真理的情况，这些情况之所以发生，一向是美学中的教条主义或修正主义为害的结果，而且这种种歪曲总是不可避免地跟马克思主义美学的坚定的共产主义目的性和党性发生矛盾。

马克思列宁主义美学的优越性还在于它拥有这样的材料，这些材料使它有可能对社会进行革命改造，去建设社会主义的文化。的确，无产阶级以及跟着它走的人民群众的革命斗争展示了人们所完成的事业的伟大、壮丽与规模宏伟，这些事业是社会发展史上从未有过的。这一切使得美学有可能以全新的方式提出关于现实生活和人们活动的审美价值问题、关于社会实践中的审美因素问题，社会实践是人们的审美意识、审美趣味和审美理想的基础。建设新世界的活动产生出全民性的热情和群众性的英雄主义，新世界的建设为美学科学进行理论概括提供了新的材料，这种材料是以前的美学所没有，而且也不可能有的。正因为如此，所以，马克思主义美学的产生使得美学科学的结构、探讨范围以及美学对象的各个方面的相互关系都发生了重大的变化。

同时，艺术实践也为马克思列宁主义美学提供了全新的材料。这一点不仅表现在社会主义现实主义这个新的创作方法的产生、广泛应用和深入发展上，而且也表现在社会主义时期整个社会的艺术文化的重大变化上。这里指出两点就足够了：一点是艺术转变为全民财富的过程，由于这一过程，资本主义社会所特有的那种把文化分为上流社会文化和"大众文化"的戏剧性现象被克服了（我们可以回忆一下，列宁是如何在十月革命后马上在与蔡特金的谈话中谈到这一点的〔详见参考书目①5，第51—55页〕）；另一点是克服资产阶级唯美主义所产生的、艺术创作跟人类活动的所有其他实践形式相脱离的现象的过程，以及艺术文化跟政治实践、跟劳动活动、跟"平淡"生活的所有表现有机地交织在一起的事实。列宁早在《党的组织和党的文学》一文中就已

---

① 此处指的是书末参考书目中对应的书目。

经指出了这条规律。

由此可见，马克思主义的美学理论对艺术实践的发展、对群众的审美意识、对整个社会文化都产生了十分重大的影响，这是过去任何一种美学学说所未曾有过的，这也是马克思主义美学理论的一个极为重要的历史特点。现在，对劳动人民进行审美教育的任务，在所有社会主义国家里，都已被宣布为文化建设的主要社会政治任务之一。①

第二节　马克思列宁主义美学史研究概况

马克思主义美学史，整个说来，还没有成为深入的科学研究的对象②，但它的某些发展阶段以及马克思列宁主义经典作家在这方面的活动则研究得极为精细。研究马克思、恩格斯、列宁美学观点的工作是在三十年代由阿·瓦·卢那察尔斯基、捷·卢卡奇、斐·普·席勒、米·阿·李夫希茨开始的，并在以后时期的许多著述中继续了下去〔参看 45—51；53；553〕。近年来有一系列重要的科研著作专门探讨了普列汉诺夫、卢那察尔斯基以及于十九世纪末至二十世纪初从事美学工作的其他马克思主义者的美学遗产。但是，马克思主义美学进一步发展的

---

① 譬如，苏联宪法中就对此做了规定。参看《苏维埃社会主义共和国联盟宪法》，1977 年俄文版，第 27 页。

② 对马克思主义美学发展的全过程进行描述的唯一一次尝试，是波兰哲学家 C. 莫拉夫斯基在《马克思主义与美学》〔40〕一书中做的，该书于1973 年在华沙出版，后来意大利、墨西哥和罗马尼亚都出版了它的译本。

过程就研究得十分不够了。

在二十至三十年代的苏联美学思想遗产中，只是阐明了某些现象〔12；13；23；27〕。苏联美学思想的下一段历史（30—40年代）仅由 C. 莫拉夫斯基做过一次描述，而我国美学在四十至六十年代积累的经验则由 B. И. 塔萨洛夫进行了概括〔30〕，但也只限于一个问题，即"审美"问题；对我国美学科学发展状况的概括性评述只讲到七十年代上半叶〔15〕。东欧社会主义国家的美学思想状况，目前只有 A. A. 法尔布施太因的通俗性小册子做了考察〔32〕。至于对资本主义国家马克思主义美学发展状况的研究，我们也只知道 P. 穆佐林诺那本书，该书讲了意大利马克思主义美学的产生〔44〕。

由此可见，目前研究得比较系统、比较深入一点的，还只有马克思主义美学史的第一阶段，即十月革命前阶段：П. Г. 特罗菲莫夫的《马克思主义美学史概论》〔31〕，M. Ф. 奥夫襄尼克夫和 3. B. 斯米尔诺娃的《美学学说史概论》〔29〕的最后一章，M. Ф. 奥夫襄尼克夫的《美学思想史》〔28〕一书，以及《美学史·世界美学思想文献》的最后一卷即第五卷〔16〕。这些书的内容都是以研究这个阶段为限度的。

从这个简短的概述中可以看出，对马克思列宁主义美学史的科学研究只是刚刚开始，本书要做的，实质上是对马克思主义美学思想发展的全过程进行全面考察的第一次尝试。不言而喻，这项工作肯定会遇到许多特殊困难，特别是由于本书作者给自己提出的任务主要的并不是依次描述各派学者的观点，而是揭示马克思主义美学思想产生和发展的规律性。

第三节　马克思列宁主义美学史的分期

上面已经指出，马克思主义美学依存于科学哲学思想的发展，依存于艺术实践的运动，依存于对世界进行革命改造的历史本身，这种依存性也就决定了马克思主义美学史分期的特点。美学理论跟马克思主义哲学的发展的直接联系，使我们得以把马克思主义美学史分为**两大阶段**：标志着第一阶段的，是马克思和恩格斯的活动，以及一大批信奉他们学说的杰出活动家的活动，后者在十九世纪末至二十世纪初曾在欧洲各国广泛宣传了马克思恩格斯的学说；第二阶段是列宁阶段，它的特点是创造性地发展了马克思主义美学，即列宁、列宁在革命斗争中的战友以及世界上许多国家的共产党的理论家们对马克思主义美学的创造性发展，以及社会主义大家庭各国的学者们和资本主义国家一系列马克思主义美学家们把马克思列宁主义美学作为一门科学所进行的系统研究。既然美学思想的发展也决定于社会的艺术文化状况，所以，以革命方式推翻资本主义，以及社会主义社会和社会主义文化建设的开始，也就成了马克思列宁主义美学史的基本分界线。因此，马克思主义美学史的两个主要阶段是以不同的方式跟每一个国家的革命运动史和文化史的具体进程联结在一起的。

现在让我们在考虑到一般与特殊的这种辩证法的基础上来简略地描述一下马克思列宁主义美学在将近一百五十年的时间里所经历的途程，以便使读者能够对这段历史有个总的观念，并能比较容易地理解后面所使用的、描述得比较详细的全部理论材料。

1. 在十九世纪四十年代，在马克思和恩格斯的早期理论著作——《1844年经济学哲学手稿》《德意志意识形态》等书中，就已经为新的美学理论奠定了基础。历史唯物主义的创始人在其全部活动期间不断地扩大了他们所阐述的美学问题的范围，在每一部大型著作中都谈及这类问题，在手写的草稿中、在与亲友的通信中都经常勾画出新的美学理论的轮廓。

马克思和恩格斯的学生和最亲近的追随者——德国的弗·梅林、法国的保·拉法格、俄国的普列汉诺夫以及他们在欧洲各国的其他战友，都进一步研究了马克思主义美学的某些问题。他们的出发点是：马克思主义的美学理论（当时只为少数革命知识分子的代表人物所知晓）必须加以宣传、普及，以保证它能对具有民主倾向的艺术工作者的思想意识产生愈来愈大的影响，同时必须解决在工人阶级革命斗争的新的历史条件下文化发展进程中提出的新的理论问题。

由此可见，早在十九世纪末至二十世纪初的时候，马克思主义的美学理论的发展就已经具有了国际规模，这一规模一直保持到今天。马克思列宁主义美学不属于某一民族文化，它是国际性的学说，这个学说是靠世界上许多国家的科学和政治思想的代表人物的共同努力而发展起来的，尽管这个学说的运动在不同的国家里表现出不同的民族特点。

应当指出，在这个时期，对美学理论某些问题的创造性探讨，跟在一系列重要之点上对真正马克思主义立场的歪曲发生了冲突。譬如，第二国际某些理论家（如卡·考茨基）的结论在客观上就成了马克思主义美学的修正主义的变形。甚至在弗·梅林和普列汉诺夫的著作里都包含着某些错误思想，这些思想后来受到批判。

列宁创造性地发展了马克思主义美学。他在论述列·托尔斯泰的文章和其他著作中天才地表明：如何将反映论应用于研究艺术创作。他找到了辩证地解决一些极为重要的艺术理论问题——首先是艺术的社会心理参数和认识论参数的联系问题——的方法。

列宁从准备和实现历史上第一次无产阶级革命的时代的具体环境和具体要求出发，在美学领域也把自己的注意力集中于探讨诸如无产阶级艺术的理论、无产阶级艺术的共产主义党性、人民性和民族特点、它的现实主义方法，以及把无产阶级艺术跟古典遗产联系起来的、创新与传统的辩证法等问题。

阿·瓦·卢那察尔斯基、瓦·瓦·沃罗夫斯基以及我国共产主义运动的其他活动家同列宁一起并在列宁的直接领导下，参加了马克思主义美学理论的研究和将这一理论直接应用于实践的工作，参与了艺术评论和艺术学领域的工作。在西欧和东欧一些国家里，在列宁思想的直接影响下，形成了克·蔡特金、卡·李卜克内西、安·格拉姆西①、季·布拉戈耶夫、尤·马尔赫列夫斯基等人的美学观点。

2. 伟大的十月社会主义革命的胜利从根本上改变了马克思主

———————————

① 有人译作葛兰西，现根据意大利语发音译为格拉姆西。——译者

义美学发展的条件。第一，它为在国家科研机关和高等学府里对马克思主义美学进行自由而广泛的理论探讨，为发表专题的和通俗的美学论著，为培养美学领域的专门人才，创造了十分有利的条件。第二，社会主义国家和共产党始终不渝地关注将马克思列宁主义的美学原则实际运用于艺术实践、劳动活动、日常生活和人们的交往，并在科学的基础上指导艺术、评论、苏联人民的全部艺术文化和审美教育的发展。

十月革命后的美学科学史，在我国可以分为以下几个时期：

第一个时期是革命后的五年，与这一时期相联系的是列宁及其战友们直接研究制订了建设社会主义艺术文化的理论，并将它作为文化革命的一部分。这些年也是跟马克思主义美学中庸俗化者的"左倾""幼稚病"进行尖锐斗争的年代，这种"左倾"幼稚病"表现在无产阶级文化协会和左倾未来主义运动的思想家们的理论和实践中。1920 年在列宁领导下通过的俄共（布）中央关于无产阶级文化协会的信巩固了列宁立场的胜利，并保证了马克思主义美学理论的进一步发展。

苏联美学思想史的第二个时期是用年代学上的概念"二十年代"来表示的，它从二十年代初起，到三十年代初止。当时联共（布）中央"关于改组文艺组织"的决议（1932 年 4 月 23 日）标志着苏联艺术文化与美学史上一个新的分界线。在二十年代，马克思主义美学理论在我国并不是唯一的，除它以外，还存在着各种各样唯心主义的和实证主义的、庸俗社会学的和形式主义的美学理论。所以，马克思主义美学当时是在同各种各样反马克思主义的和假马克思主义的学说进行紧张斗争中发展的。俄共（布）中央"关于党的文学政策"的决议（1925年6月18日）在这场斗争中起了重大作用，它明确地、毫不含糊地规定了共产党在艺术文化领域的立场。

在二十年代，对马克思主义经典作家在美学领域的遗产进行了积极的研究，这对我国美学科学的形成起了决定性的作用。这种积极研究的第一个表现是出版了他们的最早的一些文集，其中收集了他们的著作、信件和演说，这些文章都是全部地或部分地阐述这方面的问题的。第二个表现是发表了马克思和恩格斯遗留下来的手稿，以及列宁跟克·蔡特金、阿·瓦·卢那察尔斯基、娜·康·克鲁普斯卡娅的谈话。在此基础上进行了最早的，虽说还远不是无可指摘的尝试：对马克思、恩格斯、列宁、普列汉诺夫的美学观点进行专门的研究〔参看46；47；48；50；52〕。至于美学理论问题的探讨，在这个时期几乎只研究艺术的历史发展规律和发挥社会职能的规律，而跟现实和艺术中的审美价值有关的所有问题（美、崇高、悲剧等问题）则依然被排除在美学思想之外。最能说明问题的是："美学"这个概念本身在二十年代被换成"艺术社会学"概念，而且，这个时期还积极讨论了这样的问题"需要马克思主义美学吗？"，并可以发表这样的文章如"打倒美！"〔关于这一点可参看本书第六章〕。

苏联美学思想史上的第三个时期开始于三十年代初，一直持续到五十年代中期，当时的苏共第二十次代表大会标志着我国整个思想生活（其中包括美学的发展）的重大转折。这个时期，在研究马克思主义经典作家的美学遗产方面向前迈进了重大的一步：出版了马克思、恩格斯、列宁论述美学问题的文集数种〔1；2；4〕，对他们的美学观点进行了深入的研究〔19；21；26；34〕。在此基础上，卢那察尔斯基和高尔基对社会主义现实主义理论的基本原则进行了探讨，就是在这个时候社会主义现实主义被宣布为苏维埃艺术的创作方法。

美学思想几乎仍像以前那样，把自己的注意力仅集中在艺术理论问题上，而艺术理论在三十年代时主要又是循着文学理论的轨道发展的：《文学评论家》杂志是主要的理论刊物，在这家杂志上当时经常讨论美学问题；把美学融于诗学的现象既可以在这些年开始出版的《文学百科全书》中看到，也可以从 И. 维诺格拉多夫的专题学术论著《马克思主义诗学问题》一书中看到（这部专著之所以具有代表性，是因为它是该时期试图完整地阐述艺术创作理论的唯一一次尝试）。

作为这时期大多数理论著作之基础的方法论立场，是在同二十年代盛行的种种观点——庸俗社会学甚至艺术社会学的原则——进行的激烈论战中锤炼出来的：这就是用对待艺术的认识论态度来对抗对待艺术的社会学态度。所谓对待艺术的认识论态度，也就是把艺术看作认识现实的形式。因此，理论家们注意的中心有两个问题：一个是艺术认识与科学认识的不同，另一个是艺术的客观认识方面和阶级意识形态方面的矛盾性联系（三十年代中央就世界观与方法的相互关系问题展开的理论辩论，就是以解决这个问题为鹄的的）。

我国美学史上这一阶段的主要理论成就就在于：批判了庸俗的社会学观点，使美学转向列宁的反映论，承认并研究了艺术的认识作用，在此基础上制定了现实主义理论及其最高形式——社会主义现实主义。与此同时，片面地从认识论角度来解释艺术的本质也大大限制了美学思想的成就，产生了内在的矛盾。譬如，把艺术归结为认识现实的形式就使人无法说明在以艺术方式把握现实时客观与主观、认识与评价、人民性与阶级性的有机联系，而卢卡奇的"大现实主义"论（它把全部艺术史归结为现实主义与反现实主义的斗争，认为十九世纪是现实主义的绝对高峰，因而规定社会主义艺术所应遵循的方向就是模仿这种形式的现实主义）则把马克思主义的现实主义理论给庸俗化了，束缚了社会主义现实主义的艺术实践。此外，在这个时期里，对斯大林的个人崇拜也对社会精神生活、对艺术文化，特别是对美学思想的发展，产生了消极影响。

把教条主义、书呆子习气、将马克思主义庸俗化的作风从苏联社会的精神生活中、从苏联的科学和艺术中清除出去的过程，是在五十年代中期开始的，这一过程也直接影响到美学，确定了美学史的下一个发展阶段的到来，这个阶段已经持续了二十多年，并使我国科学取得了重大成绩。在这个时期，美学思想取得了新的、思想方面的和方法论方面的动力。在苏联共产党的纲领性文献中，在苏共中央关于苏联艺术文化发展的各种问题的专门决议中，在我党最近几次代表大会的决定中，以及在新的苏联宪法中，都包含着促进美学科学发展的重要原则。

在此基础上，我国的美学日益活跃地发展起来，并取得丰硕的成果。六十年代，在苏联科学院主席团下面设立了美学学术委员会和艺术作品综合研究委员会，而俄罗斯苏维埃联邦社会主义共和国的高等和中等专业教育部则组建了美学问题委员会。这些委员会召开了一系列理论会议，它们作出的总结都发表在专门的文集中以及根据这些总结写出的集体专题论著中。与此同时，还开始出版数种专门期刊：莫斯科从 1958 年起开始出版《美学问题》，从 1963 年起开始出版《美学文集》，从 1963 年起开始出版《论现代资产阶级美学》，从 1970 年起开始出版《国外美学》，从 1971 年起开始出版《美学与生活》；列宁格勒从 1973 年起开始出版《伦理学与美学问题》；斯维尔德洛夫斯克从 1965 年起开始出版《送美学到生活中去》。这样，就为改进美学科学的方法论立场、就为探讨以新的方式从理论上解决许多极端重要的美学问题的办法，创造了条件。

在这个时期，曾开了一系列讨论会，讨论了美学科学的对象〔10〕、审美的本质〔30〕等。在这些讨论会上，重新审查了某些陈腐的观点，提出了新的问题。这些新问题以前根本不是专门而深入的理论研究的对象，这些新问题有：美以及其他审美价值问题，审美与伦理的联系，艺术与道德的联系，艺术与政治的联系，审美的与艺术的需要的特点，艺术语言的本性，艺术的职能系统，艺术形态学，艺术文化的结构。

由于美学科学跟一系列邻近的科学——跟文艺学和艺术学、心理学和社会学，跟符号学、控制论、信息论——建立了日益密切的多方面的**联系**，它的方法论得以极大的丰富。**系统方法**的制订及其在美学中的应用是现代对马克思主义美学进行方法论探讨的总结，这种方法使人既能避免把有关艺术活动之研究的某一种观点（认识论的、社会学的、符号学的，等等）加以绝对化的危险，也能避免对艺术活动作出折中主义的多元论解释的危险（这种解释把艺术描绘成各种特性和职能的机械总和）。与此相联系，美学的以文学为中心的方针也逐步得到克服，丰富多彩、各种各样的艺术门类愈来愈多地被纳入美学领域。同时，由于克服了美学思想的过去那种褊狭的历史视野，马克思主义美学把世界艺术史的全部过程、把它的所有阶段和所有民族形态都纳入自己的轨道。

积累起来的理论材料，在马克思列宁主义美学史上第一次使人得以作出这样一些尝试：在各种不同的美学教科书和教学参考书中，以一种把知识、原则和思想都包罗进去的完整体系的形式，展开马克思列宁主义美学的对问题进行深入探讨的全部内容。把这些著作对比一下，我们就可以看出：作者们不仅在某些理论观点上有差别，而且，他们在解决最重要的美学问题时也逐步形成了共同性。所有马克思主义美学家都共同具有的统一原则和具体运用这些原则时的多样性的辩证法是苏联美学思想的重要成就，它证明了苏联美学思想的生机勃勃的创造性、理论上的丰富多彩和不断发展前进。

跟对美学理论的深入探讨相平行的是，对美学思想史的研究也深入了、扩大了，从而使得我们第一次有可能从对美学史个别段落的零星研究转到对**整个世界美学史进行周详而全面的研究**

〔16；25；35〕。在研究马克思主义经典作家的美学遗产方面也迈进了重要的一步〔11；17；18；20；22；33；36〕。同时，对现代资产阶级美学批判的学术水平也提高了，克服了这项工作先前所固有的那些缺点，诸如：立论缺乏证据，评语粗暴无礼，不愿或者不善于从所分析的理论中寻找出合理的颗粒。对资本主义国家修正主义美学的批判也比较深刻，比较注意摆事实讲道理了。

特别重要的是指出：在这个时期，进行美学研究的地区增加了许多。大多数加盟共和国和俄罗斯的许多城市都展开了美学研究，在那里高等院校都开设了美学课，在那里经常出版有关美学理论和美学史各种问题的图书。莫斯科、列宁格勒、基辅、梯比里斯、巴库、斯维尔德洛夫斯克以及其他城市都组织了美学干部培训班；一系列大学都设立了美学教研室，各科学研究机关则设立了美学研究室（组）。由此可见，对马克思主义美学理论的深入研究，目前在我国是靠我们所有加盟共和国的学者们的共同努力来进行的。

第四节　现代外国马克思列宁主义美学发展的特点

我们已经指出，马克思主义美学科学的发展早在十九世纪末就已经具有国际的规模，而在二十世纪，这一过程日益广阔，扩展到新的国家和新的大陆。当然，马克思主义的理论工作者在自己的研究中不仅可以依靠马克思主义经典作家的著作，而且可以依靠苏联美学科学的经验。

的确，在不同的国家对这一经验的掌握是很不平衡的，因为只有一系列社会主义国家，首先是德意志民主共和国和保加利亚才大力翻译苏联美学家的著作，而在英语、法语和西班牙语国家，关于六十至七十年代苏联美学科学的成就的信息始终是极其有限的。由于苏联学者积极参加了最近几次国际美学会议，这种情况才在某种程度上得到补偿。他们在这些会议上的发言以及随后发表的讨论材料，改变了资本主义国家学者以前对苏联美学的态度〔9；14；37〕。最能说明这一点的是：二十世纪上半叶资产阶级学者编写的描述十九世纪至二十世纪世界美学思想发展总进程的专著中，以及在与此相应的文选中，马克思主义美学的存在完全被忽视了，而在五十至七十年代，在诸如此类的出版物中，马克思主义美学在大多数情况下都被讲到了，不管这些专著的作者或某一文选的编者对马克思主义美学评价如何〔参看例如：38；39；42；43〕。

制定国际范围内马克思主义美学思想方面的共同立场的工作虽说遇到了并会继续遇到各种各样的困难，但是，在同各色修正主义者的斗争中巩固下来的那些基本理论原则的统一性，以及马克思主义美学思想在其中发展的那些民族形式的多样性——这两者之间的辩证联系仍然是当今马克思主义美学思想发展的普遍规律。因为，在每一个国家中，都有独特的文化传统，在这些传统中艺术生活与艺术创作通过特殊的、具有民族特色的途径发展前进，以独特的方式形成了美学跟哲学、跟其他科学的联系，这一切给马克思主义美学思想的发展打上了自己的印记。当然，马克思主义美学思想在社会主义国家中的地位和在资本主义国家中的地位是截然不同的，但是，即使在同一种体系范围内（无论是资本主义体系，还是社会主义体系），我们也不能不看到，譬如在波兰和匈牙利，或者在英国和意大利，马克思主义美学的发展是各有其特色的。

一体化趋势的发展，毫无疑问，在社会主义国家要比在资本主义国家有力得多，这种趋势有助于整个社会主义大家庭范围内美学思想的接近与统一。促进这一点的还有：某一国学者的美学著作译成他国语言的事实增多了，一国美学家到他国讲学的事日益频仍，他们参加各种理论会议、研讨班会议、学术讨论会议，出版了一系列由几个社会主义国家的美学家共同执笔的著作。可以信心满怀地断定：在巩固和发展沿着共产主义建设这条共同道路前进的各国人民的文化交往的过程中，这种一体化趋势将进一步得到加强，并将影响到资本主义国家中马克思主义美学的发展，进一步增强马克思主义美学理论对世界文化发展进程的影响。

第二章

—

马克思和恩格斯之
制定辩证唯物主义美学原理

—

第一节　从审美角度对现实的把握

马克思和恩格斯美学理论的基本原理是在他们总的哲学学说内部形成的，其锋芒所指，首先是德国古典唯心主义的世界观。如果说，唯心主义的美学把审美（эстетическое）看作人的精神积极性的特殊表现（依康德看是判断力，依谢林看是直观，依黑格尔看是精神的自我认识，等等），那么，马克思早在《1844年经济学哲学手稿》中就已经把审美看作人的实践积极性的一种特殊品质了，也就是说，把它看作人"按照美的规律"[1]创造世界，

---

[1]　马克思：《1844年经济学哲学手稿》，《马克思恩格斯全集》第42卷，第97页。

然后再以相应的——审美的——方式感受、直观、评价世界的一种能力。在马克思看来，艺术也是这样，它并不是具有直观性、认识性或表现性的纯精神的积极性，而是对现实的"实践精神的掌握"[①]的一种形式。

这种对待美学理论体系的态度是由历史唯物主义创始人在《德意志意识形态》中明确表述的那个总的理论立场决定的："我们开始要谈的前提并不是任意想出的，它们不是教条……这是一些现实的个人，是他们的活动和他们的物质生活条件，包括他们得到的现成的和由他们自己的活动所创造出来的物质生活条件"[②]。从此不仅有了克服以往唯心主义哲学局限性的可能，而且也有了克服以往唯物主义哲学局限性的可能。马克思看到，从前的一切唯物主义的"主要缺点"是："对事物、现实、感性，只是从客体的或者直观的形式去理解，而不是把它们当作人的感性活动，当作实践去理解，不是从主观方面去理解"[③]。

十分明显，这条原理也完全适用于马克思主义以前的唯物主义美学。正如我们所确信的那样，马克思主义以前的唯物主义美学在大多数情况下是从自然本身的存在去寻求审美的本质的，而对于审美感受，它则将其归结为"从客体的形式"去直观美。马

---

① 《马克思恩格斯全集》第46卷（上），第39页。
② 马克思恩格斯：《德意志意识形态》，《马克思恩格斯全集》第3卷，第23页。
③ 马克思：《关于费尔巴哈的提纲》，《马克思恩格斯全集》第3卷，第3页。

克思主义的辩证唯物主义态度则使人能够把美、把所有其他审美价值看作**客体与主体、自然与人、物质与精神的特殊联系形式**，而且这种联系首先是在**实践**的水平上实现的，然后才是在**精神的、反映**的水平上实现。

自然、人本身以及人所制造的东西，其审美价值是作为社会性的人相应实践活动的结果显露出来的，社会性的人高于与环境相互作用的生物学形式。马克思写道：动物"也生产。它也为自己营造巢穴或住所，如蜜蜂、海狸、蚂蚁等。但是动物只生产它自己或它的幼仔所直接需要的东西；动物的生产是片面的，而人的生产是全面的；动物只是在直接的肉体需要的支配下生产，而人甚至不受肉体需要的支配也进行生产，并且只有不受这种需要的支配时才进行真正的生产；动物只生产自身，而人再生产整个自然界；动物的产品直接同它的肉体相联系，而人则自由地对待自己的产品。动物只是按照它所属的那个种的尺度和需要来建造，而人却懂得按照任何一个种的尺度来进行生产，并且懂得怎样处处都把内在的尺度运用到对象上去；因此，人也按照美的规律来建造"[①]。

我们在解释马克思的这一卓越思想时要指出，有人揣测，这里似乎是指艺术而言，这样的揣测不能认为是有道理的。人"按

[①] 马克思：《1844 年经济学哲学手稿》，《马克思恩格斯全集》第 42 卷，第 96—97 页。最后一句是引者自己根据德文原文翻译的，因为引者感到遗憾的是现行的俄译文从哲学角度看很不确切。〔请参看 3，第 1 卷，第 517 页〕

照美的规律"进行塑造的能力，被马克思解释为人的普泛的（即"处处"，也就是说，在所有活动领域都表现出来的）积极性，而艺术则只不过是这些领域当中的一个，并且我们很快就可以得到确证：艺术的本质无论如何不能归结为具有审美意义的塑造。

马克思在描述人的、与动物不同的，不仅按照自身的活体的生物生理学的需要，而且"也按照美的规律"进行塑造的能力时指出，这种能力的基础是按照事物本身的尺度改造世界的本领，因而也是感受世界、了解世界、评价世界的本领，这是动物所不能企及的。这种能力是在人们物质实践的劳动活动中形成的，在这种活动中，作为主体的人和性质多种多样的客观存在，"面对面"地相遇了。马克思反复强调指出："只是由于人的本质的客观地展开的丰富性（即人的实践活动。——M. 卡冈注），主体的、人的感性的丰富性，如有音乐感的耳朵、能感受形式美的眼睛。总之，那些能成为人的享受的感觉，即确证自己是人的本质力量的感觉，才一部分发展起来，一部分产生出来"[①]。

这样在具体实践活动的基础上客体与主体的统一才有了可能。这样便产生了相对于主体来说的、客体的审美价值以及主体对客体的审美关系，即一种独特的、精神上无私的关系，在这种关系中，人超越于生物学的和露骨的功利主义的需要之上〔详见7，第71—135 页〕。马克思写道："囿于粗陋的实际需要的感觉

---

① 马克思：《1844 年经济学哲学手稿》，《马克思恩格斯全集》第 42 卷，第 126 页。

只具有有限的意义。对于一个忍饥挨饿的人说来并不存在人的食物形式，而只有作为食物的抽象存在；食物同样也可能具有最粗糙的形式，而且不能说，这种饮食与动物的饮食有什么不同。忧心忡忡的穷人甚至对最美丽的景色都没有什么感觉；贩卖矿物的商人只看到矿物的商业价值，而看不到矿物的美和特性。"①

只有当人超越于对待现实的功利主义的和利己主义的态度之上时，只有当对象成为"人的对象或者说成为对象性的人"时，只有当人不再"在自己的对象里面丧失自身"时，也就是说，当人不再是自己对象的奴隶、不再依赖于自己的对象时，只有当人在对象世界中确证自己的力量、自由和尊严时，对待现实的审美态度才产生了。②人感受快乐的能力并不是由于使用、利用了自然界的对象、事物或别的人，而仅仅是由于对它们的直观，并且是审美态度的必要来源，因而也是作为社会性的、超自然的存在物的人的自我确证的必要来源。达尔文在实证主义的影响下认为，动物对色和声的刺激作用的某些生理学反应是一种处于萌芽状态的"美感"。与他不同，马克思表明：人的审美体验和审美实践产生自新的社会属性，这些属性是人在超越于自身的动物状态之上、超越于自己的生物学需要之上时获得的。

既然审美态度是作为人在世界上的自我确证的形式、作为人

---

① 马克思：《1844 年经济学哲学手稿》，《马克思恩格斯全集》第 42 卷，第 126 页。

② 马克思：《1844 年经济学哲学手稿》，《马克思恩格斯全集》第 42 卷，第 121 页。

与自然的和谐统一而形成的，所以，从一开始它就跟宗教态度发生了矛盾。宗教态度的基础是人在未被认识的自然面前的恐惧，这样也就产生了"宗教的异化"①。对待世界的审美态度和宗教态度的这种对立具体地表现在神话中，表现在既具有魔法功能又具有审美功能的各式各样的原始艺术中，表现在既具有神秘意义同时又具有审美意义的各种仪式和祭祀活动中。这样便开始了绵延数千年之久的、为使艺术服从于宗教目的或审美目的而进行的斗争，这场斗争只是在近代文化中才以艺术从宗教下彻底解放出来而告终。

不过，就在这个时候，私有财产关系产生的"经济的异化"②取代了"宗教的异化"，"经济的异化"跟文化的审美潜能发生了不可调和的矛盾。因为，当劳动是"自由的生命表现"时，它才成为"生活的乐趣"，它的审美品质才能在劳动中自然地广泛地展现出来。但这种情形在私有制条件下发生了根本的变化，私有制使劳动成了"生命的外化"，使人的劳动仅仅是"为了得到生活资料"③。在异化了的劳动中，人"不是肯定自己，而是否定自己；不是感到幸福，而是感到不幸；不是自由地发挥自己的

---

① 马克思：《1844年经济学哲学手稿》，《马克思恩格斯全集》第42卷，第121页。
② 马克思：《1844年经济学哲学手稿》，《马克思恩格斯全集》第42卷，第121页。
③ 马克思：《1844年经济学哲学手稿》，《马克思恩格斯全集》第42卷，第38页。

体力和智力，而是使自己的肉体受折磨、精神遭摧残"①。结果，"一切肉体的和精神的感觉都被这一切感觉的单纯异化即拥有的感觉所代替"②。

恩格斯用资产阶级的商人式的功利主义与充满崇高精神的美学上的大公无私这两者的对立来说明资产阶级社会中审美趣味的堕落，而马克思则以此说明私有制生产与艺术活动的敌对性，因为，资本主义条件下的生产使得商品货币关系成了包罗一切、支配一切的关系，其影响对于人对世界的审美态度来说是窒息性的。③

马克思和恩格斯认为，只有社会的社会主义改造才能带来美学文化的真正繁荣。科学共产主义的创始人辛辣地嘲笑了康德、席勒或空想社会主义者把对人类进行审美教育看作救世之道的想法，因为，文化、审美方面的革命只能是社会经济革命的结果，只能是对社会关系进行这样的改造的结果，这种改造的使命就是要永远消除劳动的异化，消除金钱对人的支配地位，这种改造将把所有社会成员的劳动变成体力与智力的活动④，从而为人的审美积极性在人活动的所有领域中充分表现出来开拓出一条宽广的

---

① 马克思:《1844 年经济学哲学手稿》,《马克思恩格斯全集》第 42 卷，第 93 页。

② 马克思:《1844 年经济学哲学手稿》,《马克思恩格斯全集》第 42 卷，第 124 页。

③ 马克思:《剩余价值理论》,《马克思恩格斯全集》第 26 卷第 1 册，第 296 页。

④ 马克思:《资本论》第 1 卷,《马克思恩格斯全集》第 23 卷，第 202 页。

大道。"私有财产的扬弃，是人的一切感觉和特性的彻底**解放**"[①]。"是人向自身、向社会的（即人的）人的复归"，"是人和自然界之间、人和人之间的矛盾的真正解决，是存在和本质、对象化和自我确证、自由和必然、个体和类之间的斗争的真正解决"。所以，共产主义是"历史之谜的解答，而且知道自己就是这种解答"[②]。而上述所有矛盾的克服也就产生出人与自然界、人与人、自由与必然、个体与人类社会的审美联系。

这就是马克思以前的全部美学史所不知道的、审美问题上的辩证唯物主义态度的实质。

第二节　现实中和艺术中的基本审美价值

这样，从审美角度对现实的把握就远远超出了艺术创作活动的范围，因为，生活现实本身是在人的多方面的实践活动过程中为人寻得这种或那种审美价值的〔参看 12，第 44—47 页〕。

美就是这样的审美价值之一。我们已经说过，依马克思看，正是在劳动实践中，形成了人按照美的规律改造世界的能力和在世界中见出美的能力〔试比较 10，第 220—221 页〕，人的"美与伟大"，作为"社会联系"、社会关系的体现，表现在人的现

---

① 马克思：《1844 年经济学哲学手稿》，《马克思恩格斯全集》第 42 卷，第 124 页。

② 马克思：《1844 年经济学哲学手稿》，《马克思恩格斯全集》第 42 卷，第 120 页。

实生活活动中。① 同样地，自然物体，例如金和银，之所以能变成审美价值，也只是由于它们的属性以"奢侈、装饰、华丽、炫耀"物品的形式加入了金银制品发挥职能作用的具体社会情境中去，也就是说，变成了"剩余和财富的积极形式。"②

同样地，悲剧性的东西和喜剧性的东西也成了社会发展过程的客观审美表征，并从而进入艺术创作。黑格尔有一回发现：伟大的世界历史事变和人物在历史舞台上都出现两次，马克思在引证他这个思想时补充道："第一次是作为悲剧出现，第二次是作为笑剧出现"③。在另一个地方，他更加透彻地发挥了这一思想："当旧制度还是有史以来就存在的世界权力，自由反而是个别人偶然产生的思想的时候，换句话说，当旧制度本身还相信而且也应当相信自己的合理性的时候，它的历史是悲剧性的"；当现存的世界制度同新生的世界进行斗争的时候，这个垂死的制度犯的"就不是个人的谬误，而是世界性的历史谬误。因而旧制度的灭亡是悲剧性的"。而现代的德国封建主义，实质上并不相信自己，所以，它"不过是真正的主角已经死去的那种世界制度的丑角"。由此可见，喜剧是作为"世界历史形式的最后一个阶段"④在实

---

① 参看《马立思恩格斯全集》第46卷上册，第108页。

② 马克思：《政治经济学批判》，《马克思恩格斯全集》第13卷，第145页。试比较《马克思恩格斯全集》第46卷上册，第113、117—118页；并比较〔12〕，第115—118页，等等。

③ 马克思：《路易·波拿巴的雾月十八日》，《马克思恩格斯全集》第8卷，第121页。

④ 马克思：《黑格尔法哲学批判导言》，《马克思恩格斯全集》第1卷，第456—457页。

际历史过程中合乎规律地产生的。

恩格斯的看法与这种观点完全相一致，例如他曾说："法国的历史已经进入了极其滑稽可笑的阶段"[1]，又说：历史"变得越来越富于讽刺性了"[2]。无论是马克思还是恩格斯都经常使用"历史的讽刺"或"历史的幽默"这些词儿。他们把"悲剧"、"主人公"、"诗篇"，甚至"艺术作品"等概念运用于人类社会历史的现实事件，用这些比喻的说法强调指出：审美属性可以表征现实本身对人的各种不同的意义。因此，马克思主义的经典作家在评价艺术中的这类属性时总是把艺术作品中的审美要素跟现实生活本身中的审美要素加以对比，那就是完全可以理解的了。

马克思在分析斐·拉萨尔的剧本《弗兰茨·冯·济金根》时所使用的方法就是这样的。他在写给作者的信中说道："你所构想的冲突不仅是悲剧性的，而且是使 1848—1849 年的革命政党必然灭亡的悲剧性的冲突。因此我只能完全赞成把这个冲突当作一部现代悲剧的中心点"[3]。但是拉萨尔的不幸，正像马克思向他指出的，就在于：他未能正确理解十六世纪德国国内战争的真正悲剧成分，因而他未能写出一部真正的悲剧来。恩格斯也是这样认为的。他在给拉萨尔的信中写道："由于您把农民运动放到了

---

① 《恩格斯致马克思（1851 年 12 月 3 日）》，《马克思恩格斯全集》第 27 卷，第 401 页。

② 《恩格斯致马克思（1866 年 7 月 9 日）》，《马克思恩格斯全集》第 31 卷，第 236 页。

③ 《马克思致斐·拉萨尔（1859 年 4 月 19 日）》，《马克思恩格斯全集》第 29 卷，第 472 页。

次要的地位，所以您在一个方面对贵族的国民运动作了不正确的描写，同时也就忽视了在济金根命运中的真正悲剧的因素。"①

由此可见，马克思主义美学的创始人是坚决地把他们对现实中的审美因素与艺术中的审美因素的相互关系的看法跟德国唯心主义美学古典作家的立场对立起来的，后者所持的出发点是：现实生活从审美角度说是不完美的，并断言艺术从审美角度来说绝对地优越于现实。马克思和恩格斯，也像车尔尼雪夫斯基那样，认为艺术的审美要素是现实的审美要素的反映，但是他们与车尔尼雪夫斯基不同的地方是：他们没有把这一思想弄到形而上学地宣布艺术是"现实的代用品"的地步，因为他们并不把艺术归结为现实的简单反映、现实的简单再现和对现实的简单认识。

第三节 作为社会意识形式的艺术及其在文化中的地位

马克思和恩格斯跟以往的古典美学思想家——这里面既包括唯心主义者，也包括唯物主义者——都有所不同。他们认为艺术是一种社会现象，这种现象必须从社会生活的来龙去脉、结构来研究。他们表明，社会生活的基础是物质财富的生产方式，在此基础上竖立起法律的和政治的上层建筑，"并有一定的社会意

---

① 《恩格斯致斐·拉萨尔（1859 年 5 月 18 日）》，《马克思恩格斯全集》第29 卷。第 585 页。

识形式与之相适应"；其中也包括艺术。[①]

由此可见，艺术的起源，艺术的历史发展，艺术的精神内容和职能作用，皆决定于它在社会结构中的地位，决定于它是社会意识领域中的一员；社会关系制约着人们艺术活动的性质，而社会存在中的变化则带来艺术中的变化，调整艺术的历史发展进程。社会的阶级分化在艺术的内容和职能作用中反映出来，并以这样那样的方式将艺术纳入阶级斗争的轨道。与此同时，马克思和恩格斯还清楚地看出，在一系列社会意识形式当中，艺术具有独特的特点，他们曾不止一次地强调了艺术的特殊性。那么依他们看来这种特殊性究竟何在呢？

在《经济学手稿（1857—1858 年）》中，马克思由于要分析科学理论思维的特点，曾简要地表述了他对艺术在文化中的地位的见解。马克思指出：人用两种具有原则性差别的方式掌握现实世界，一种是理论的方式，一种是实践精神的方式。前者表现为"把直观和表象加工成概念"，这种加工工作由思维来做成，思维能从抽象上升到具体；理论思维活动的产物是科学，特别是哲学。把握现实的第二种方式，即实践精神的方式，是以艺术的和宗教的形式实现的。[②]这些形式跟用科学理论的和概念思维的方式反映

---

① 马克思：《政治经济学批判》，《马克思恩格斯全集》第 13 卷，第 8 页。恩格斯：《致康·施米特（1890 年 8 月 5 日）》，《马克思恩格斯全集》第 37 卷，第 432 页。恩格斯：《致瓦·博尔吉乌斯（1894 年 1 月 25 日）》，《马克思恩格斯全集》第 39 卷，第 199 页。

② 马克思：《经济学手稿（1857—1858 年）》上册，《马克思恩格斯全集》第 46 卷上册，第 39 页。

现实有什么不同呢？在数页之后马克思对这个问题做了回答。

从艺术上把握现实，之所以被定义为实践精神的把握，而不是理论的把握，是由于：它不是"以思辨的方式""把直观和表象"加工成"概念"，而是在精神领域中实现的对所反映的现实的实际改造，这种改造的结果是创造出（当然，是以纯精神的方式创造出）新的"现实"，虽说它类似真正的现实，但毕竟与真正的现实有所不同，因为它是由人——艺术家——的想象、幻想创造出来的。正是这一点使得艺术创作跟宗教创作归入一个系列，因为在两种情况下我们看到的都是"实践精神的"活动，这种活动是想象力实现的、虚幻的（纯精神的）实践的产物①，因而跟对现实的科学认识截然不同。

由此可见，马克思似乎是以黑格尔提出的文化三分法"艺术——宗教——哲学"为出发点的，但是他使艺术摆脱了对艺术所做的唯心主义的等级制的解释，并表明：人从精神上把握世界的方式实际上应该说有两种，即理论精神的和实践精神的。这两种方式有着本质的不同，没有理由把它们看作"高级的"和"低级的"，看作"绝对者的自我意识"过程的某些历史阶段的表现，因为认识并不是评价人们的活动的唯一标准。

马克思把艺术理解为想象力创造性地再造现实的结果，这使得艺术创作跟宗教创作接近了。从这点出发，马克思表明了艺术跟神话的历史联系以及艺术发展规律跟科学理论认识发展规律的

---

① 参看《马克思恩格斯全集》第46卷上册，第48—49页。

根本不同。

依马克思看，神话乃是人对世界的实践精神把握的最早方式，因为任何神话"都是用想象和借助想象以征服自然力，支配自然力，把自然力加以形象化"。因此，"随着这些自然力实际上被支配"[①]，也就是说，在科学技术进步的进程中，神话也就消失了——这乃是十分自然的事。与此同时，马克思把神话定义为人民的幻想对现实进行的一种不自觉的艺术加工。[②]这就是说，在神话中，对世界的实践精神把握的艺术形式和宗教形式混淆不清地融合在一起，尚未彼此分开。因为，一方面，神话具有客观的艺术形象结构；另一方面，它的艺术本性又未被人意识到，而且，在创作神话的人们看来，它并不是杜撰的结果，并不是创造性的幻想的产物，而是对世界上确实发生过和正在发生的事情的准确描述。因此，如果说科学理论认识对神话意识来说是毁灭性的，那么，艺术，甚至从神话独立出来的艺术则相反，它长时期地保持着跟神话的直接联系（例如，"希腊神话不只是希腊艺术的武库，而且是它的土壤"[③]），然后，在近代文化中，当它在一种"与神话无关的幻想"[④]的基础上发展起来时，它依然保持着

---

① 马克思：《经济学手稿（1857—1858 年）》，《马克思恩格斯全集》第 46 卷上册，第 48—49 页。

② 马克思：《经济学手稿（1857—1858 年）》，《马克思恩格斯全集》第 46 卷上册，第 49 页。

③ 马克思：《经济学手稿（1857—1858 年）》，《马克思恩格斯全集》第 46 卷上册，第 48 页。

④ 马克思：《经济学手稿（1857—1858 年）》，《马克思恩格斯全集》第 46 卷上册，第 49 页。

从神话继承过来的那种艺术形象的和实践精神的把握现实的方式。因此，艺术不同于科学和技术，后者是从比较低级的、原始的形式上升到愈来愈高级、愈来愈完善的形式，而艺术就是在其发展的早期阶段上也达到了最高的艺术水平。马克思指出，"它的一定的繁盛时期绝不是同社会的一般发展成比例的"：在低级发展阶段上，艺术创作创造出了最高级的珍品，这些珍品后代人不仅不能超过，甚至连复制都做不到。所以，古代艺术与民间口头创作的作品"仍然能够给我们以艺术享受，而且就某方面说还是一种规范和高不可及的范本"[1]。但是，能不能说科学也有某种类似之处呢？显然，进步这个概念当用之于科学的发展，以及生产力、技术的发展时所具有的那种含义是不适用于艺术史的。[2]

---

[1] 马克思：《经济学手稿（1857—1858年）》，《马克思恩格斯全集》第46卷上册，第48—49页。

[2] 参看马克思：《经济学手稿（1857—1858年）》，《马克思恩格斯全集》第46卷上册，第47页。遗憾的是，在米·阿·李夫希茨编的《马克思恩格斯论艺术》的所有版本中，马克思的这个命题和马克思关于艺术是对现实的实践精神把握的方式、是跟对现实的科学理论把握有原则不同的方式这个论断，不仅被割裂了，还被编排在选集的不同章节里，这就使得依据这个文集来研究马克思主义经典作家美学观点的学生没法认识对文化进行完整分析的这两个片段的内在联系。而且，这两个片段中那个对马克思主义理论具有关键性意义的片段，被编进"散论"一节里，在那里跟"材料在艺术中的作用"或"即兴之作与诗歌"这样一些真正局部性的见解相提并论〔《马克思恩格斯论艺术》第1卷，中国社会科学出版社1982年版，第85页〕。这样评价马克思这一论断的意义，我们已著文指出其错误〔参看8〕。我们高兴地看到，在汉·柯赫编的《马克思恩格斯列宁论文化、美学与文学》这部德文本选集中，这一片段得到正确的评价，并被编排在"美学与文学创作问题"一节的开头〔参看4，第390页等〕。

　　艺术与科学的历史运动途径之所以有根本的不同，是由于艺术虽在某种程度上包含着对现实的认识的因素，但不能归结为对现实的认识。艺术进行认识的意向是跟艺术家对现实的态度，艺术家的世界观、理想等的表现结合在一起的，知识与评价、客观与主观、现实与理想的这种统一具体体现在想象力凭借现实材料创造出来的形象中。正因为如此，所以，恩格斯坚持认为，诗的倾向性是诗的这样一种性质，它能够跟诗的认识潜能有机地结合在一起："悲剧之父埃斯库罗斯和喜剧之父阿里斯托芬都是有强烈倾向的诗人，但丁和塞万提斯也不逊色；而席勒的《阴谋与爱情》的主要价值就在于它是德国第一部有政治倾向的戏剧。现代的那些写出优秀小说的俄国人和挪威人全是有倾向的作家"。至于在艺术的生动形体中如何表现这种倾向性——是明显地还是隐晦地，那则是另一回事。① 但主要之点在于：不表现艺术家的主观性，就没有、也不可能有具有充分艺术价值的作品。恩格斯在谈到巴尔扎克的小说时，以细腻得惊人的笔触表明：在他的作品里作者对客观现实的认识和作者对待现实的思想态度和情感态度的表露是如何有机地交融在一起，同时又充满着内在矛盾。② 这样，从艺术上对世界的把握就同时具有了认识的和思

---

① 恩格斯：《致敏·考茨基（1885 年 11 月 26 日）》，《马克思恩格斯全集》第 36 卷，第 385 页；恩格斯：《致玛·哈克奈斯（1888 年 4 月初）》，《马克思恩格斯全集》第 37 卷，第 41—42 页。

② 恩格斯：《致玛·哈克奈斯（1888 年 4 月初）》，《马克思恩格斯全集》第 37 卷，第 41—42 页。

想的作用。

不难理解，如果说，在黑格尔看来，艺术在历史上的"衰落"是绝对的、不可挽救的话，那么，马克思则正是因为不把艺术的职能与科学的职能混为一谈，而看出艺术是对现实的"实践精神的掌握"的一种形式，从而发现了克服资本主义条件下艺术所陷入的那种深刻危机的可能。在资本主义条件下，艺术生产不可避免地陷入商品生产的轨道，而商品生产，正如我们所认识到的，乃是人的审美积极性的大敌。因为，"资本主义生产就同某些精神生产部门如艺术和诗歌相敌对"①。马克思主义美学的这条原理，在我国理论文献中曾多次得到详尽的探讨〔可参看：例如7，第553—556页〕。因此，在这里我们只着重指出：对于资本主义社会中艺术的危机，马克思是既用经济的原因也用意识形态的原因，既用社会心理的原因也用审美本身的原因来解释的。马克思当然看到，在资本主义的艺术文化内部也有进步的、民主的、革命的趋向发展起来，但是，马克思和恩格斯认为，艺术创作的真正复兴和新的繁荣只有在消灭资本主义和建成新社会制度之后才有可能。只有共产主义才能挽救艺术，因为共产主义将能使艺术活动重新具有真正富有诗意的、崇高的内容，并使艺术活动成为每一个全面发展的社会成员的需要。"在共产主义社会里，没有单纯的画家，只有把绘画作为自己多种活动中的一项活动的

---

① 马克思：《剩余价值理论》，《马克思恩格斯全集》第26卷第1册，第296页。

人们"[1]。

第四节　对无产阶级艺术创作原则的论证

首先，我们要指出，马克思和恩格斯是德国作家和诗人（格·维尔特、格·海尔维格、斐·弗莱里格拉特、亨·海涅、斐·拉萨尔、敏·考茨基）探讨艺术中的新途径工作的直接见证人，他们在自己的革命活动中跟这些人有着这样或那样的联系〔2，第1卷，第3—6页，第18—26页；第2卷，第257—334页；参看5〕。他们看到，在德国造型艺术中——在卡·许布纳尔和卡·莱辛的作品中，如何展开了类似的过程〔2，第2卷，第541—542页〕；他们正确地评价了爱·米德的诗和玛·哈克奈斯的小说这些英国社会主义艺术的萌芽（2，第1卷，第6—8页，第515页〕。马克思和恩格斯在思考这些艺术家的作品，指明其无可怀疑的思想上艺术上的成就和弱点、意识形态上的和美学上的错误时，作出了结论，这些结论逐渐形成了社会主义艺术的完整理论观念。其中特别值得注意的，有以下几个主要论点：

1. 革命工人阶级需要艺术自觉，并有能力生产出表达其心理状态的思想意识、反映其生活立场和理想的艺术来。由此，便产生了这样的概念，如："德国无产阶级的诗人"（格·维尔特）〔2，

---

① 马克思恩格斯:《德意志意识形态》,《马克思恩格斯全集》第3卷，第460页。

第 2 卷，第 324 页〕、"社会主义的小说"〔2，第 1 卷，第 5、7页〕、"宣传社会主义"的艺术〔2，第 2 卷，第 258 页〕，等等，在马克思和恩格斯的论文和书信中我们经常可以碰到这些概念。

2. 在形成中的无产阶级革命艺术面前，客观地出现了一系列任务，这些任务的实现可以看作无产阶级革命艺术的社会职能体系。譬如，恩格斯曾写道："如果一部具有社会主义倾向的小说通过对现实关系的真实描写，来打破关于这些关系的流行的传统幻想，动摇资产阶级世界的乐观主义，不可避免地引起对于现存事物的永世长存的怀疑……我认为这部小说也完全完成了自己的使命"①。同时，这种艺术的积极目的是"宣传社会主义"②，参加"社会主义鼓动"③。

3. 这样的职能体系制约着艺术方法本身的结构，艺术方法的结构能保证最有成效地完成这些任务。这个方法的基础应该是真实地反映现实的社会关系，深刻地认识社会生活和社会发展。这就是说，无产阶级艺术的方法应该是现实主义的。关于这一点，马克思和恩格斯在他们分析各种艺术现象的所有文章和书信里，曾不厌其烦地多次谈到过〔关于这一点，请参看 6；9；13；14；15；)。与此同时，这种现实主义必须建立在社会主义的世界观

---

① 恩格斯：《致敏·考茨基（1885 年 11 月 26 日）》，《马克思恩格斯全集》第 36 卷，第 385 页。

② 恩格斯：《共产主义在德国的迅速进展》，《马克思恩格斯全集》第 2 卷，第 591 页。

③ 恩格斯：《共产主义在德国的迅速进展》，《马克思恩格斯全集》第 2 卷，第 589 页。

上，建立在革命无产阶级的社会主义理想上，只有这样才可以把这种艺术叫作社会主义的艺术。由此可见，正在形成的无产阶级艺术方法的实质就在于：**把现实主义跟社会主义的世界观有机地结合起来** [①]，因此，后来它也就被定名为社会主义现实主义的方法。

4. 从这里也就得出关于无产阶级艺术对待艺术遗产的态度的观点。这种态度就是把发扬优秀的艺术传统跟思想上美学上的创新辩证地结合起来。马克思和恩格斯认为，在新艺术不应该忘记的艺术传统中应该包括：（1）古希腊罗马艺术的古典作品的传统，依马克思看，这种艺术"就某方面说"依然保留有"规范"和"范本"的意义；[②]（2）跟莎士比亚的名字连在一起的文艺复兴时期古典作品的传统（恩格斯在写给斐·拉萨尔的信中说道："古代人的性格描绘在今天是不再够用了，而在这里，我认为您原可以毫无害处地稍微多注意莎士比亚在戏剧发展史上的意义。"[③]）；（3）革命浪漫主义文学的传统——从席勒的"有政治倾向的"戏剧到雪莱和海涅的革命诗歌；（4）最后是十九世纪现实主义的成就，历史唯物主义的创始人认为，巴尔扎克和英国、俄国、挪威的浪漫主义者的作品是现实主义的最卓越的典范。

[①] 参看恩格斯：《致斐·拉萨尔（1859年5月18日）》，《马克思恩格斯全集》第29卷，第582—583页。

[②] 马克思：《经济学手稿（1857—1858年）》，《马克思恩格斯全集》第46卷上册，第49页。

[③] 恩格斯：《致斐·拉萨尔（1859年5月18日）》，《马克思恩格斯全集》第29卷，第583页；试比较第573—574页。

当然，马克思和恩格斯从未号召人们像卢卡奇的"大现实主义"论的拥护者们（他们片面地解释马克思恩格斯的观点）后来所做的那样满足于简单地模仿传统的艺术方法和艺术形式、局限于这些东西〔关于这一点，请参看5，第10—12页；第30—36页〕，因为，马克思和恩格斯认为必须用艺术史上前所未有的思想上艺术上的综合来发展、更新，以革新家的姿态扬弃这些传统的艺术方法和艺术形式。也正因为如此，他们坚决反对"模仿文学"[1]，反对对过去的任何模仿，哪怕过去是伟大的（马克思讽刺地说"出现了《亨利亚特》来代替《伊利亚特》"[2]，指的就是这一类的情况）。也正是因为如此，恩格斯坚决主张："您（指斐·拉萨尔。——М. С. 卡冈注）不无根据地认为德国戏剧具有的较大的思想深度和意识到的历史内容，同莎士比亚剧作的情节的生动性和丰富性的完美的融合，大概只有在将来才能达到"[3]。当在二十世纪里艺术中开始形成强大的、革新的、形式无限繁多的艺术运动——社会主义现实主义时，这一预测被未来证实了。

以上便是马克思和恩格斯所制定的新美学理论的基本原理，他们为马克思主义美学史奠定了开端。

---

[1] 恩格斯：《致斐·拉萨尔（1859年5月18日）》，《马克思恩格斯全集》第29卷，第583页。

[2] 马克思：《剩余价值理论》，《马克思恩格斯全集》第26卷第1册，第296页。

[3] 恩格斯：《致斐·拉萨尔（1859年5月18日）》，《马克思恩格斯全集》第29卷，第583页。

第三章

—

十九世纪末至二十世纪初
德国、法国、俄国马克思主义
美学的发展

—

十九世纪末至二十世纪初，马克思主义美学在马克思和恩格斯的追随者、各国革命工人运动的著名活动家——弗·梅林、保·拉法格、季·布拉戈耶夫以及其他人的著作中得到阐释与探讨。在这一章里，我们将研究马克思主义美学思想在德国、法国与俄国的发展。东欧国家以及其他国家的马克思主义美学将另立专章来考察。

第一节　德国马克思主义美学的发展

列宁在谈到马克思主义的历史发展时曾写道："不同的历史时期使马克思主义的某一方面更加突出……在德国，在1848年以前，马克思主义哲学的形成特别突出，在1848年，马克思主义的政治思想特别突出，在五十和六十年代，马克思的经济学说特别突出。"①

这时德国的工人运动已变成一支重要的社会力量，而1869年产生的社会民主党则变成国家精神生活中一个有重大意义的因素。党的领导人、马克思和恩格斯的战友和学生——奥·倍倍尔和威·李卜克内西为传播马克思主义思想进行了大量工作。他们懂得，知识是无产阶级力量的一个重要来源，因而把对劳动人民进行全面教育的工作列为党的任务之一。在八十年代，广大的进步工人阶层对有关艺术活动的各种问题，兴趣极为浓厚，德国自然主义者运动在这方面起了不小的促进作用，这些自然主义者把艺术变成了尖锐思想斗争的舞台。需要在这场斗争中采取原则性立场，必须给已产生的工人艺术团体和活动提供理论依据，必须定出党在艺术领域的政策——这些需要和必要性使得艺术问题成了工人运动活动家迫在眉睫的问题。

由于跟党的斗争的任务的实现有着紧密的联系，也就预先决定了德国马克思主义美学思想循着政论和艺术评论的轨道发展的性质，大家的注意力也就集中于一定的问题范围。这些问题实质上是一个问题，即当代资本主义世界中的艺术与无产阶级，这个问题把艺术的阶级性范畴提到了首位。

德国马克思主义美学思想是在既同官方唯心主义美学（其特点是讲究高贵、崇拜天才和艺术形式）进行斗争，又同自然主义

---

① 列宁:《我们的取消派》,《列宁全集》第17卷，第59页。

者的实证主义进行斗争的氛围里发展的。由于必须抵制党内机会主义者对马克思主义理论的歪曲，再加上德国社会民主党的活动家整个说来理论水平也不高，这场斗争就变得复杂化了。

德国马克思主义者力求从马克思恩格斯学说的一般方法论原理去说明艺术现象；不过，应该注意，历史唯物主义创始人的许多对于理解他们学说的美学部分具有重要意义的著作，当时尚未发表。因此，有人曾认为，辩证唯物主义哲学的这一部分根本没有得到深入的研究，而且，那些主要是在启蒙派美学、康德和空想社会主义者的美学（他们以独特方式反映了启蒙运动的思想）的影响下形成的美学观点则通常被说成是马克思主义。

例如，党的理论刊物《新时代》杂志的主编卡尔·考茨基的美学观点就是这样的。在1885—1895年间，恩格斯曾在这家杂志上多次发表文章。在德国，考茨基被视为正统的马克思主义者和公认的党的理论家。

考茨基把马克思主义在分析艺术时的立场的特点完全归结为揭示艺术的阶级性以及艺术变化受经济发展的制约。他从需要满足天生审美情感这一点推出艺术存在的必要性，他在动物世界找到了这种天生审美情感的表现的萌芽。艺术家的活动的意义就在于：通过审美作用使人的这种精神能力发挥出来，发展它，用日常生活中得不到的观感丰富它，提供随着精神需要的满足而来的快感。

考茨基在区别科学思维与伦理学美学态度时，认为后者是对被感知的东西进行评价的手段。因此，他生硬地规定艺术家的思想意识不得超越**阶级的意识形态**。"艺术家的个性是一定的社会环境的产物……一定阶级的广大成员对待一定问题的观点，就其本质特征说，可以认为是事先就已有了的"〔3，第39页〕。

考茨基对日常的阶级意识跟个别人物的世界观不加区分，他不理解认识的活动形式与评价的活动形式的辩证的相互作用。难怪他认为，艺术家的意识的阶级性在任何情况下都意味着观点的局限性和非客观性，因而也就意味着取得艺术的审美价值的一种障碍。考茨基看到，摆脱这种矛盾的出路就在于个人有可能摆脱继承下来的传统和偏见，克服阶级的局限性，而且，这种克服并不意味着转到另一个阶级的立场上，而是要求完全超出阶级意识的范围。此外，考茨基还断言，把形象具体表现出来的能力不依赖于艺术家的受阶级制约的世界观，从而形而上学地割裂了艺术中不可废除的反映现实与理解现实的统一性。依他看，"艺术家……是把思想家发现的真理拿过来，并赋予比较明显、比较诱人、能够令人震撼、令人鼓舞的形式"〔3，第40页〕。在这里审美影响的来源是形式，而思想内容，如果也能以某种方式影响感受者的话，那也只能影响感受者的思想，而决不能影响他的审美情感，而且这种影响不依作品的艺术质量为转移。

从这里便产生出社会民主主义的艺术评论所特有的那种对提出问题的、"有倾向性的"艺术的审美价值持不信任态度的传统。这里是对一部艺术作品有两种互不相干的评价的根源，即从作品的艺术价值来评价和从作品的思想内容对无产阶级的意义来评价。最后，在此基础上便产生了在社会改造时期认识与意志的能力跟审美直观能力的发展不能并行不悖的看法：在战斗期间，缪斯们①是默不作声的。从这里也就产生出考茨基的下述错误命题："不是从无产阶级里面，而是由于无产阶级的消灭，才会产生艺术中的新时代"〔2，第90页〕。

德国社会民主党中精通马克思主义与艺术的最大专家之一弗·梅林在十九世纪德国马克思主义美学思想的发展中迈出了重要的一步。梅林再版了并第一次科学地注释了马克思和恩格斯有关文学问题的一系列著作以及他们就美学问题所作出的某些论断。德国马克思主义文艺学的产生是同梅林的名字分不开的。

与考茨基不同，梅林认为艺术不仅是社会发展到了一定阶段的产物，而且是社会发展的手段之一。他在自己的学术著作中揭明了艺术进行认识的可能性、艺术"从一切概念上撕下意识形态的外衣"〔7，第357页〕的能力，揭明了艺术有能力充当世界观的供述者和影响世界观的手段——"阶级斗争的武器"。他看到，艺术家立场的阶级性是艺术家力量的源泉，是艺术家了解和表现他的阶级视为极端重要的东西的能力的源泉。他在《美学的袭击》（1898—1899年）一文中表明，大诗人之所以具有历久不衰的意义是由于"他们的作品卓越地反映了世界历史的伟大转折"〔6，第470页〕。梅林强调指出："个别人物只要归附那个站在更高文化阶段上的阶级，就能够站得比本阶级的见解高"〔6，第427页〕。他认为，无产阶级是当代唯一进步的阶级，艺术界

---

①　Музы——希腊神话中司文艺、美术、科学的九位女神。——译者

的知识分子只有向无产阶级靠拢，才能使一位艺术家具有伟大的思想，才能为深刻地认识社会现实提供世界观基础。如果"对历史、对理解世界没有真正的浓厚兴趣……就不可能成为伟大的诗人"〔7，第362页〕。梅林思想的全部逻辑可归结如下：承认艺术是革命斗争的有效工具，无产阶级的阶级性艺术的产生是不可避免的。

不过，他仍然认为康德是科学美学的创始人，并认为他的许多论点如果剔除了唯心主义就可以解释为马克思主义美学的基本论点。这种方法论上的二重性在很大程度上决定了梅林对马克思主义美学的发展所做贡献的性质。研究工作者梅林在用辩证唯物主义方法来分析文艺过程时，正确地判定了一些事实和现象，而这些事实和现象到头来却否定了他自己的美学立场。例如，梅林表明，伟大诗人的作品是"争取阶级的社会利益"的斗争手段，可与此同时他又赞同康德的观点，在康德看来，审美判断是跟科学认识和道德相对立的。梅林在以他那个时代的精神解释康德时，把艺术跟审美判断混为一谈了。根据唯心主义美学的传统，他把艺术局限于人的精神经验领域，并把艺术对于无产阶级的作用归结为：在艺术的促进下有可能提高劳动人民的精神素养。后者在梅林看来是重要的，但远不是解放斗争时期无产阶级的头等任务。

梅林在他的著作中比任何一位德国社会民主党人都更早更彻底地提出了意识形态领域的阶级斗争问题。他是能够阐明从艺术上理解世界的各种方法的社会历史本性的第一批学者之一。他发现"纯"艺术这个口号乃是为统治阶级利益服务的一种形式。同时他还经常指出，正是现实主义艺术家的艺术才对无产阶级有意义，但是梅林往往又以特别引人注目的方式表示，他不能同意无产阶级的诗篇充满意识形态性的东西，不能容许艺术跟政治斗争有**直接**联系的可能性。这种不彻底性的背后，毫无疑问是没有得到克服的康德的方法论在作怪，是它妨碍这位理论家彻底认清意识形态现象在改造世界的实践中的作用。

梅林亲自参加了工人为向劳动人民介绍艺术而进行的斗争，并曾密切注意那些反映德国工人运动成长的艺术现象，这一切帮助他把资产阶级艺术的任务与无产阶级艺术的任务对立起来，使他得以表征出并从理论上论证了社会主义艺术的一系列特点：它的坚定不移的激情，对世界的革命见解——它决定着新的选题，在描写旧世界时善于看到新事物萌芽的本领，正面人物的独特性格。梅林依据马克思的理论，把艺术**再次繁荣**的可能性**跟建成自由的无阶级的社会联系**起来，跟社会主义和共产主义的思想联系起来。但是，由于他停留在社会民主主义环境中形成的种种观念的框子里，他认为在工人取得胜利之前不可能出现任何繁荣发达的无产阶级艺术。在每个一定的时代，他都能见出一种艺术来，他把资产阶级革命发展时期的艺术跟垂死资本主义世界的艺术加以区分，但不允许把现代艺术划分为资产阶级的艺术与无产阶级的艺术。依梅林看，工人阶级的审美需要在这个阶级取得胜利之前只能靠艺术遗产来满足。这里梅林承认有必要对艺术遗产进行检查。他在分析德国文学与世界文学方面进行的大量工作有一个目的，那就是揭明哪些东西是能够为无产阶级斗争服务的东西，并使之能够为无产阶级所接受。

对于梅林的许多追随者和老战友——德国社会民主党的左翼代表人物——来说，无产阶级艺术在当代存在的必要性是从把艺术看作阶级斗争的武器的观点得出来的，是从关于艺术作品具有阶级代表性的见解得出来的。根据德国存在着数千个工人艺术团体这一事实，根据高尔基或马·安德逊·尼克索的作品，根据许许多多无产阶级诗人和歌手的诗歌，左翼代表人物把主要由工人代表人物创造的"上升的无产阶级的文化"跟"下降的资产阶级的文化"划分开来。依克拉拉·蔡特金看，有些人想借助于不过问政治的审美教育"从美学上使无产阶级资产阶级化，而不是发动新的文化力量并帮助他们开始应有的生活"〔13，第391页〕。罗莎·卢森堡持的也是这种立场。克拉拉·蔡特金在反对这些人时写道："无产阶级就是在艺术领域也不能简单地效法资产阶级的文化……而应该从'重新评价'所有的价值开始"。

左派代表人物在给艺术提出从思想上政治上团结群众的任务时，同时也提出了革命艺术跟政党的关系问题。到了二十世纪初，这样的艺术的存在已经是事实，甚至那些坚持认为政治与艺术创作在原则上不能并存的人都不得不承认。正统的社会民主党全然以空想社会主义者的美学为本，认为无产阶级艺术的任务就在于宣传党的思想，体现社会主义理想，创造——就像今天所说的那样——未来的模型。

与此同时，党性艺术被先验地视为美学上有缺陷的东西，并将它跟"真正的"艺术对立起来，认为只有后者才能提供真正的世界图景。在一系列著作中，例如，在弗·梅林的《艺术与无产阶级》（1896 年）一书中，在克·蔡特金的《艺术与无产阶级》（1911 年）一书中，以及在进入二十世纪以来发表在《新时代》杂志上和《莱比锡人民报》上的左派代表人物的其他著作中，这种对职能的划分法被克服了，因为这些理论家们认识到：能够在现实本身中找到理想的大现实主义艺术是能够存在的。左派代表人物已经弄清楚马克思主义观点的逻辑，根据这种逻辑，社会主义的艺术家不能局限于自发地反映存在，何况辩证唯物主义的世界观已使我们有可能看到"世界上各种事态的普遍联系"并注定必须站在党性立场上。

1910 年在党的理论刊物（*Die Neue Zeit*）上展开的、并在后来有了国际性质的、关于无产阶级与艺术的关系的大辩论中，梅林曾发言反对左派代表人物宣布的艺术政治化的主张。他在解释由他公布的马克思与斐·弗莱里格拉特的通信的有关段落时，力图把马克思的要求跟那种认为诗人有权利比党的立场看得"更为广阔"的主张调和起来，实质上这是站在弗莱里格拉特一边。这里表现出梅林对那些年德国社会民主党的机会主义领导的不信任态度，也表明：梅林并不是随时随地都能揭明马克思主义创始人的美学论断跟他们的整个革命世界观之间的联系的，凡是他的观点体系中装不进去的东西，他一概说成是他们的主观审美趣味的表现。

二十世纪德国左翼代表人物的主要美学论点在卡尔·李卜克内西的艺术理论中以新的方式得到理论上的论证。李卜克内西的美学观点是在他的写于狱中、死后出版的《社会发展规律研究》（1916年）一书中阐述的。把艺术看作阶级斗争的工具——这是左派共同的观点，它基本上是马克思主义的。李卜克内西从这种观点出发，把这一思想从个人精神世界的藩篱中解放出来。在他看来，艺术主要不是发展人的精神潜能的手段，而是改善人的周围环境的手段。在他心目中，审美体验也就是来自和谐感与完美感的喜悦，而和谐感与完美感从感受者的观点来看则是那种能够促进高级发展的东西的指标（"哪怕是在我们的幻想中"）。审美的天地是包罗万象的："艺术力求消除伦理学的缺陷，以及任何其他的不和谐，通过它所特有的艺术表现方法与手段，比别人先想到某种思想和积极性，激励某种思想和积极性"〔4，第146页〕。艺术的主要任务（它决定艺术产生的必然性）是激励感受者按照美的规律去改造世界。"艺术之所以是社会现象，不仅仅是由于它的起源，也不仅仅是由于制约着艺术的那些原因和条件，而且也由于它的目的和任务"〔4，第146页〕。艺术的作用是个完整的过程，既包括情感领域，也包括智力领域。

李卜克内西给艺术规定的任务不仅为高度评价"倾向性"艺术奠定了牢固的基础，而且还责成艺术家为着艺术本身的缘故而自觉地走上为使世界美好而斗争的征程。艺术的这一任务还要求：艺术家要争取来自人民方面的理解，因为负有使命用实际行动来改造世界的正是人民。依李卜克内西看，艺术的作用的现实性决定了艺术对现实的基本态度。

李卜克内西是德国左派人物中因不满足于对艺术仅作阶级分析而提出并研究了艺术的人民性问题的第一个人。他大大提高艺术家的作用，称艺术家为创造者、塑造者、培育者、鼓舞者，同时也不否认人民——"受压迫的社会阶级"——有亲自领悟艺术的权利。李卜克内西号召有远见的艺术家要"从内部、用群众自身的眼光"来看待人民，而不是"从外部、高高在上地、用统治阶级的眼光"来看待人民。这样，当时一个很重要的思想——艺术要走向人民、跟人民见面——便在他的著作中得到了论证。

李卜克内西比所有德国左翼社会民主党人都更加接近于列宁对艺术党性的理解，即把艺术党性了解为艺术人民性的最高表现。他的理论，虽说未能尽除左派人物所特有的那些矛盾和对辩证法的种种偏离，却完成了德国马克思主义美学思想发展中的一个重要阶段。在二十世纪二十年代，卡·李卜克内西从理论上加以论证的革命艺术，在Э.皮斯卡托尔、Φ.沃尔夫、约·贝赫尔和贝·布莱希特的作品中表明了自身的见解，这些人都是沿着克服"左倾""幼稚病"的道路走向社会主义现实主义的。

第二节　保·拉法格的美学观点

十九世纪六十年代开始参加国际工人运动的保尔·拉法格是法国第一位马克思主义理论家。根据列宁的精确评语，在拉法格的身上结合着"两个时代：一个是法国革命青年同法国工人为了共和制的理想进攻帝国的时代 ①；一个是法国无产阶级在马克思主义者领导下进行反对整个资产阶级制度的坚定的阶级斗争，迎接反对资产阶级而争取社会主义的最后斗争的时代"②。

拉法格跟满怀自我牺牲精神的马克思主义革命家茹尔·盖得一起建立了工人党，该党的党纲是在马克思和恩格斯的协助下制定的。它"成了法国第一个无产阶级政党，公开宣布忠于马克思主义"〔9，第488页〕。为了系统地宣传马克思主义，俄国工人也体会到，必须"深深地尊敬拉法格，因为他是马克思主义思想的最有天才、最渊博的传播者之一，而俄国革命时代和反革命时代的阶级斗争的经验又无比辉煌地证实了马克思主义思想是正确的"③。

拉法格同资产阶级经济学家和机会主义分子当中批评马克思的人进行了斗争，他坚决反对一切形式的唯心主义哲学，包括新康德主义在内。作为马克思的忠实学生，他"勇敢地承担起在所有战线上进行科学探讨的担子，斗争的变故把他推到哪条战线，他便在哪条战线努力工作"〔11，第Ⅸ页〕，其中也包括艺术文化战线。"应与普列汉诺夫和梅林并驾齐驱的拉法格是法国第一位马克思主义者，他研究了思想上层建筑和文学的种种问题"，法

---

① 1871年巴黎公社失败后，拉法格迫不得已流亡国外。
② 列宁:《代表俄国社会民主工党在保尔·拉法格和劳拉·拉法格的葬礼上发表的演说》,《列宁全集》第17卷，第286页。
③ 列宁:《代表俄国社会民主工党在保尔·拉法格和劳拉·拉法格的葬礼上发表的演说》,《列宁全集》第17卷，第286页。

共著名活动家、作家 Ж·弗莱维尔在为拉法格有关上述问题的著述第一次再版而写的前言 ① 中这样说道〔11，第XXⅢ页〕。不过，对革命事业的忠诚并未保证拉法格不犯严重的理论错误，譬如，他对辩证法的作用估计不足，喜欢中央集权制〔参看 10；12〕，这些错误在美学领域也有所表现。

拉法格是在这样的时期进行工作的：当时法国资产阶级美学正处在唯灵论和实证主义的强大影响之下。而在民主主义的知识分子和工人当中，则流行着比·约·蒲鲁东的美学观点，以及空想社会主义的思想〔参看第 30 讲〕②。这种情况也就决定了拉法格有关艺术问题的言论带有尖锐的论战性。

这个时期对于宣传马克思主义来说有两条原理最为重要：一条是唯物主义地理解创作过程，一条是艺术跟社会实践的有机联系。拉法格在反对浪漫主义者对创作作神秘主义的解释时，用他所特有的辛辣讽刺的笔触写道："艺术作品可以跟重瓣的玫瑰花或两个脑袋的牛犊在同等程度上被称作'有神奇效能的现象……上天的赠予'（拉法格引维·雨果的话——Э. 尤洛夫斯卡雅注）"〔2，第 725 页〕。证明艺术受社会实践决定成了拉法格这样一些著作的主要任务，如《浪漫主义的起源》（1896 年）、《关

---

① 在这篇前言中包含着这样的自我批评：承认在二十至三十年代法国马克思主义者忘记了拉法格的遗产，前言中还对苏联学者表示感谢，因为他们的著作促进了上述文集的问世〔参看 8〕。

② 本书原名是《美学史讲义》（第 4 卷），从第 42 讲开始，至第 54 讲结束。这里所说"第 30 讲"，当指《美学史讲义》（第 3 卷）中的一章。——译者

于维·雨果的传说》（1885年）、《戏剧中的达尔文主义》（1890年）、《民间结婚的歌曲与习俗》（1886年）。"作家跟自己周围的社会环境紧密地联结在一起；不管在什么样的条件下他都既不能挣脱它，也不能与世隔绝……他埋头于过去也好，致力于未来也好，但在描写这种或那种感情时，他却不能离开他那个时代的界限"〔2，第725页〕。

创作受艺术家的阶级立场制约，承认这一点，对于拉法格来说，既是对整个资产阶级艺术进行批判的基础，也是对浪漫主义、自然主义、"为艺术而艺术"这样一些具体艺术运动进行批判的基础。譬如，他公正地指出：有人主张"纯艺术"，主张摆脱资产阶级日常生活的污泥浊水，这种人表面上好像是自主的，但实际上他们是在为资本家阶级服务。依拉法格看，"为艺术而艺术"运动的参加者们自己对这种依从关系的否认，对于具有唯物主义思想的艺术史家来说，乃是一桩饶有兴趣的事实。

拉法格对待资产阶级艺术的否定态度是建立在这种见解之上的，即资产阶级艺术所反映的仅仅是资产者阶级的意识形态传统和社会心理特点，其实质是"利己主义，这是资产者主要的美德，也是自由竞争的经济制度的合乎规律的结果"〔2，第722页〕。我们将会看到，认为资产阶级艺术在本质上就不完美的看法，当时在法国社会主义者当中是广为流行的（这里表现出空想社会主义的传统和蒲鲁东的影响）。当时的一些社会主义杂志，如：《社会艺术》（1891年创刊）、《昂克洛》（*Анкло*，1895年创刊），就经常撰文谈论这一点。①《昂克洛》杂志曾提出这样的问题："为什么现代社会不能通过艺术表现自己？"对此，伟大的比利时诗人艾米尔·维尔哈伦回答道："现代社会由于是不和谐的，所以不可能……感召出和谐的艺术来。"〔参看 7，第 296 页〕从这种对资本主义的评价出发，进步的评论界在考察"为艺术而艺术"的现象时总是持极端否定的态度。社会主义的报刊把颓废派文艺表述为丧失了全人类的社会理想的资产阶级个人主义的产物，描述为庸俗化了的、不问政治的、非公益性的艺术〔参看 7，第 296 页〕。正像我们所看到的，这些精确的评语就是在今天也未失去其重要意义。

拉法格和社会主义者的另一个批判对象是实证主义。大家知道，拉法格年轻时曾醉心于奥·孔德和伊·泰恩的思想，但在八十年代，实证主义者成了他的思想敌人。诚然，拉法格本人曾对环境因素的影响做了过高的评价，但与此同时，他对实证主义者否定阶级斗争、否定阶级斗争在所有社会生活领域的意义，则是坚决反对的。在八十至九十年代的法国，当实证主义已得到第三共和国的官方认可时，这种批判至为重要。社会达尔文主义也受到拉法格的顽强反对〔8；10〕。社会达尔文主义的特点是把生物进化规律搬用于社会发展领域。拉法格在《戏剧中的达尔文主义》一文里目光敏锐地指出，这样的观点是为资本主义的畸形怪

---

① Л. Г. 安德烈耶夫的文章〔参看 7〕中列举了有关这两家杂志的活动、有关法国社会主义美学的特点的有趣材料。

状作辩护。因为"受到优厚报酬的为资本主义特权辩护的人们在对共产主义进行毁灭性的驳斥时所依据的",正就是关于人的利己主义本性不可改变的主张〔2,第723页〕。

在批判向往实证主义思想的自然主义方面,拉法格对自然主义的评价起有重大的作用,他把自然主义评价为在现象表面滑动的、不能抓住社会发展规律的艺术。《社会艺术》杂志也出来谴责自然主义,表现出它在审美领域的成熟性,并且在描写人的生活方面不使自己因自然主义的貌似有理而步入歧途〔参看7,第307页〕。自然主义的代表人物常常去描写受压迫的社会阶层——描写工人、农民的日常生活,同时又强调指出他们的落后性、他们之耽溺于遗传下来的恶习。这样一来便激化了拉法格对自然主义的态度。拉法格认为,这样的描写或者是由于对人民的真正生活不了解,或者是出于向资产者讨好的立场,资产者正希图把自己的阶级敌人说成这种样子的。因此,拉法格一方面指出艾·左拉的创新之处(拉法格认为左拉的创新之处是:在他的小说里,社会性的东西和生物性的东西这两种决定性因素像一把钳子,把人紧紧夹在中间),另一方面又指责这位法国自然主义的首领并不了解自己的小说里所描写的那些社会阶层,并把他跟那位对法国社会有深刻研究的巴尔扎克对立起来。这里有必要提醒大家注意:这种见解很接近于恩格斯对左拉和巴尔扎克作品的评价。诚然,拉法格对左拉的批评过分严厉了一些。如:他把左拉称作书房里的作家,后来证明这种评语显然是不公平的(例如,我们可以引证左拉在德雷菲斯事件上的进步立场,可以引证他的

《我控诉》这篇激昂慷慨的文章）。

拉法格的不合逻辑性也表现在他过分直截了当地解释艺术受社会制约这个问题上。在他的笔下，艺术作品只不过是作家的阶级利益的影子，而作家的阶级利益是没有超出自身范围以外的认识目的的。当问题涉及那些跟第三共和国的制度有某种联系的作家时，拉法格的态度特别严厉，在拉法格看来，第三共和国永远是杀害革命无产阶级的刽子手。譬如，他对维·雨果做的敌对性的评价就不仅是由于他不喜欢在十九世纪下半叶跟唯灵论联系在一起的浪漫主义，而且也由于第三共和国的思想家们企图把这位诗人变成他们实行国家"统一"政策的象征。正是这一点可以用来说明拉法格为什么出版了《关于维·雨果的传说》这本抨击性的小册子，该书对这位杰出的法国作家的作品显然做了不正确的解释〔关于这一点，请参看 8〕。

拉法格对十九世纪资产阶级艺术的片面看法使他看不到这样的艺术作品：这些作品为无产阶级所需要，并将成为新的、能够同化过去优秀成果的社会主义艺术的基础。拉法格也像当时大多数社会主义者那样〔参看本章第 1 节〕，抱有这样一种见解：只有当无产阶级取得彻底胜利时，新的文化才会产生。在这个问题上，拉法格的政敌让·若雷斯看得要更远一些，他在论述维·雨果和阿·弗朗斯的文章中指出："天才作家的思想日甚一日地向着社会主义靠拢。"（7，第 315 页〕

拉法格论述民间创作和论述神话创作的性质的文章，对于马克思主义美学史来说，也具有一定的重要性。拉法格具有通俗作家和修辞家的天才，他在论述艺术问题的所有言论中都力图论证唯物主义的和历史的艺术观。这使得Ж·弗莱维尔有理由写出这样的话来：马克思主义的艺术评论，如果不知道保·拉法格的著作，那是不可思议的〔11，第XXⅢ页〕。

第三节　格·瓦·普列汉诺夫的美学

格奥尔基·瓦连廷诺维奇·普列汉诺夫是俄国第一位马克思主义哲学家。他的理论活动受到列宁的高度评价。列宁强调指出，普列汉诺夫的哲学著作应当列为"必读的共产主义教科书"①。这位俄国马克思主义者在美学方面的著作也具有重大意义。他所论证的许多条原理已经在苏联美学科学中牢牢地扎下了根，现在，与其说人们将其看作普列汉诺夫的思想，毋宁说将其视为不言自明的平凡真理〔6，第82页〕。

与此同时，普列汉诺夫的其他理论遗产却并不是那么幸运。他的许多论点并没有一举博得普遍的承认，其中一些就是在今天也不断引起人们争论。在二十世纪三十年代初叶，第一次汇集并出版了马克思和恩格斯关于美学的散论、文章和书信，在此之前，普列汉诺夫在许多研究工作者的心目中一直是马克思主义美学的创始人。在这个错误得到纠正之后，又出现了另一个极

---

① 列宁:《再论工会、目前局势及托洛茨基和布哈林的错误》,《列宁选集》第4卷，人民出版社1974年版，第453页。

端——对他的美学著作的意义估计不足。不过，不管怎样，从注释普列汉诺夫著作的最初尝试开始〔参看5；9〕，到最近几年的著作为止〔譬如，可参看10〕，普列汉诺夫的美学理论既推动了它的信从者，也推动了它的批评者，促使他们向着马克思主义历史哲学和文化的最根本问题不断深入。对待这位俄国马克思主义者的遗产，在国外文献中也可看到同样的情形。

在理论家普列汉诺夫面前摆着一项复杂的任务：把辩证唯物主义的方法运用于解决主要的美学问题，特别是运用于研究艺术。普列汉诺夫依据历史唯物主义创始人的观点，认为：为了正确地理解文化，必须善于从经济学转到社会心理学。"……历史唯物主义一方面反复指出环境是由人来改变的，同时又使我们第一次有可能用科学的观点来看待这一变化过程"〔3，第18卷，第222页〕。普列汉诺夫的艺术理论著作和历史评论著作论证的就是这一思想，就是这一思想之运用于最主要的美学问题。

普列汉诺夫早在《没有地址的信》（1899—1900年）中就已经用大量民族志学的材料表明，而在《从社会学观点看法国戏剧文学和法国绘画》（1905年）中以及在《马克思主义的基本问题》（1908年）中则又专门从理论上阐明，只有"在没有划分成阶级的原始社会中，人的生产活动才直接影响人的世界观和人的审美趣味"〔3，第18卷，第223页〕。在这些著作中，以及在《无产阶级运动与资产阶级艺术》（1905年）、《艺术与社会生活》（1912—1913年）这些展开论述的文章中，普列汉诺夫运用马克思主义的观点提出并解决了艺术与现实的关系问题、美与艺术形象的本质问题，以及艺术产生过程中稳定因素与变异因素之间复杂的、文化历史的辩证法。

重要的是着重指出，对于上述诸问题，普列汉诺夫从各种不同的概括水平上进行了探讨，从对待材料的一般历史态度开始，直到对单个作品进行分析、对某些艺术家在当时具体环境下的作用进行分析。在这方面特别典型的是《亨利克·易卜生》（1906年）一文。该文从易卜生创作活动的社会文化背景着眼，对这位伟大的挪威剧作家的作品进行了研究。在这里，他辩证地考察了艺术家与环境的关系，将其视为双方积极相互作用的结果。

由此可见，虽说普列汉诺夫并未编写出包罗万象的、系统叙述美学科学原理的美学著作，但他的大量著作却对几乎所有美学基本问题做了详尽的论述。普列汉诺夫是怎样给审美领域下定义的呢？

包含着回答这个问题的大量材料的，首先是《没有地址的信》。在这里，他引了达尔文的观点，这种观点认为：有些鸟类在雌性面前展示自己的尾巴，这说明它们有审美感。与这种观点相反，普列汉诺夫指出：这些事实不仅没有说明人们的审美趣味的历史发展，甚至也没有说明人们的审美趣味的起源。[①] 许许多多的观察材料证明：在各个不同的原始民族那里，审美趣味远不是相同的。由此便自然而然地得出了普列汉诺夫的下述原则性论

---

① 参看普列汉诺夫:《论艺术（没有地址的信）》，三联书店1973年版，第9页。

断："人的本性使他能够有审美的趣味和概念。他周围的条件决定着这个可能性怎样转变为现实；这些条件说明了一定的社会的人（即一定的社会、一定的民族、一定的阶级）正是有着这些而非其他的审美的趣味和概念。"①

　　审美现象是在人们的社会历史实践过程中，通过人们的社会认可的观念跟物质世界的事物的接近而产生的，因此，事物好像成了这些观念的代替者和表现者，从而以自身的物理存在体现了它们。普列汉诺夫就是以类似的方式来理解对称与节奏的（他对K. 布赫尔把音乐节奏的起源跟劳动节奏联系起来的尝试给予相当高的评价，这并不是偶然的）。在这里我们看到了对审美进行说明的基本原则。

　　"艺术的领域要比美的领域宽广得多"〔3，第14卷，第180页〕这个命题表现了普列汉诺夫的坚定的艺术理论信念。与唯美主义相反，这位理论家断定：艺术是人们社会生活的精神产品之一，也就是说，属于意识形态领域。他在跟列·尼·托尔斯泰美学中的感情主义倾向进行论战时宣布：艺术开始于一个人不仅给予自己的情感，而且也给予自己的思想以一定的形象的表现，以期将它们传达给别人的时候。② 由此可见，艺术是一种意识形态现象，它借助艺术形象使人们在精神上（情感上理智上）归于

---

① 普列汉诺夫：《论艺术（没有地址的信）》，三联书店1973年版，第16页。
② 参看普列汉诺夫：《论艺术（没有地址的信）》，三联书店1973年版，第4页。

一致。

艺术有种的（即意识形态的）品质和类的（即艺术本身的）特征，对前者的评论和对后者的评论之间的联结环节是关于"批评的两个步骤"的论点。依普列汉诺夫看，第一个步骤在于：研究工作者首先必须把一部作品的思想从艺术语言翻译成社会学语言，也就是说，必须找出它的"社会学等价物"。批评的第二个步骤是对该作品的审美价值本身进行评价〔3，第14卷，第189页〕。

普列汉诺夫对待艺术形象结构的辩证观点，对于考察艺术形象的形式方面来说，也是一个坚实牢固的基础。这位理论家认为，艺术中为数繁多的所有规律"归根到底可归结为一点：形式必须适合内容……这条规律对于所有学派来说都是重要的，无论对于古典主义者，或对于浪漫主义者，或对于其他任何学派，都是如此"〔1；第3集，第64页〕。不过，也往往有这种适合遭到破坏的时期。例如，在文学或艺术的形成时期，内容就具有更大的重要性。其中，康捷米尔的颂诗就是如此。而当文学由于社会阶级的衰落，自身也开始走向衰落时，则呈现出相反的倾向。"例如：颓废主义、未来主义，以及诸如此类的当代其他文学现象，它们都是由某些资产阶级阶层的精神堕落引起的。文学的衰落总是表现为：……人们开始重视形式大大超过了内容"〔3，第21卷，第208页〕。

普列汉诺夫在解决艺术的社会作用这个最为重要的问题时，也表现出他的思维具有辩证的素养。他认为，哪里在艺术家和周围社会环境之间存在着无可挽救的意见分歧，哪里就会产生"为艺术而艺术"；"哪里在社会的大部分人和在某种程度上积极关注艺术创作的人之间存在着相互同情，哪里就会产生所谓功利主义的艺术观并得到巩固。所谓功利主义的艺术观，也就是这样一种倾向——喜欢赋予作品以生活现象评判者的意义，以及经常伴随着这种倾向的甘愿参加社会战斗的愉快心情"〔3，第14卷，第131页〕。

不过，为什么阿·瓦·卢那察尔斯基恰恰在这个问题上批评普列汉诺夫，其中原因应该好好想一想。大家知道，卢那察尔斯基曾指责普列汉诺夫，说他"对文学抱着一种消极的遗传学的观点"〔9，第232页〕。的确，普列汉诺夫曾写过这样的话，例如，"我不说：现代艺术家'应该'从无产阶级渴望解放的心愿受到感召。不。如果说苹果树应该结苹果，梨树应该结梨的话，那么，持资产阶级观点的艺术家就应该起来反对上述那种心愿。衰落时代的艺术'应该'是衰落的（颓废的）。这是不可避免的"〔3，第14卷，第178页〕。这些表达方式是不能令人满意的，尽管卢那察尔斯基也知道普列汉诺夫决不会拥护社会学中的生硬的机械论，但还是得承认他的批评有一定的合理性，因为个人意识与社会意识之间的关系是很难用"应该"一词来评定的。

总之，按照普列汉诺夫的理解，艺术家具有相对的独立性，因之，对于选择自己的艺术创作的（即哲学的和生活的）理想负有责任。而且，"任何一位多多少少有点重要意义的艺术天才……如果充满了当代伟大的解放思想，就会增加自己的力量。所需要的只是：这些思想要能进入他的血和肉，他能够恰恰作为艺术家来表现它们"〔3，第14卷，第179页〕。

在进行总结时，"应该指出，普列汉诺夫是俄国美学界第一个如此广泛、如此卓有成果地把阶级性原则运用于分析……艺术的人，他无论在什么地方都没有违背真理，都没有把这个社会学原则变成否定所有其他原则的唯一原则"〔11，第10页〕。诚然，他的某些一般性表达方式是公式化的，他的某些论断有时候是简单的社会学式的。例如，他未能阐明列·尼·托尔斯泰的世界观和创作的性质，而把这位伟大作家评定为远离时代的大地主〔3，第24卷，第192、217页〕。他认为，普希金的诗是工人阶级所不需要的〔2，第84页〕；他对高尔基的长篇小说《母亲》的评价是否定性的。不过，这一切并不能缩小普列汉诺夫对于解决美的本质、艺术的起源、艺术的内容与社会职能等问题所作出的科学贡献。格·瓦·普列汉诺夫在扩大和巩固马克思主义美学的影响方面起了巨大的作用，而他本人的许多思想就是在今天也依然未失去其理论价值。

第四章

—

马克思主义美学史上列宁主义阶段的开始

（十月革命前时期）

—

　　列宁在美学领域的活动是马克思和恩格斯思想的继续和发展。它标志着马克思主义美学思想史上新阶段的到来。列宁的理论活动和革命实践活动是在新时代，即帝国主义和成熟中的社会主义革命时代的条件下进行的。复杂的现实不仅要求创造性地运用马克思主义，而且也提出了新的问题，在这些问题中，艺术的发展、艺术在无产阶级阶级斗争中的作用问题占有远不是微末的地位。彻底的马克思主义者列宁不可能不参加反对国际机会主义和修正主义歪曲马克思主义理论的斗争，不可能不起来反对像俄国马赫主义这样的把马克思主义庸俗化和背离马克思主义的倾向。[①] 世界无产阶级的领袖对于发展马克思主义美学思想所做贡

---

① 列宁:《政论家的短评》,《列宁全集》第 16 卷，第 201 页。

献的重大意义在许多方面决定于：他能非常深入地洞察马克思主义方法论的实质，始终不渝地运用辩证方法，创造性地利用俄国革命民主主义美学的伟大遗产。

第一节 列宁的反映论与美学问题

列宁制定的辩证唯物主义反映论是现代马克思主义美学的方法论基础。在写于第一次俄国革命失败后到来的斯托雷平反动年代的《唯物主义和经验批判主义》（1909 年）一书中，唯心主义的认识论及其在艺术理论和资产阶级美学领域的各种可能的表现受到毁灭性的批判。列宁在论证辩证唯物主义的认识论时，把认识过程看作外部世界在人意识中的反映。反映现实是个复杂的多方面的过程，其特点是认识的主体的意识对被反映的现实的能动的创造性的态度。列宁在《亚里士多德〈形而上学〉一书摘要》中指出："智慧（人的）对待个别事物，对个别事物的摹写（＝概念），不是简单的、直接的、照镜子那样死板的动作，而是复杂的、二重化的、曲折的、有可能使幻想脱离生活的活动……"[①] 而在《黑格尔〈逻辑学〉一书摘要》中他又强调指出："人的意识不仅反映客观世界，并且创造客观世界。"[②]

列宁的反映论是关于艺术是认识现实的独特创造性活动的学

---

① 列宁：《哲学笔记》，人民出版社 1974 年版，第 421 页。
② 列宁：《哲学笔记》，人民出版社 1974 年版，第 228 页。

说的基础。它为马克思主义地理解艺术活动的社会本质提供了哲学依据，在列宁以前，社会民主主义的美学思想是没有这种依据的，它是从人的特殊精神能力的存在引出艺术的本质的（在唯心主义美学传统中）。

列宁在论述列·尼·托尔斯泰的文章[①]中，提供了把反映论具体运用于分析艺术的范例。在这些文章（1908—1911 年）中，基本的方法论原则是这样表述的："……如果我们看到的是一位真正伟大的艺术家，那么他就一定会在自己的作品中至少反映出革命的某些本质的方面。"[②]

关于现实在艺术创作过程中的决定性作用问题的提出，对二十世纪初广泛流传的、把艺术创作者的作用加以绝对化、断言艺术世界具有自我价值和独立性的种种理论，给以迎头痛击。现代修正主义者企图回到片面夸大主体在艺术创作过程中的作用的种种尝试，不可避免地导致背弃列宁的反映论，这并不是偶然的。

列宁把托尔斯泰称作"俄国革命的镜子"，强调指出这位作家对他的时代的依赖性，对这种依赖性使他成为其代表人物的那个阶级的思想和情绪的依赖性："托尔斯泰的思想是我国农民起义的弱点和缺陷的一面镜子，是宗法式农村的软弱……的反

[①]　关于列宁的这些文章跟他的《哲学笔记》的联系问题，Б. С. 梅依拉赫在他的专题论著〔参看 42〕中作了详尽的阐述。

[②]　列宁：《列夫·托尔斯泰是俄国革命的镜子》，《列宁全集》第 17 卷，第 176 页。

映"①。"托尔斯泰的学说反映了一直到最深的底层都在汹涌激荡的伟大的人民的海洋,既反映了它的一切弱点,也反映了它的一切有力的方面"②。列宁还以别林斯基为例指出了这同一规律,他写道:"照我们那些聪明的、有教养的作者们看来,别林斯基在给果戈理的信中所表达的情绪也许与农奴的情绪无关吧?我国的政论历史也许与农奴制压迫的残余所激起的人民群众的愤恨无关吧?"③

列宁既对艺术受社会制约问题给予应有的论证,同时又毫不缩小作为艺术创作之主体的艺术家个人的意义。他表明,在托尔斯泰的天才著作中,对客观事物的反映("……托尔斯泰……在自己的作品里惊人地、突出地体现了整个第一次俄国革命的历史特点……"④)之所以有可能,只是由于作家的主观认识。托尔斯泰的创作个性的力量也使他成为"俄国革命的镜子"。

列宁从不把反映理解为对社会存在的诸现象进行消极的拍照。譬如,在托尔斯泰的著作中他看到"对国家、对警察和官方办的教会的那种强烈的、激愤的而且常常是尖锐无情的抗议","对土地私有制的毅然决然的反对","充满最深沉的感情和最强烈的愤怒对资本主义进行了不断的揭发"。他把这位伟大俄国作

---

① 列宁:《列夫·托尔斯泰是俄国革命的镜子》,《列宁全集》第17卷,第186页。

② 列宁:《托尔斯泰和无产阶级斗争》,《列宁全集》第16卷,第352页。

③ 列宁:《论"路标"》,《列宁全集》第16卷,第122页。

④ 列宁:《列·尼·托尔斯泰》,《列宁全集》第16卷,第322页。

家称作激烈的抗议者、愤怒的揭发者和伟大的批评家。[①] 他认为艺术不仅是对现实的认识，而且也是艺术家对待现实的态度的表现，是从一定社会理想的立场对现实的评价，因为，"批判现存制度"，充满"深沉的感情""对资本主义"进行"不断的揭发"，"强烈的抗议"——这一切无非是艺术家对俄国社会制度的评价，是对现实作出一种独特的判决，是对现实激情满怀的态度的表现。列宁表明，在托尔斯泰的作品中，对俄国现实的了解跟对它的评价，即作家的思想情绪态度的表现，是有机地结合在一起的，但也并不排除内部矛盾。

由此可见，列宁的反映论为阐明艺术对世界、对社会生活的反映的特点，提供了理论基础，主客与客观、认识与评价、现实与理想的辩证法是这种反映的固有特色。

反映论肯定意识的能动性，列宁依据从反映论得出的结论，也揭明了艺术的各种社会职能的辩证法。能表明他的立场的，是他最热烈地认定人的意识的能动作用、艺术的巨大力量，艺术不仅描绘社会，而且也参与社会的发展与改造，对人们的情感与思想发生影响。革命的社会民主党的代表人物甚至宣布艺术是"阶级斗争的武器"，但也未能从理论上证明艺术的能动性，而把艺术仅仅看作社会存在的反映。列宁则认为："俄国工人阶级研究列夫·托尔斯泰的艺术作品，会更清楚地认识自己的敌

---

① 列宁：《列·尼·托尔斯泰》，《列宁全集》第 16 卷，第 322—323 页。

人……"[①];"涅克拉索夫和萨尔梯柯夫曾经教导俄国社会要透过农奴制地主所谓有教养的乔装打扮的外表，识别他的强取豪夺的利益，教导人们憎恨诸如此类的虚伪和冷酷无情……"[②]。用列宁的话说，托尔斯泰之所以在世界文坛占据一席第一流的位置，是因为他"能用卓越的力量表达被现代制度所压迫的广大群众的情绪，描绘他们的境况，表现他们自发的反抗和愤怒的情感……"[③]，"在自己的作品里能以提出这么多重大的问题"，达到最高的艺术顶峰。列宁赞叹这位作家的巨大艺术影响力量。这是"天才艺术家所特有的力量"[④]。

世界无产阶级的领袖曾多次指出艺术在思想斗争中的巨大作用。关于欧仁·鲍狄埃，列宁写道："他是一位最伟大的用歌作为工具的宣传家"[⑤]。"用工人的歌宣传社会主义"，这位"无产者诗人"的创作活动，被列宁比作具有摧毁性力量的革命行动。

工人阶级所需要的社会主义文学的崇高职责，列宁认为是：它保证"过去的经验……和现在的经验……之间经常发生相互作用"[⑥]。俄国无产阶级之接受托尔斯泰的艺术遗产，不仅仅是为

---

① 列宁:《托尔斯泰和无产阶级斗争》,《列宁全集》第 16 卷, 第 352—353 页。
② 列宁:《纪念葛伊甸伯爵》,《列宁全集》第 13 卷, 第 38—39 页。
③ 列宁:《列·尼·托尔斯泰》,《列宁全集》第 16 卷, 第 321—322 页。
④ 列宁:《列·尼·托尔斯泰和现代工人运动》,《列宁全集》第 16 卷, 第 331 页。
⑤ 列宁:《欧仁·鲍狄埃》,《列宁选集》第 2 卷, 第 435 页。
⑥ 列宁:《党的组织和党的文学》,《列宁全集》第 10 卷, 第 29 页。

了个性的发展与提高，也完全不是为了社会威望。列宁指出，俄国无产阶级之所以要利用这份遗产，是为了帮助群众振奋起来，"对沙皇君主政体……进行新的打击……目的……在于使他们学会……把自己团结成一支社会主义战士的百万大军，去推翻资本主义，去创造一个人民不再贫困、没有人剥削人的现象的新社会"[①]。

由此可见，列宁是把艺术有机地列入革命工人阶级的斗争手段之列的。按照他的意见，"当前的任务是，即使在最困难的条件下，也要挖掘矿石，提炼生铁，铸造马克思主义世界观以及与这一世界观相适应的上层建筑的纯钢"[②]。

第二节　列宁论艺术受社会制约

在马克思和恩格斯的追随者与学生当中，列宁是把辩证唯物主义关于艺术阶级性的原理扩大到承认在资本主义制度下在一个民族文化中有两种文化存在的第一人。列宁依据反映论，在《关于民族问题的批评意见》（1913 年）一文中断定："每个民族的文化里面，都有一些哪怕是还不大发达的民主主义和社会主义的文化成分，因为每个民族里面都有劳动群众和被剥削群众……但是每个民族里面也都有资产阶级的文化（大多数的民族里还有黑帮

---

① 列宁:《列·尼·托尔斯泰》,《列宁全集》第 16 卷，第 325—326 页。
② 列宁:《"保留"的英雄们》,《列宁全集》第 16 卷，第 373 页。

和教权派的文化），而且这不仅是一些'成分'，而是**占统治地位的文化**"[1]。十分清楚，这个规律性也可推广应用于艺术文化。

列宁的两种文化论为承认资本主义条件下无产阶级阶级艺术（哪怕是一些成分）存在的必要性和可能性提供了理论基础。这一点，大家知道，曾引起许多卓越的欧洲工人运动理论家和活动家的怀疑，从而妨碍他们推动艺术创作向着这个方向发展。

与他们不同，对形成中的无产阶级艺术估计过低的任何做法都是与列宁格格不入的。1913 年列宁曾撰文把国际无产阶级文化看作当时已经在系统地建立的文化[2]。列宁在《欧仁·鲍狄埃》（1913 年）一文中高度赞扬工人诗人作曲家，列宁还撰文论述德国工人合唱队的发展（1913 年），以高度评价支持高尔基的创作。"……高尔基毫无疑问是**无产阶级艺术的最杰出的代表**，他对无产阶级艺术作出了许多贡献，并且还会作出更多的贡献。……在无产阶级艺术方面，马·高尔基是一个巨大的**积极因素**……"[3]。

与此同时，列宁还坚决反对马赫主义者对无产阶级文化思想所做的解释。他们从庸俗社会学的立场出发，认为艺术只是一定阶级的意识形态的表现，因而他们不能理解阶级的艺术如何能取得全人类的价值。马赫主义的拥护者们由于宣布了"创造"并且"在群众中推广新的无产阶级的"文化、"使艺术根据无产阶级的

---

① 列宁:《关于民族问题的批评意见》,《列宁全集》第 20 卷, 第 6 页。
② 列宁:《民族问题提纲》,《列宁全集》第 19 卷, 第 239 页。
③ 列宁:《政论家的短评》,《列宁全集》第 16 卷, 第 202 页。

愿望和经验发展"①的任务，而把无产阶级的艺术跟过去的文化传统割裂了，为了工人阶级意识形态的纯洁性他们宣扬帮派式的关门主义。这样的观点会大大限制正在形成的无产阶级的文化。

列宁丝毫没有把关于意识形态斗争不可调和问题，关于异己思想通过艺术产生影响的危险性问题的提法缓和下来，但同时也表明，无产阶级在自己的斗争中可以依靠过去的艺术帮忙，因为过去的艺术的阶级基础要比无产阶级本身广泛得多。

随着解放运动的无产阶级阶段的到来，社会和艺术的发展也有了新的历史条件。对于这种新条件下艺术的人民性问题，列宁做了马克思主义的说明。在马克思主义以前时期，对艺术的人民性这个概念研究得最有成果的，是俄国革命民主主义者〔参看35，第31、32讲〕。列宁在接受了他们的理论成果后，克服了他们的观点所具有的、由那个时代决定的局限性，以新的方式揭明了这个概念，并在二十世纪初的马克思主义美学中第一个把它跟共产主义党性概念联系起来〔详见本章第3节〕，第一个证明：艺术的党性就是达到高度历史成熟性的艺术的人民性，是社会主义革命和新社会建设时代进步艺术中的人民性发展的特点。有些马克思主义者把一些不同的阶级截然对立起来，与他们相反，列宁的出发点则是这样一个事实：在每一个民族中都有"劳动群众和被剥削群众，他们的生活条件必然会产生民主主义的和社会主

---

① 列宁:《政论家的短评》,《列宁全集》第16卷，第200页。

义的思想体系"①。

列宁在把民主与社会主义这两个概念联结在一起时，强调指出了一些不同的阶级和阶层的大部分利益和理想的共同性（这种共同性在阶级对抗的社会里是由于他们参加社会劳动而产生的），表明了无产阶级作为为最广大人民群众的利益而斗争的先进战士的作用。所以，列宁在批判地评价过去的艺术遗产时写道："我们……只是……从每个民族的文化中取出民主主义的和社会主义的成分，而取出这些成分只是并且无条件是为了同……资产阶级文化……相对抗"②。我们的口号是"民主主义的和全世界工人运动的国际文化"③。这样他就揭明了艺术文化中阶级性的东西、人民性的东西、民族性的东西和国际性的东西的辩证法。

列宁大大加深并充实了对艺术阶级性的实质的理解，而在当时许多马克思主义者的著作中，艺术的阶级性曾被看作哺育艺术家的阶级环境对艺术家的思想的严格限制，和在某种程度上有意识地为本阶级辩护。列宁表明，艺术家是在自己时代的社会心理氛围中长成、生活和进行创作的，并且自觉不自觉地成为一定社会情绪的表达者；他个人对待被描绘的现实的态度，实质上是社会发展的这个或那个阶段上这个或那个社会集团的意识的表现。同时，一个艺术家也不一定必然表现按照出身和生活方式说他所隶属的那个社会阶层、那个阶级的观点和情绪：因为现实能使

① 列宁：《关于民族问题的批评意见》，《列宁全集》第20卷，第6页。
② 列宁：《关于民族问题的批评意见》，《列宁全集》第20卷，第7页。
③ 列宁：《关于民族问题的批评意见》，《列宁全集》第20卷，第7页。

一位艺术家改变自己的观点，站在另一个阶级方面。列宁指出："就出身和所受的教育来说，托尔斯泰是属于俄国上层地主贵族的，但是他抛弃了这个阶层的一切传统观点，他在自己的晚期作品里，对现代一切国家制度、教会制度、社会制度和经济制度做了激烈的批判，而这些制度所赖以建立的基础，就是群众的被奴役……"[①]。

许多拥护马克思主义的人当时曾撰文论述列·托尔斯泰的创作，并认为他与自己的阶级决裂是超越了整个阶级意识形态的界限，是为了不抱任何成见地描写事物的真实情况而放弃阶级立场。列宁与他们不同，他表明，托尔斯泰在与自己的阶级破裂时，成了另一个阶级——俄国宗法式农民阶级的情感、思想和利益的表达者。"如果不以马克思主义的观点，或者自由派的观点，或者反动的观点等来评论、评价事物，就无法'研究事物的真实情况'！"[②]。"人物和团体从一方转到另一方，这不但可能，而且在每次社会大'动荡'的时候，甚至是必然的……"[③]。

列宁强调指出，把艺术家的世界观跟他的阶级的日常意识混为一谈是不能容许的。他以列·托尔斯泰的作品为例，提出了世界观在作家的艺术活动中的作用问题。

---

① 列宁:《列·尼·托尔斯泰和现代工人运动》,《列宁全集》第16卷，第330页。
② 列宁:《论自由主义和马克思主义的阶级斗争概念》,《列宁全集》第19卷，第108页。
③ 列宁:《打着别人的旗帜》,《列宁全集》第21卷，第131页。

在被内部矛盾弄得四分五裂的社会里，艺术家的世界观通常并不是严整的观点体系。列宁曾多次指出托尔斯泰观点中的"显著"矛盾。"一方面，是一个天才的艺术家，不仅创作了无与伦比的俄国生活的图画，而且创作了世界文学中第一流的作品；另一方面，是一个发狂地笃信基督的地主"[1]，等等。在托尔斯泰身上，空想社会主义的成分和反动的政治观点，天真的宗教伦理的号召和"最清醒的现实主义"，结合在一起。列宁看出，托尔斯泰的社会政治学说中和世界观的哲学基础本身中的矛盾性乃是妨碍这位伟大俄国作家不能彻底理解自己的时代的主要内容——"他显然不了解的、显然避开的"[2]那场革命——的原因。

与此同时，列宁还指明，托尔斯泰的不彻底性是"一些极其复杂的矛盾条件、社会影响和历史传统的"产物，"这些东西决定了改革后和革命前这一时期俄国社会各个阶级和各个阶层的心理"[3]。托尔斯泰的世界意义在很大程度上取决于他跟人民心灵深处的自我意识有着极为密切的内在联系，由于这种联系，人民运动的力量和规模才在他的作品里得到这么鲜明的反映。"他作为艺术家的世界意义，他作为思想家和说教者的世界名声，这两者都各自反映了俄国革命的世界意义……由于托尔斯泰的天才描

① 列宁：《列夫·托尔斯泰是俄国革命的镜子》，《列宁全集》第 17 卷，第 179 页。
② 列宁：《列夫·托尔斯泰是俄国革命的镜子》，《列宁全集》第 17 卷，第 176 页。
③ 列宁：《列·尼·托尔斯泰》，《列宁全集》第 16 卷，第 323 页。

述，一个被农奴主压迫的国家的革命准备时期，竟成为全人类艺术发展中向前跨进的一步了"①。

列宁对托尔斯泰的创作的分析揭明了这位伟大作家与其时代的相互联系的辩证法，这一分析是对待艺术创作的马克思主义态度的范例（这种态度把党性原则跟反映论有机地结合起来），是辩证地解决艺术家的阶级立场问题和艺术家的世界观在创作中的作用问题的典范。

第三节　列宁关于艺术党性的学说

1905 年，在《党的组织和党的文学》一文中，列宁揭明了艺术要"能在资产阶级社会范围内摆脱资产阶级的奴役，同真正先进的、彻底革命的阶级的运动汇合起来"② 所需要的条件，从而表述了艺术创作中的共产主义党性的思想。正如前面已经表明的，早在十九世纪，马克思主义思想就已经十分接近于发现党性是艺术活动的一个新的性质。这时已经广泛提出作为阶级性来看的、艺术受社会制约的问题，艺术创作的倾向性问题。但是，发现党性的则是列宁，他发现党性是一种崭新的性质，这是艺术在伟大的社会改造和革命战斗的时代获得的。列宁写给同代人看的这篇文章是紧张阶级斗争时期无产阶级在艺术领域进行活动的纲

---

① 列宁:《列·尼·托尔斯泰》,《列宁全集》第 16 卷，第 321 页。
② 列宁:《党的组织和党的文学》,《列宁全集》第 10 卷，第 29 页。

领，它提出了这样的任务：加速并促进那种能为革命群众利益服务的艺术的成熟过程。

根据列宁的思想，文学的党性原则就在于：文学不可能是个人的事业，因为"文学事业应当成为无产阶级总的事业的一部分"[1]。在资本主义社会条件下，无产阶级要想从自身的行列中培育出文学家来，那种可能性简直是微乎其微，因而它力求把特权阶级中有进步思想的人物吸引到自己这方面来。在这种情况下，只有有意识、有目的地对知识分子进行大规模的思想影响，才能够使那支为工人事业而战斗的艺术家队伍得到扩充。也正是由于这种缘故，列宁把建立党的文学和艺术看作一项困难的然而是伟大的和有成效的新任务。[2]

在《党的组织和党的文学》中，讲的是两种文学：政治评论和作为艺术的文艺作品。当用于艺术创作时，文学的党性被列宁不仅看作组织和政治问题，而且看作思想和审美的原则。这位世界无产阶级的领袖清楚理解文艺创作的特点，决不会忽视其特殊性。他写道："文学事业最不能作机械的平均、划一、少数服从多数……这一切都是无可争论的，可是这一切只证明，无产阶级的党的事业的文学部分，不能同无产阶级的党的事业的其他部分刻板地等同起来。"[3]

列宁强调指出，艺术的党性是作家的世界观和处世态度问

---

① 列宁:《党的组织和党的文学》,《列宁全集》第 10 卷，第 25 页。

② 列宁:《党的组织和党的文学》,《列宁全集》第 10 卷，第 29 页。

③ 列宁:《党的组织和党的文学》,《列宁全集》第 10 卷，第 26 页。

题，不能强加于艺术家。但是，可以把一个具有不成熟的、不彻底的世界观的人提高到具有科学的、革命的世界观的水平。"……现在必然有许多不彻底的人（从马克思主义观点看来），也许甚至有某些基督教徒，也许甚至有某些神秘主义者会到我们党内来。我们有结实的胃，我们是坚如磐石的马克思主义者。我们将消化这些不彻底的人"①。用列宁的话说，党性原则会消灭"古老的、半奥勃洛摩夫式的、半商业性的俄国原则——作者写，读者读——的一切基础"②。这意味着艺术家对待创作劳动的崭新态度的产生，这种态度促使艺术巨匠关注最大限度地加强自己的作品对人们的影响，并使他对信任他的人负起责任。列宁在《致鹰之歌的作者》（1914 年）一文中曾谈到这种新型艺术家的出现。

由此可见，在列宁的文章中讲的是文学和艺术的新的特殊性质——艺术跟无产阶级事业的深刻的、内在的、思想上的联系，是有目的地表现无产阶级的利益与理想、为无产阶级的目的服务的艺术。艺术跟阶级的联系在艺术文化发展史上第一次必须变成艺术跟阶级的政党的有机联系，把创作的阶级性提高到党性的水平。

列宁把阶级对艺术的制约性和艺术的党性问题跟艺术家的创作自由问题紧密地联系在一起。依据对社会的艺术文化中发生的种种过程所做的分析，他表明，宣布艺术家的某种绝对自由实质

① 列宁：《党的组织和党的文学》，《列宁全集》第 10 卷，第 28 页。
② 列宁：《党的组织和党的文学》，《列宁全集》第 10 卷，第 26 页。

上是"资产阶级的或者是无政府主义的空话"。"在以金钱的权力为基础的社会中，在劳动群众做乞丐而一小撮富人做寄生虫的社会中，不可能有真正的和实在的'自由'……生活在社会中却要离开社会而自由，这是不可能的。资产阶级的作家、艺术家和演员的自由，不过是他们依赖钱袋、依赖收买和依赖豢养的一种假面具（或一种伪装）罢了"[①]。必须用"真正自由的"艺术、"真正自由的、同无产阶级公开联系的文学"去对抗这种伪装自由的艺术。列宁不是把创作自由和党对艺术的领导对立起来，而是讲二者辩证的相互依赖性。

依列宁看，真正的自由是既摆脱了反动的政治性的书刊检查，又摆脱了"钱袋"；既摆脱了资本，又摆脱了"资产阶级无政府主义的个人主义"。所以，艺术的真正自由应该是艺术家能够自由地为人民、为革命服务。这样，共产主义党性和创作自由的统一将为真正人民的艺术创造必要的条件。"这将是自由的文学，因为把一批又一批新生力量吸引到文学队伍中来的，不是私利贪欲，也不是名誉地位，而是社会主义思想和对劳动人民的同情。这将是自由的文学，因为它不是为饱食终日的贵妇人服务，不是为百无聊赖、胖得发愁的'几万上等人'服务，而是为千千万万劳动人民，为这些国家的精华、国家的力量、国家的未来服务"[②]。十月社会主义革命胜利后，列宁提出了"艺术属于人

---

① 列宁：《党的组织和党的文学》，《列宁全集》第 10 卷，第 28 页。
② 列宁：《党的组织和党的文学》，《列宁全集》第 10 卷，第 28—29 页。

民"的口号，指引年轻的苏维埃国家的艺术文化去以实际行动实现他早在 1905 年就已提出的那些思想。

在今天，当我们成了不停息的意识形态斗争的目击者的时候，正是马克思列宁主义艺术学说的这个方面受到反动美学家和修正主义叛徒的特别猛烈的攻击。在捍卫列宁关于艺术的党性和人民性的思想时，我们的美学科学在新的形势下正在解决极其复杂的客观因素和主观因素在艺术创作中的相互作用问题，艺术活动在现代文化中的社会作用问题。由此可见，列宁早在半个多世纪以前提出的原理，就是在今天也依然是高度迫切重要的，它对于现代美学说仍具有重大的理论意义和方法论意义〔参看 36；37；38；39；40〕。

第四节　文艺评论中对马克思列宁主义美学原理的宣传

二十世纪十月革命前的一段时期充满了革命事件和革命情绪，它们渗透了所有的生活领域，席卷了日益广泛的居民阶层。在这段时期里，在文艺评论中积极宣传马克思列宁主义美学的基本原理成了确立这些原理的有效形式。在这个领域，不仅形成了新的马克思主义的艺术评论的基础，而且也制定了无产阶级艺术的理论和实践的原则。

阿·瓦·卢那察尔斯基是在美学、艺术理论和艺术评论领域宣传列宁思想的最有才干、最卓越的宣传家之一。他的理论遗产各种各样、非常繁多，而且，正像研究工作者所指出的〔参看

34〕，对他不能做只有一个涵义的评价，因为卢那察尔斯基，就其观点来说，并不总是始终不渝的。在十月革命前时期，众所周知，当他不得不迁就马赫主义和造神说的时候，他的哲学和美学观点中的矛盾性是很明显的。列宁以及普列汉诺夫都曾为此批评过他。普列汉诺夫曾多次指出，卢那察尔斯基的造神说显然跟社会反动情势和俄国知识分子在政治上的软弱性有关〔44，第385页〕。列宁一方面严厉批评了卢那察尔斯基，同时又把他作为政治家、作为极有才干的评论家给予高度评价，并讲正是在美学上有可能把他跟亚·亚·波格丹诺夫分开。①

要分析卢那察尔斯基在十月革命以前写的遗产，是件很复杂的工作，这种复杂性也跟下述情况有关：一方面，他企图制定作为一门科学科目的理论美学的原理；另一方面，他又写了一系列文学评论、音乐学和戏剧学方面的文章，这些文章无论就精神说、就倾向性说或就理论立场说，都与前者有原则上的不同。在前一种情况下，我们看到的是：卢那察尔斯基完全醉心于实证主义，在解决一系列美学问题时持明显的生物学主义态度（Биологизаторство）；在后一种情况下，则是热情宣传无产阶级革命艺术的原则，制定马克思主义的文艺评论的原则。正因为如此，所以，如果我们从他对发展马克思主义美学的贡献这个角度来看他的十月革命前创作时期的话，那就要研究他的这样一些作品：在这些作品里他首先是作为当代艺术的有才干的评论家说话

---

① 列宁：《给阿·马·高尔基》，《列宁全集》第35页，第70页。

的，在这些作品里他力图定出在需要无产阶级艺术的革命时代艺术创作的真正目的和任务。在这方面，他的《关于艺术的对话》（1905年）、《社会民主主义艺术创作的任务》（1907年），以及关于理·瓦格纳的文章，无疑具有重要意义。在这些作品里，作者的真正马克思主义的立场得到锤炼，这为他的美学活动的下一个时期，一个更加富有成果的时期——十月革命后时期做了准备。

必须指出，正是在这个时期（1904—1907年），卢那察尔斯基跟列宁保持着密切的工作联系，并在列宁的领导下工作，这促使他重新考虑自己的某些理论观点，克服自己世界观中的一些矛盾。后来卢那察尔斯基曾不止一次地回忆起列宁在这个时期给予他的强有力的影响。

《关于艺术的对话》从某些方面看是很重要的。第一，在这部著作里，卢那察尔斯基严厉地批判了颓废派艺术及其思想家，并表明为什么资产阶级社会恰恰产生了这样的艺术。其次，作者也批判了"粗浅的民粹主义"把艺术作为阶级搏斗和技术主义时代所不需要的某种东西加以否定的做法。最后，他还严厉谴责了那种从艺术的纯实用意义的观点来看待艺术的理论。卢那察尔斯基把这种理论叫作"民粹派知识分子的"理论。诸如此类的庸俗社会学的和实利主义的观点，对艺术在社会中的作用的简单化理解，这一切对于这位理论家来说都是绝对不能接受的。卢那察尔斯基用他自己对艺术的本质和使命的理解来对抗所有这类理论，表述了一个马克思主义评论家的艺术信念："任何生气勃勃的、真正美的艺术，就其本质说，都是战斗的艺术"〔22，第7

卷，第 131 页〕；至于说到无产阶级，他认为，它"正在发展壮大，正在崛起，并且已经开始意识到艺术的价值"〔22，第 7 卷，第 132 页〕。

按照卢那察尔斯基的见解，"马克思主义美学家、马克思主义文艺评论家"的任务在于："向工人群众介绍艺术中所有优秀的成果，当工人群众尚未获得享受伟大艺术成就的本领时，就要对他们进行说明、解释，向他们反复讲解、着重指明。另一方面，一项清楚明白的任务就是：打开那些比较富有同情心的青年艺术家的眼睛以期使它们能够看到，打开其耳朵以期使它们能听到，以期使它们充满最伟大的世界斗争的'嘈杂声与叮当声'"〔22，第 7 卷，第 132 页〕。

人们公正地把《关于艺术的对话》叫作卢那察尔斯基的"美学宣言"〔22，第 54 页〕，因为，其中包含着关于建立新型革命艺术的号召，包含着关于社会主义艺术必将诞生的信念，包含着对马克思主义评论家的任务所做的规定。虽说《关于艺术的对话》把社会斗争理解得尚十分抽象，并且可在其中看到某些生物学主义的情调，这本书依然是卢那察尔斯基在十月革命前创作阶段写出的最有意思的遗著之一。

在意识形态方面更加完整、更加彻底的著作是他的《社会民主主义艺术创作的任务》一文。这篇文章更加深入、更加广泛地探讨了马克思主义的艺术分析原则。卢那察尔斯基表明，在革命时代，艺术创作领域也在进行着政治斗争，"社会主义同资本主义的斗争是最伟大的文化斗争"。按照他的看法，正在塑造革命无产阶级的新的世界观和新的处世态度的"社会民主主义的"艺术已经存在了。他断言："占统治地位的艺术是占统治地位的阶级的艺术，它不可能使那个蓬勃发展壮大的、渴望自由的下等阶级感到满意；正像毫无疑问地存在着贵族的、资产阶级的、小资产阶级的艺术那样，无产阶级也应该有自己的艺术，尽管这毫不意味着从事这种艺术的艺术家必须是体力劳动者"〔22，第7卷，第49—50页〕。从知识分子里面已经涌现出社会主义的艺术家来，他们的艺术面临着一项伟大的任务——对无产阶级的斗争作出鲜明的描写，并指明人类社会发展的前景。

　　十分明显，这篇文章的全部内容和激情是跟列宁关于艺术党性和艺术创作自由的思想和谐一致的。这样，阿·瓦·卢那察尔斯基便摸索到了创立社会主义艺术的新艺术方法的途径。

　　在十月革命以前时期，文艺评论不仅是实际运用马克思列宁主义美学理论结论的领域，而且，在把革命原则付诸实现时，它本身也变成了一支革命化的力量，成了党的工作的重要的一部分。列宁曾多次指出文学评论跟党的工作的这种联系的必要性。[①] 因此，作为职业革命家和列宁的战友的文艺工作者和政论家们之所以能在完成这项任务中起了主导的作用，绝不是偶然的。这里我们指的是：瓦·瓦·沃罗夫斯基，米·伊·加里宁，谢·米·基洛夫，米·斯·奥里明斯基，斯·格·邵武勉。在十月革命前的那些年代里，他们在《无产者报》《前进报》《新生活

---

① 列宁：《给阿·马·高尔基》，《列宁全集》第34卷，第387页。

报》《真理报》这样一些布尔什维克的报刊上曾进行了积极的文艺评论工作。

《真理报》十分关注文学与艺术，因为这二者是为使群众思想革命化而进行的斗争的直接组成部分。因此，《真理报》在宣传马克思主义美学思想方面占有特殊的位置。在所探讨的问题当中，最迫切的问题是：宣传俄国古典文学的优秀传统问题，建立浸透共产主义理想的、以无产阶级党性立场为依据的新型艺术问题，揭露现代主义的反动资产阶级本质问题。在提出和解决这些问题时，马克思主义评论家所依据的是他们所高度尊崇的别林斯基、车尔尼雪夫斯基、杜勃罗留波夫这些人的俄国革命民主主义评论的进步唯物主义传统。与此同时，马克思主义艺术评论的代表人物们还把革命民主主义者的优秀成果和意向跟马克思、恩格斯和列宁制定的美学理论的新的基本原理结合起来。在此基础上表述出新式评论的主要原则：评论应该弃绝对待艺术现象的直观态度，应该转而去理解"它们的指导原则"〔25，第24页〕；评论应该揭明艺术的社会政治性质，并从工人阶级的利益着眼去评价它。

在从这种立场评价文艺现象的同时，也对艺术活动家本人提出了特殊的要求。他们首先指出，艺术家的世界观，他接受社会理想的能力，他为进步阶级的利益服务的愿望——这些是决定和指导创作活动的重要因素。在才能的方向性问题上的严格要求，甚至也在对待像安·契诃夫、阿·库普林、列·安德烈耶夫这样一些杰出作家的态度上表现出来，他们曾不止一次地被指责为缺乏思想上的坚定性和明确性。在实现党性文学的原则时，评论家们号召作家公开地站到党的立场上，把文学用作宣传进步社会理想的工具，从而为实现这些理想进行斗争。无怪乎瓦·沃罗夫斯基把文学叫作"艺术的意识形态"了。

评论家们意识到像艺术文化这样的现象的复杂性，他们赋予艺术文化的受社会和阶级制约的性质以决定性的地位，并大力反对把这种性质跟其他决定性因素混为一谈的做法。譬如，斯·邵武勉就赞同列宁关于在对抗性社会的文化中存在着两种文化的学说，他坚决反对亚美尼亚的某些马克思主义者所奉行的把文化的民族本质跟阶级本质对立起来的做法，并强调指出：文化"是由阶级内容决定的，而不是由民族的外表决定的"〔27，第1卷，第437—438页〕。

有些人企图用以现代主义的艺术实践为依据的"纯艺术"说来对抗党性原则。作为回答，米·奥里明斯基、瓦·沃罗夫斯基、斯·邵武勉揭露了颓废派文艺的真正的社会哲学根源和反动的倾向性，他们表明：关于艺术无党性的思想"通常不过是黑暗势力、反动势力和背叛行为的勇士们的遮羞布而已"〔24，第36页〕，事实上任何艺术创作都是有倾向性的。在严厉批判诸如费·索洛古布、M.阿尔策巴舍夫、З.吉皮乌斯这样一些现代主义代表人物的作品时，他们揭露了资产阶级倾向性的真正性质。诚然，这种倾向性是经过精心的乔装打扮的，但在实际上"其形象、典型、情境都是为一定的宣传目的服务的"，它所创造的是"恶毒的有害的神话"，与真正的艺术性风马牛不相及〔19，第196页〕。

马克思主义的评论家们赋予艺术的社会职能以特殊的意义，但在分析和评价艺术时远不是公式化和简单化的。相反地，他们反对错误地、直接地把倾向性理解为把现实理想化、加以粉饰或将其抹黑。因为，正像沃罗夫斯基所写的，对生活真实施加暴力也就破坏了艺术真实，而且，只有艺术家内心的坚定信念才能使倾向性成为有机的，而不是强加给他的创作的。

当马克思主义的评论家们诉诸俄国现实主义文学杰出代表人物的作品时，他们的才能表露得特别鲜明。他们认为这些作家作品中的矛盾性是伟大匠师们的现实主义才华所反映的、现实本身的矛盾。在向广大群众宣传批判现实主义文学的优秀成就时，马克思主义的评论家们还依据列宁反映论的辩证思想，指出了批判现实主义的某种局限性。譬如，在谈到 И. 布宁的创作时，瓦·沃罗夫斯基表明：这位作家"能够领悟并从艺术上加以改造的只是过程的一部分，只是过程的前半部分，即旧事物的瓦解，而新事物的产生，即不可分割地联系在一起的、过程的后半部分，却从他的视野中滑跑了"〔19，第 344 页〕。

在制定社会主义艺术的极为重要的原则时（这些原则后来成了社会主义现实主义方法的基础），马克思主义的评论家们一再强调了历史唯物主义创始人提出的有关现实主义典型化、社会主义倾向性、新事物为实现共产主义理想而同旧事物斗争的振奋之情等原则的特殊意义。他们对自觉地信守党性原则的艺术家们（如高尔基、A. 阿科庇扬）所创作的无产阶级新艺术的第一批幼芽的出现，作出了敏捷的反应，支持这些作家，保护他们不受资产阶级评论界的攻击，并广泛宣传他们的作品。他们认为高尔基是这种新型艺术的代表人物当中的第一位，斯·邵武勉曾把他这样一位作家称作"无产阶级文学的光荣与骄傲"〔28，第 145 页〕。瓦·沃罗夫斯基、米·奥里明斯基以及他们的其他许多战友和志同道合者都有不少著作是专门论述高尔基的创作的。

十月革命以前，马克思主义文艺评论家们对马克思列宁主义美学史的贡献是由下述情况决定的，即他们的活动是广泛地实际运用新理论原则的开端。这一贡献的重要意义还决定于：当马克思列宁主义美学和社会主义艺术的原理正在形成和巩固的时候（这是对整个社会主义艺术和马克思列宁主义美学的进一步发展极为重要的时期），马克思主义的文艺评论促进了维护辩证唯物主义关于艺术在社会中的地位与作用、关于艺术的党性和社会主义艺术的基础这样一些基本原理的纯洁性的事业；保护了这些原则使之免遭他人的伪造和庸俗化，从而为以社会主义现实主义方法为基础的马克思主义艺术理论和实践的进一步发展，确立了牢固的基础。

第五章

—

列宁和苏维埃美学的形成
（1917—1920 年）

—

第一节 列宁论建设社会主义文化的途径

伟大的十月社会主义革命肇始了新的共产主义的社会形态。布尔什维克党和苏维埃政权面临着许许多多十分复杂的任务：确立新的国家体制，改造经济基础，制定伦理规范，这是形成社会主义社会建设者的道德立场所必要的。

十月革命后经历的三年是确立无产阶级专政的时期。这个时期是很艰难的，这不仅是因为当时正经历着摧毁俄国阶级结构和新世界正在诞生的宏伟过程。而且，为了保卫革命成果不落入白匪军和外国干涉者手中，当时曾付出许多精力和生命。然而，也正是在这个时候奠定了社会主义文化的基础，社会主义文化在革命进程中的发展是跟政治性和经济性问题的解决联系在一起的，而这种情况，正像列宁当时所写的，就必须有广大的"教育工作、组织工作和文化工作，这不能用法律迅速办到，这需要进行长期的巨大的努力"[①]。

列宁在探讨文化革命理论时，清醒地考虑了在把文化革命付诸实践时所必须有的实际条件。俄国资本主义给人民既遗留下了技术、经济的落后性，也遗留下了文化的落后性。因此，为了给那些捍卫革命并为革命做了重大牺牲的人们所应享有的文化打下基础，列宁说，我们必须"首先推进最广泛的人民教育"〔11，第 660 页〕。

这位世界无产阶级的领袖在谈到社会主义革命的建设性质时（"难道我们仅仅是为破坏而破坏吗？我们所以破坏是为了再建一个最为美好的世界"〔12，第 658 页〕），提出了"具有全世界历史意义的空前艰巨的任务"：建立新的社会主义的文化，它应能同化过去的文化遗产，并能创造性地接收现代资产阶级文化的最优秀的成果。完成这项任务是非常艰难的。

列宁指出，据他所知，社会主义者的著作中没有一部著作曾指明把资本主义积累的全部丰富多彩的文化宝藏转变为建设社会主义的工具的具体方法。俄国共产主义者应当率先在革命环境下从理论上认清这一任务并立即在实践中实现它。这一任务的实现之所以变得复杂起来，是由于把阶级矛盾搞得极其尖锐的革命在胜利了的无产阶级心中引起了这样的愿望：扔掉资产阶级文化的

---

① 列宁：《俄共（布）第八次代表大会》，《列宁全集》第 29 卷，第 152 页。

所有遗产，并将其跟自己的精神价值对立起来。当时许多革命活动家们都从理论上论证了这一谬论〔参看本章第2节〕，这样一来，就把马克思主义的文化理论给庸俗化了。

关于究竟由谁来建立新的社会主义文化的问题，在那些年里也是个尖锐的问题。在这个问题上列宁也是从俄国革命的具体条件出发的。"从前的空想社会主义者以为……（他们）可以先培养出一批品质优良的、纯洁的、受过良好教育的人"[①]，然后由他们来建设社会主义，这样一来，他们就"把社会主义王国的到来推迟到虚无缥缈的未来"了。列宁坚决地驳斥了他们，并断言：社会主义和社会主义文化应当立即建设，并应当使用那些"由资本主义培养出来、被资本主义败坏和腐蚀"，站在齐膝深的旧世界的污泥浊水中尚想望着清洗掉污泥浊水的人来建设。[②]他认为，只有党跟工人、农民、资产阶级知识分子（他们也像无产阶级和农民的许多代表人物那样，"不是社会主义的"，也"不是共产主义的"）结成紧密的联盟，才有可能解决所有最复杂的政治、经济和文化建设问题。

1920年列宁在俄国共青团第三次代表大会上发言时指出：必须"从马克思主义的世界观和无产阶级专政时代无产阶级的生活和斗争条件着眼"[③]来发展、改进世界文化的优秀样板和传

---

① 列宁：《苏维埃政权的成就和困难》，《列宁全集》第29卷，第49页。
② 列宁：《苏维埃政权的成就和困难》，《列宁全集》第29卷，第49页。
③ 列宁：《关于无产阶级文化的决议草案》，《列宁全集》俄文第5版第41卷，第462页。

统，就像马克思曾批判地审查了在他之前"人类社会所创造的一切"①那样。艺术和科学的宝藏应该成为"全体人民都能享受的"财富②——不仅城市（在那里，历史地形成了文化的发源地）居民能享受，而且千百万农村居民也能享受。这些论点列宁在革命以前老早就曾不止一次地表述过，例如，在《党的组织和党的文学》中，以及在论述列·托尔斯泰的文章中。

完成革命后，苏维埃政府为在实践中把这些思想付诸实现，采取了最初的步骤，出版了列宁签署的法令和决议丛书，这些法令和决议的目的在于：使人民和艺术界知识分子在以前各个时代创造的全部文化财富在实际上变成劳动者都能享受的东西。为此，工农国家对艺术珍品和古迹采取了保护措施，把特列基亚科夫美术博物馆和 C. И. 舒金美术博物馆，把 И. А. 莫洛佐夫、И. C. 奥斯特洛乌浩夫和 А. В. 莫洛佐夫的艺术收藏品收归国有，并禁止把艺术作品和具有特殊艺术价值与历史意义的物品运往国外出售。

这样，列宁美学的基本原理之一——艺术的人民性原则便开始实现了，因为在列宁看来艺术珍品乃是最重要的文化领域之一。因此，对艺术的理论分析，以及指导艺术发展的实践活动，都被这位苏维埃国家的缔造者"列入"总的文化革命理论。在新的社会条件下"它（艺术）应该深深扎根于最广大的劳动群众之

---

① 列宁：《青年团的任务》，《列宁全集》第31卷，第253页。
② 列宁：《土地问题和"马克思的批评者"》，《列宁全集》第5卷，第132页。

中"。列宁认为艺术与群众的这种联系就在于：艺术必须是"群众能够理解的、群众喜闻乐见的"东西，同时它也应能"在群众中导致艺术家的产生，并使之得到发展"〔11，第657页〕。

作为极端艰难、极端严重的国家创建时期的国家首脑，列宁花费很大精力去关注国家文艺生活中的重大事态，十分深切地注意艺术与文学的发展中新与旧的复杂辩证法。列宁的许多文件——书信、文章、讲演、札记，以及同时代人写的回忆录，都可证明这一点。当他谈到以前各个时代的绘画时，他说道："美的东西必须保存……即使它是'旧的'。"〔11，第657页〕这是克·蔡特金引用的列宁的一句话。他一向认为，对于艺术中的新东西仅仅因为它新就一概加以顶礼膜拜——是毫无意思的。像A. 鲁勃寥夫、亚·伊万诺夫、米·弗鲁贝尔、亚·斯克里亚宾这样一些"哲学思维、科学和艺术的泰斗"令他感到亲切，那就难怪了。"这些人虽说跟社会主义没有直接关系"〔15，第90页〕，但是在列宁看来却是"文化领域的真正英雄"。这些名字以及许多革命家、作家、艺术家、演员的名字已经被列入应予表彰者的名单，根据列宁的宏伟宣传计划，拟在莫斯科、彼得格勒以及共和国的其他城市为他们建立纪念碑。

对待古典遗产的这种态度并没有妨碍这位世界无产阶级的领袖认识到新的革命的艺术不可能是过去艺术的简单重复，而应该是在内容上和形式上对过去艺术的发展和革新。列宁在同克·蔡特金的谈话中说："应该有真正新的伟大的共产主义艺术成长起来，它将创造与自己的内容相符合的形式。"〔11，第659页〕根据战友们和朋友们——娜·克鲁普斯卡娅、克·蔡特金、阿·卢那察尔斯基——的回忆，列宁虽说有十分明确的审美爱好（文学中的现实主义，俄国绘画中的巡回展览派），可是"从不用它们作为指导思想"〔11，第665页〕。列宁对未来主义、表现主义和立体主义持否定态度，认为西方和俄国的现代艺术文化中的这些流派都是属于危机时代的东西。不过，与此同时他也不止一次地强调指出，对文化的领导，特别是对文学事业的领导，是不许粗枝大叶、急忙从事的，因为，文学事业"最不能作机械的平均、划一、少数服从多数……在这个事业中，绝对必须保证有个人创造性和个人爱好的广阔天地，有思想和幻想、形式和内容的广阔天地"①。这是列宁在1905年写的，而在十月革命胜利后，当革命为艺术家提供了"按照自己的理想、自由地进行创作"的现实可能性时，他依然维护这一思想。

在解释创作者个人有权进行试验（这种试验有时是严肃认真的，有时是"稚气的、不成熟的、耗费气力和金钱的"）时，列宁说道："看来，创作生活，在社会中跟在自然界一样，是需要浪费的。"〔11，第660、661页〕虽说在"酝酿、试验以及创作活动所特有的杂乱无章"的过程中不可避免地会有种种耗费，但是为了使艺术能够符合社会主义的利益，能够"造成艺术结果"的共产主义者〔11，第657页〕必须指导艺术的发展。

---

① 列宁:《党的组织和党的文学》,《列宁全集》第10卷，第26页。

第二节　列宁对无产阶级文化协会
派和未来派美学观点的批判

文化建设理论的基本原理，是列宁锤炼出来的，并在同孟什维克，同资产阶级哲学、科学和文化的代表人物的斗争中逐步定型。列宁理解：在革命形势下，"乱哄哄的扰攘激动，狂热地寻求新的口号，这些口号今天对艺术与思想领域的某些流派推崇备至，明天则又叫喊'把它钉死在十字架上'——这一切都是不可避免的"〔11，第 656 页〕。

对于正确地理解马克思主义美学发展中的十月革命后阶段来说，列宁的另一个思想也很重要。这就是："真正伟大的革命是从旧东西……和追求新东西（新得连一丝一毫旧东西也没有）的抽象愿望之间的矛盾中产生的。这种革命来得越突然，这类矛盾存在的时间就会越长久"①。正是这种"追求新东西的抽象愿望"构成了无产阶级文化协会派和"左派"艺术理论家的许多美学论点的特征。

他们接受革命，并献身为苏维埃俄国服务，可是他们对许多生活过程的认识却极端抽象。无产阶级文化协会的理论家和未来主义者们，正像卢那察尔斯基所说的，缺乏一张"极其坚硬的、实践的喙"，这种情况随着时间的推移，也就决定了他们的学说没有生存的能力。不过，也不能不承认，无产阶级文化协会派和

---

① 列宁:《宁肯少些，但要好些》,《列宁全集》第 33 卷, 第 451 页。

"左翼阵线"的美学社会学理论充满了革命浪漫主义的激情；这些流派的代表人物真诚地致力于创建这样的社会主义文化和这样的艺术，其精神价值能超过以前人类所建树的一切。这一点也就说明了为什么它们出现在文化政治舞台上虽说为时不长，却能以自己的方式夺人耳目。

无产阶级文化协会是革命后最初几年中最广泛的群众文化组织。无产阶级文化协会的每一个地方组织（到1920年初，各地的这种组织有300个）都设有各种各样的小组：如戏剧组、音乐组、文学组、造型艺术组，等等，这就使每一位入会的人有可能从事任何一种业余艺术活动。积极参加这些组织的约有四十万人，而且约有80%的学员是工业企业的工人、无产阶级出身的人或工人子女〔参看22〕。这样，无产阶级文化协会就在很多方面促进了列宁文化政策的一个基本宗旨的实现，那就是艺术应在事实上成为广大劳动群众都能享受的东西，并应变成使他们的审美趣味得到发展的强大因素。

列宁曾不止一次地谈到"必须给无产阶级文化协会的艺术规划提供某种宽广的空间"，并认为，"无产阶级文化协会力求推出自己的艺术家——这种愿望是完全可以理解的"。他"十分透彻地理解到，无产阶级文化将从相当笨拙的作品和儿童作品开始，对于这些作品，必须保护，必须支持"〔11，第670、671、673页〕。革命后头几年对无产阶级文化协会各级组织的这种支持是有充分根据的，因为1918年至1919年间开办的各种艺术训练班的计划规定必须学习古典遗产、艺术史、文学等科目（我们将会看到，正是由于无产阶级文化协会办的各种艺术训练班的学员们对传统的、现实主义形式的文学与艺术爱好入迷，所以，未来主义者在这些年里怎么样也找不到同他们共同的语言，比如弗·马雅可夫斯基就曾对此发过牢骚〔参看23页〕）。

亚·亚·波格丹诺夫的观点里有着尖锐的矛盾，他当时是无产阶级文化协会的一位领导人和主要的理论家。波格丹诺夫断言，无产阶级是"过去的全部文化的合法继承人"，并给工人阶级提出了这样一项任务："掌握过去创造的各种艺术宝藏，把其中所有伟大的美好的东西变成自己的东西，同时也不屈从于其中所反映的资产阶级社会和封建社会的精神"〔12，第30、31页〕。从这里便得出了对于古典遗产对社会主义艺术的价值所做的两面性的解释：一方面，波格丹诺夫指点工人去研究俄国古典作品——普希金、莱蒙托夫、果戈里、涅克拉索夫、托尔斯泰的作品；另一方面，他又号召他们只学习古典作家的"细情末节"，"而且即使这样，也还得谨慎小心，以防受其污染"〔12，第73页〕。与此同时，这位理论家还同样坚决地警告刚起步的无产阶级诗人和作家既不要受伊·谢维里雅宁——"金玉其外的庸俗作风"的体现者——的影响，也要提防那位"装腔作势、自吹自擂的知识分子马雅可夫斯基"〔12，第73页〕。这一切都是他片面地、庸俗地、以社会学的方式把艺术理解为阶级心理的简单表现的结果，是他忽略了艺术含有反映的、认识的、全民的、全人类的因素的结果，这些因素，列宁曾反复强调指出过，比如在谈到列·托尔斯泰的创作时。

在1918年出版的《艺术与工人阶级》一书里，亚·波格丹诺夫在苏维埃美学文献中第一次试图向群众提供一种"理论上的钥匙"，借助于它，诉诸对抗性社会形态的艺术遗产的工人和农民就能迅速而准确地揭明这种遗产中所包含的、为建设社会主义文化所必要的真正精神价值，而抛掉那些暂时的、反映了"资产阶级社会和封建社会精神"的因素〔12，第 31 页〕。这种尝试是十分及时的，因为从无产阶级文化协会的营垒中正传出诗人 B. 吉里洛夫的号召——号召人们"为着光辉灿烂的明天"烧死拉斐尔（这一号召受到波格丹诺夫的严正指责）。

按照波格丹诺夫这个时候研究的普遍组织科学——组织形态学来看，有机界和无机界所发生的一切过程都是组织的过程；因此，任何人类活动——社会活动、科学活动、劳动活动、艺术活动——也都是组织的活动。"艺术创作的原则是严整与和谐，而严整与和谐则意味着有组织性"〔13，第 20 页〕。诚然，艺术中的组织方式这位理论家认为不同于科学。"艺术是组织生动的形象或艺术象征，而这些东西的基础乃是现实界的同一个形象"〔12，第 4、76、77 页〕。这样，他就把艺术的特征确定为人的一种创造性活动了。

波格丹诺夫基于对社会经济形态的阶级本质的理解，合乎逻辑地认为：社会经济形态所产生的艺术也应该是阶级性的。"在作者个人后面掩盖着作者集体、作者阶级"〔12，第 11 页〕。艺术家在创作艺术作品时，不可避免地会在作品中反映两种组织过程的辩证的相互作用：一方面，他"把自己的生活和经验的种种要素的某种总和严谨而完整地组织起来"；另一方面，他又是在创造"艺术整体"，这个艺术整体不可避免地会成为组织某一集体的工具。

他认为这些是马克思主义的前提，从这里出发，波格丹诺夫确定了文学艺术评论的功用。正是文艺评论应该把读者引进"他人生活组织和思想组织的最深处"，把这一组织的"智力模型"——时代理想揭示出来。这样，评论就能消除工人阶级"受异己类型的组织的影响"和被艺术遗产迷住的危险性，因为，艺术遗产"由于经历了许多世纪臻于成熟，还是很有力量的"〔12，第30页〕。评论的最重要职能之一，波格丹诺夫认为是：从无产阶级艺术中清除农民的小私有者情绪的影响，清除"粗暴的"、破坏"无产阶级诗篇高尚情调的"士兵腔调，清除文艺界资产阶级知识分子有可能带来的霸道作风和个人主义因素。波格丹诺夫写道："工人阶级的艺术意识应该是纯洁的、明朗的、脱除了异己杂质的，这是我们的评论首先关注的事。"〔12，第65页〕

无产阶级的评论应从集体劳动的观点出发来评价过去的文化现象，波格丹诺夫把这种观点等同于"普遍组织的"观点，并认为它是马克思主义的。这种集体劳动的观点包含着机械论和形而上学地看待文化的危险，这在波格丹诺夫分析造型艺术和诗歌的具体作品时暴露了出来。从这种观念出发，波格丹诺夫的许多追随者认为：只有工人才能够成为新文化的创造者，因为，只有工厂及其"严格节奏的王国"才能锻造出真正无产阶级的文学和艺术形象。这一目的归根到底也正是无产阶级文化协会的实践活动所追求的目的。

列宁立场和波格丹诺夫立场的原则性分歧正是在这里表现了出来。在客观上，波格丹诺夫的"纯无产阶级艺术"论导致工人先锋队跟广大人民群众脱离，因为，事实上这种理论所要求的是：全部苏维埃文化的建设应在唯一的组织——无产阶级文化协会的范围内实现，而这样做就可能导致宗派主义和分立主义倾向的出现，就可能产生新的"无产阶级的上流社会"（二十年代曾出现一种叫作"共同妄自尊大"〔"комчванство"〕的现象，其根子就在这个地方）。在经济陷于完全破坏的情况下，"纯无产阶级艺术"论可以很容易地变成"左的"词句和空洞理论。因为用实践来检验它在当时是不可能的。

此外，波格丹诺夫的组织形态学的许多论点是以马赫的哲学理论为基础的。波格丹诺夫由于想给无产阶级美学奠定一个马克思主义基础，确也承认深入研究马克思主义艺术与文学理论的必要。对波格丹诺夫的哲学唯心主义曾进行了严厉批判的列宁，即使在论战最激烈的时候也曾指出："波格丹诺夫减去'经验一元论'（更确切些说，减去马赫主义），才等于马克思主义者"[①]。这就确定了革命后的头几年波格丹诺夫对建立苏维埃美学所作的贡献的矛盾性。

列宁对无产阶级文化协会派理论家的批判，首先是针对"用实验室方式"建设新艺术这种理论的。列宁在俄国共产主义青年团第三次代表大会上说道："无产阶级文化并不是从天上掉下来的，也不是那些自命为无产阶级文化专家的人杜撰出来的。这完全是胡说。无产阶级文化应当是人类在资本主义社会、地主社会和官僚社会压迫下创造出来的全部知识发展的必然结果。"[②] 企图证明"纯无产阶级文化"有根据，用列宁的话说，这"在理论上是错误的"，"在实践上是有害的"，特别是当为数不多的党员先锋队跟人民——工人、战士、农民、艺术界和科学界的知识分子——的团结极端必要的时候。苏维埃国家的缔造者曾把脱离群

---

① 列宁:《唯物主义和经验批判主义》，人民出版社 1970 年版，第 325 页。
② 列宁:《青年团的任务》，《列宁全集》第 31 卷，第 254 页。

众当作最大最严重的危险谈论过。他认为："先锋队往前跑得太远……没有同全体劳动大军……保持牢固的联系"，"那我们的社会主义建设"就必然要发生事故。[①]

"纯无产阶级文化"论似乎能从最工业化的生产方式中内在地发展起来，这一理论把历史唯物主义的基本原理——上层建筑可以离开经济基础而具有相对的独立性，经济不能直接决定文化——给庸俗化了。而无产阶级文化协会却企图在所有文化教育机关当中占据特殊地位，甚至想摆脱苏维埃国家，这种行径带来的后果是：各地无产阶级文化协会成了"哲学、科学、政治等种种偏向"的中心，妄图跟俄共（布）唱对台戏〔11，第673页；参看22；28；29〕。

1920年，列宁曾不止一次地吩咐卢那察尔斯基把无产阶级文化协会拉回国家和党的怀抱，使它服从教育人民委员部的领导。可是，卢那察尔斯基却认为，无产阶级文化协会的各种学习班——音乐、戏剧、文学、造型艺术——的创作活动可以任其自便。俄共（布）中央关于无产阶级文化协会的信曾指示教育人民委员部"创造条件以保证无产者能自由地进行创作活动，并予以支持"〔11，第586页〕，但同时也要记住：一些理论家常常"在无产阶级文化的幌子下"向参加无产阶级文化协会的人灌输资产阶级的哲学观点，即马赫主义〔11，第586页〕。

---

① 列宁：《工会在新经济政策条件下的作用和任务》，《列宁全集》第33卷，第162页。

在这些年里，"左派"的美学立场在很多方面不同于无产阶级文化协会派的立场。"左派"的虚无主义基本上是从他们那个时代的艺术实践出发的。早在革命以前的年代，未来派诗人弗拉基米尔·弗拉基米罗维奇·马雅可夫斯基和对立阵营的评论家尼古拉·尼古拉耶维奇·普宁两人就已经得出结论：十九世纪末至二十世纪初的艺术，不论是俄国的或西欧的，都在经历着严重的危机。从这里他们断定：这种艺术无产阶级根本就不需要。十月革命一胜利，为了在教育人民委员部造型艺术处（该处曾出版《公社艺术》报）共同进行理论工作和实践工作，他们二人很快联合了起来。他们不仅彻底否定了"纯粹的""绝对抽象派作风"（В. 坎金斯基和 К. 马列维奇的画架画），而且也否定了"灰色的、娇媚淫荡的、资产阶级的美学"〔18〕和"阿波罗主义"①（这是一个生拼的术语，它说明了资产阶级艺术评论的特点）。根据《公社艺术》作家们的意见，职业的画架艺术正在消亡；应该起而代替它的是"造型技能"（或"艺术劳动"，或"生活的创造"，或"物的艺术"）。这样的更替会消除艺术与人民之间的鸿沟，会导致新的社会主义物质文化的建立。

无产阶级文化协会派和"左派"希望建立新的无产阶级文化的意图导致了这样的结果：在二十年代初，两个流派联合起来，制定了一个双方都能接受的"生产艺术"论。促成这个联盟

---

① 此字原文为 аполлоновщина，是由 аполлон 加上后缀 щина 组成。аполлон 是古希腊神话中的太阳神，农业、文艺和美术的保护者。——译者

的，既有早在 1919 年在无产阶级文化协会学习班的实践活动中就已产生的、业余艺术与职业艺术的冲突，又有那种就其社会与美学存在说极其职业化、极其狭隘的、"绝对抽象派的"创作跟革命提出的艺术民主化要求、跟未来派所接纳的热情的矛盾，也有无产阶级文化协会派与"左派"的以艺术技术主义和艺术大都市主义为宗旨的共同方针。可是，新理论破坏了艺术存在的基础本身，因为，它要求跟全部艺术创作——不管是"右的"或"左的"——的所有象征性手法实行彻底的决裂〔26，第 120 页〕。"生产艺术"的拥护者们以为，只要克服了浸透个人主义精神的资产阶级画架艺术的直观性，他们就会把社会主义文化带上真正集体主义的世界观和共产主义的"生活境界"的高峰，这样他们也就老老实实地犯了一个错误。

不言而喻，在那些年的艺术理论中可以清楚地看出空想的因素。在总结五十年来苏联艺术之发展的科学讨论会上，Γ. 涅陀希文在报告中就指出了这一点。他说道："有时候，我们过于轻率或过于严厉地评价革命最初几年美学中的空想因素。如今，从五十年经验的高度着眼，我们可以轻而易举地指明：当时关于艺术本质的想法、关于艺术发展的最近前景的想法是何等的天真。但是，在这些如此大胆的、尽管有时候又是那么不合格局的幻想中，难道说不是反映了革命的真正像星云一般的前景吗？"〔27，第 178 页〕。空想因素在当时是不可避免的，因为，无论是普宁，还是马雅可夫斯基，都希望"从资本主义破产的前夜……不是跃进到共产主义的低级阶段，也不是跃进到中级阶段，而是跃进到共产主义的最高阶段"[1]。

列宁认为，要是把革命后的社会设想为由"全面发展的、受到全面训练的人，即胜任一切工作的人"组成的，那将是极大的错误。"共产主义正在向着这个目标前进……并且一定能达到这个目标，不过需要经过许多岁月。如果目前就企图提前实现将来……才能实现的东西，这无异于叫四岁的小孩去学高等数学"[2]。这位伟大的革命实践家和理论家提醒我们，恩格斯早就已经指出"把自己的急躁心情当作理论上的论证"[3]是何等天真幼稚！但是，与后来若干年的严厉评论家不同，列宁看到：青年人，其中也包括"左派"青年，觉悟低、没经验，是可以原谅的。也许正是由于这种缘故，他在《共产主义运动中的"左派"幼稚病》一书中写道："这是一种没有什么危险的病症，一经治愈，机体甚至还会更加强健一些。"[4]这些话真是具有先知之明的话，因为，文学艺术界青年的优秀代表人物（弗·马雅可夫斯基和尼·阿谢耶夫、谢·爱森施坦和Γ.科森采夫、Φ.波格罗茨基和А.捷伊涅卡），在经受了"左派"艺术的理论与实践的考验后，早在二十年代中期

① 列宁:《共产主义运动中的"左派"幼稚病》,《列宁全集》第31卷，第25页。
② 列宁:《共产主义运动中的"左派"幼稚病》,《列宁全集》第31卷，第31页。
③ 列宁:《共产主义运动中的"左派"幼稚病》,《列宁全集》第31卷，第48页。
④ 列宁:《共产主义运动中的"左派"幼稚病》,《列宁全集》第31卷，第27页。

便创作出了使苏维埃艺术文化宝库大为丰富的作品。

第三节　阿·瓦·卢那察尔斯基
及其在苏维埃美学思想形成过程中的作用

作为教育人民委员，阿·瓦·卢那察尔斯基这些年所从事的是改组千百万劳动大众的启蒙、教育和培养的全部工作，以及建立新的艺术学校问题。在加强无产阶级专政时期，他的美学遗产相对来说为数不多，这就没有什么可奇怪的了。尽管如此，卢那察尔斯基还是对正在形成中的马克思主义美学思想和艺术文化产生了强有力的影响。他的为数不多的论文引起广泛的社会反响，被视为对艺术现象进行"灵活的社会学评述的典范"，而他本人则被视为"优秀的、具有广阔的社会美学视野的马克思主义评论家"的榜样〔17，第 34 页〕。

掌握过去遗产的任务，卢那察尔斯基认为，在于同无产阶级新文化的创建过程辩证地统一起来〔参看 21；24〕。他同意列宁关于一切文化珍品都应属于人民的论点，并强调指出，把艺术中"大批大批……无可置疑的真正珍品""用社会主义的精神加以充实"〔14，第 70 页〕是一个艰巨的缓慢的过程。同时他也不止一次地警告人们，要提防不必要地摧毁一切和急性子等危险〔14，第 73 页〕。不过，时代的矛盾不可能不影响到卢那察尔斯基的活动。比如，对待无产阶级文化协会这个企图在文化教育事业的结构中占据特殊地位的组织，他就十分明显地暴露出两面态度：一方面，卢那察尔斯基理解到，企望建立"纯无产阶级文化"的意图会结出"干瘪的"果子，而且结得"缓慢"〔14，第 67 页〕；另一方面，他又要维护无产阶级"完全自主地，甚至离开苏维埃国家而独立地、以实验室的方式建立自己独特文化"的权利〔14，第 73 页〕。

他曾考虑，有必要用马克思主义的观点对文化与艺术的历史进行理论上的论证，这种沉思的结果便是他 1919 年写的《无产阶级美学的开端》一文。马克思主义美学的思想来源，他认为有："资产阶级技术帝国主义"中产生的、机器与大工业的诗化，号召人们起义和进行阶级斗争的革命知识分子创作的无政府主义浪漫主义作品，以及严厉无情地反映贫民生活的现实主义艺术。与此同时，卢那察尔斯基还主张克服"客观自然主义的极端"和无政府主义浪漫主义的个人主义。在预测社会主义文化的发展时，他把充满集体主义精神和同志情谊的无产阶级艺术跟资产阶级个人主义的艺术对立起来。

在这些年里，关于文学与造型艺术中的新形式问题一直都很尖锐。卢那察尔斯基想必不仅作为美学家从理论角度研究过它，而且也作为国务活动家研究过它。他完全赞同列宁的、我们已知的下述辩证思想：共产主义艺术应该创造新的形式，同时又不应该仅仅因为它新而对它顶礼膜拜。卢那察尔斯基在对列宁的这一思想表示赞同时建议：如果一个现象中的艺术形式是对惯常的审美趣味标准的某种偏离、偏斜，那就要具体地对待每一个这样的现象。他在《书刊自由与革命》（1921 年）一文中指出：究竟谁赞成这样的新旧更替呢——是"诚恳的艺术家们"抑或是"想愚弄公众的江湖骗子",这需要检验检验〔14,第81页〕。在当时的条件下,要实现这一原则是极端复杂的。然而,卢那察尔斯基认为,革命的国家不应该站在唯意志论的立场上生硬地规定:"某某艺术形式与某某艺术形式已经过时,成为遥远的过去",或者"不符合革命国家的理想"〔14,第81页〕。他维护这样的思想:生活本身应该校正创造形式的过程,这种过程应该自然而然地演进,日益发展、日益完善,或者自然而然地趋于消亡,表明为没有生命力的东西。这种立场,一方面克服了波格丹诺夫美学拒绝解决无产阶级艺术中的新形式问题;另一方面,又让人理解为:对于那些仅限于在形式领域进行试验的艺术,苏维埃国家决不会有意地承认其中的任何一种为"真正革命的"艺术,尽管它们自认为是这样。

阿·瓦·卢那察尔斯基的《书刊自由与革命》一文,是对尼·丘扎克(尼·费·纳西莫维奇的笔名)于 1920 年在符拉迪沃斯托克(即中国的海参崴——译者)发表的《军警式统治的危险》一文的评论。这位作者早在十月革命前夕就曾反对美学中"马克思主义者的形象性"("марксистообразность")(参看《谈谈马克思主义的美学》和《唯美主义与美学》,1916 年在伊尔库茨克出版),在苏维埃政权的最初几年,当他在远东、"在那该死的缓冲地"的时候,他也继续从事积极的理论工作。当他以自己的方式揭明"无产阶级美学的原理"时,他曾诉诸革命民主主义者、普列汉诺夫的美学遗产,以及俄国象征主义和未来主义的美学观念。尼·丘扎克对待波格丹诺夫关于"实验室式的"无产阶级文化的理论，持的是彻底批判的态度，而对于列宁对待文化遗产的立场则表示赞同，他认为必须从革命的现实本身中寻找文化的内容，并用资产阶级专家的手来建设文化。他在谈论这一点时，直接引证了"全世界革命的领袖——列宁……的策略手段"〔20，第 57 页〕。

尼·丘扎克也考察了无产阶级美学特有的问题，其中包括革命时代艺术中的新形式问题。在革命时代，新形式之所以具有"对无产阶级来说利益攸关、头等重要的意义，是因为忽视艺术与文学中的新形式就会出现唯主题论的态度"，就会"造就一批有文凭的、社会主义的、制造无产阶级诗篇的、墨守成规的匠人"。而当现代革命内容被剪裁得适于陈旧的、"又聋又哑的"形式时，那就不可避免地会导致艺术作品的辩证统一被破坏〔20，第 87 页〕、形式落后于革命的现实。也正是由于这一点，卢那察尔斯基对尼·丘扎克的文章著文表示支持，并称他为"我们在符拉迪沃斯托克《创作》杂志上的共产主义同志"〔14，第81 页〕。

如果说，在尼·丘扎克这几年的文章中，可以清楚地看到他试图克服波格丹诺夫对形式在无产阶级诗歌和艺术中的作用的实际上的否定（"……新的形式更难，与之作斗争是不必要的耗费精力，是引诱人……不去锤炼与发展艺术的内容"〔12，第 74 页〕），那么，哈尔科夫的理论家 Б. 波多利斯基则明确地认识到：必须驳倒波格丹诺夫对个性因素在艺术作品创作中的作用的否定。研究阶级心理和艺术家的心理，研究创作过程中个体的"我"和社会的"我"的辩证相互作用，他认为，这是对马克思主义美学原理的进一步发展，可以防止把美学庸俗化。在《社会美学问题》（1921）一书中，波多利斯基讲了社会环境对艺术家个性的有限影响，把艺术作为相对独立的特殊活动形式进行了考察，从而排除了阶级社会对创作过程和创作个性的影响的预定性和自动性〔17〕。

革命以后时期，许多研究理论问题的文学家、戏剧家和艺术家都曾及时地得到卢那察尔斯基的帮助。在这些年里，他最不像一位书斋里的学者了。他那天生的演说家的才干，取之不尽的善辩家的禀赋，使得他的美学具有能发挥积极作用的性质，他的美学是真正"运动着的"美学和评论。在他的大量的所有演说中（在第一次上演弗·马雅可夫斯基的《宗教神秘滑稽剧》时，在彼得格勒业余艺术训练班的开学典礼上，在大规模宣传的纪念像揭幕式上，在讨论未来的新戏问题以及许多其他问题的讨论会上），正像娜·康·克鲁普斯卡娅所回忆的，总是令人感到一种"马克思主义的、唯群众为依归的立场"；他那洪亮的、激烈论战的言辞在很多方面促进了军事共产主义时期苏维埃宣传鼓动性的艺术与戏剧的极大繁荣。

随着国内战争的结束，苏维埃俄国走上了建设社会主义社会的和平道路。这一点决定了马克思主义美学进入了它的新的发展阶段。

第六章

—

二十年代苏维埃美学科学的发展

—

第一节　二十年代美学概况

　　二十年代苏维埃国家的历史处境是很复杂的，涉及的面很多。国内战争已成为过去，经济陷于完全破坏的状态已经克服；但是，在新经济政策时期，不同社会集团的划分却是在痛苦中进行的：在极短的历史时限里实行了国家工业化，开始了以集体化方式对农业进行根本改造的运动。社会生活的复杂性、矛盾性，社会生活对明天的强烈向往，使得苏维埃人的精神生活极度紧张。在寻求新事物的同时，也还保存着旧文化的因素，但阶级斗争的尖锐性已使它们处于被怀疑的境地。刚刚产生的艺术形式，虽说还没有获得社会生活的正式认可，却企图占有绝对的垄断地位，与此同时，对无产阶级文化中艺术本身存在的必要性也还存在着怀疑。

这样一种社会形势不能不造成精神生活的极度复杂：存在着众多的艺术流派和集团，有着各种各样互相矛盾的宣言和美学立场。美学和艺术创作中的真理在各种各样的讨论会和辩论中定了型。出现了一些研究艺术的中心——国家艺术科学院、艺术文化研究所、绘画文化陈列馆、国家艺术史研究所，等等。社会政治性刊物和文学艺术刊物纷纷发表有关美学的文章和论战性发言，出版了许多有关艺术理论问题的图书。这个时期的特点是：艺术珍品的创作者——Б. 阿萨费耶夫、马·高尔基、М. 金兹堡、Л. 库列绍夫、弗·马雅可夫斯基、В. 梅耶尔赫里德、康·斯坦尼斯拉夫斯基、弗·法沃尔斯基、谢·爱森施坦——都亲自积极参加了理论问题的解决。

马克思主义的研究艺术的方法论是在同各种各样唯心主义的和庸俗社会学的流派、保守的和"左倾"的流派进行斗争中确立起来的。马克思列宁主义美学的形成由于下述情况而复杂化了，即马克思、恩格斯和列宁在这方面的基本论点尚未为研究工作者广泛知晓，只是到了二十年代和三十年代之交才开始真正地掌握他们的遗产。因此，对于许多学者来说，走向马克思主义的道路远不是简单的，而是伴随着对马克思主义作简单化的理解，甚至作歪曲的理解。

在二十年代中期，在《在马克思主义旗帜下》杂志上，开始就马克思主义美学这门新科学的对象、范围和原则展开了广泛的讨论。研究工作者的立场在很多问题上发生了重大分歧，不过在所有的著作中，占优势的思想是：必须把马克思主义美学作为哲学科学的最重要部分建立起来（8；13；15；17）。当时有一种正确的思想，它认为，美学不仅包括艺术的社会学方面，而且也包括美的所有领域，以及艺术与艺术活动的心理学问题。

坚持马克思主义立场的学者这时明显地分为两派，一派拥护社会学观点，另一派拥护认识论观点。后一派最突出的代表人物是 A. 沃龙斯基，他是苏联第一家大型杂志《红色处女地》的编辑，该杂志是在列宁与高尔基的参与下创办的。除沃龙斯基外，积极参加撰稿工作的还有 A. 列日涅夫、Д. 高尔波夫、H. 扎莫什金、C. 帕坎特列格尔。他们试图把列宁的反映论运用于艺术分析，这对于年青的苏维埃美学思想方法论的形成是特别重要的。根据他们的信念，在从理论角度和实践角度认识艺术的本质、艺术在社会生活中的作用方面，一条根本的原则是：承认艺术是反映和认识现实的特殊手段。

对于艺术的阶级性，"山隘派"（在《红色处女地》与《报刊与革命》两家杂志周围形成的一家文艺团体，名叫"山隘派"——"Перевал"）并未提出异议，但是他们认为，承认艺术的意识形态性与阶级性不应该排除这样的见解："艺术是认识生活的特殊方式，在真正的艺术中有同样精确的客观的成分，就像在科学中那样"〔10，第 30 页〕。沃龙斯基写道："文学与艺术毫无疑问是为划分为阶级的社会中的这个或那个阶级服务的。但是，从这里决不应得出结论说：通过艺术经验而取得的材料就失去了客观的价值。"〔10，第 30 页〕因此，"山隘派"曾多次指出"左派"立场的弱点，并公正地断定：艺术是艺术家创作活动的果实，艺术家在自己的著作中把反映与改变、实有事实与从理想（即对人应有的生活的设想）角度对这些事实的评价辩证地结合在一起。从这里便产生出"山隘派"对以往艺术文化的爱护态度，以及他们对高尔基学派的作家们和十九至二十世纪的所有大艺术家的密切关注。

可是，到了二十年代末，在"山隘派"的美学中，那些当时就已受到公正批判的倾向开始加强了。沃龙斯基及其追随者在坚持艺术具有认识真理的能力时，夸大了艺术创作的直觉方面的作用。他们用"真心诚意"、处世态度、时代感、艺术创作中的"灵感"，来对抗在解释人及其需要时的理性主义和实利主义的日常生活描写。这里表现出昂·柏格森的直觉主义美学的明显影响〔参看 35 〕。

与"山隘派"的观点相对立的，是对艺术理论的社会学解释。这种解释当时得到最广泛的承认，因此我们另立专节予以阐述。这里我们只指出，艺术的社会学研究是在二十年代从两个方面——理论的方面和经验的方面来进行的。除了大量的一般性的艺术社会学著作外，同时也对当代艺术生活进行了大量的具体社会学的研究〔参看 43 〕。

二十年代美学思想的发展由于下述情况而更加复杂化了，那就是：除了试图从马克思主义立场制定艺术理论的各种各样的尝试外，当时还出版了一些显然非马克思主义的著作。Г. Г. 施别特的著作还在继续出版，他研究的是：审美对象的结构、语言哲学、胡塞尔哲学传统中的艺术特征。诗歌语言理论研究学会的活动当时特别积极，该学会的代表人物继续深入研究在革命前就已形成的、形式主义的文艺理论。

诗歌语言理论研究学会在自己的队伍里团结了一批有才华的研究人员，如：B. 日尔孟斯基、B. 什克洛夫斯基、Ю. 戴尼亚诺夫、Б. 艾亨鲍姆、P. 雅科布森、Б. 托马舍夫斯基。尽管学会内部在美学立场上有各种各样的细微差异和矛盾，但是把这个学派的所有拥护者长时期联合在一起的是：承认形式在艺术中具有更重要的意义和在美学研究中运用精确科学的方法具有原则上的必要性。艺术被他们看作独立的文化领域。艺术的基础是材料，诗的基础是语言。按照他们的意见，对于艺术感受来说，只有那在艺术作品中实际呈现的东西——艺术的形式与结构——才有意义。根据研究对象必须跟研究方法相一致的原则，诗歌语言理论研究学会派认为，主要之点是考察作品的客观存在着的形式，而不是它的内容，作品的内容在他们看来，在很大程度上是读者的主观态度的结果。

由于强调艺术不依社会存在为转移的自主性、独立性，诗歌语言理论研究学会派得出了这样的见解：社会生活的各种现象——文化的、经济的、政治的，是"并列的"。他们将其分为两大系列，即实践的和审美的。第一种系列囊括了现实的政治方面、经济方面和社会方面；第二种系列是在艺术中实现的。每一种系列都是独具特色的、独立的、不可重复的。因此，在说明艺术过程时，诉诸社会生活的规律性是徒劳无益的，尽管"在这个孤立的领域内部发展的动力往往是从外部进入这个领域的"〔14，第13页〕。

艺术形式是作品的基本部分。艺术内容所包含的是艺术家取自现实世界的东西，而艺术形式则是把现实世界的某些部分表现出来，将它们改造成艺术作品的一种方式，形式是艺术本身内部固有的。作品的结构是艺术的极为重要的规定性，是艺术的质的描述。内容要素和形式要素，处于复杂的相互作用中，服从于形式的规律，直至有"纯"艺术形式存在，这后一种情况最常见于音乐、装饰类艺术和诗中。

对于诗歌语言理论研究学会派的美学来说，重要的是"材料"与"手法"两个范畴。前者是一般美学范畴，它表明：艺术源于外部世界。"手法"是艺术活动的首要因素，是把中性材料审美化的一种方式。从这里便产生了那个著名的美学公式——"艺术是手法"，表示按照独特规律对材料进行加工。手法的裸露产生了"突出"的效果，把艺术视为特殊现象的艺术观就是跟这种效果相联系的。

通常的感受是确定事物的简单的、一般的、类型学的特点。艺术作品中留下来的则是"独特的视觉"，这是一种能够抓住不寻常之点的感受，它能动员心理活动的全部力量和潜在的能量。感受和评价的通常的自动作用中断了。艺术活动中的"突出"手法也就是为此服务的。

诗歌语言理论研究学会跟研究艺术珍品的静态结构存在形式有关。不过，这个学派的拥护者们逐渐地认识到历史态度的必要。坚持艺术有独立性，坚持艺术的发展具有内在的、独特的源泉，结果导致"内在的历史主义"。对艺术的历史道路的分析被诗歌语言理论研究学会派局限在闭锁的艺术系列的框框之内。

诗歌语言理论研究学会的理论的基本错误早在1924年的辩论中就已经被揭露出来了，这次辩论是根据阿·瓦·卢那察尔斯基的倡议在《报刊与革命》杂志上开始的。卢那察尔斯基指明：艺术首先是社会意识形式，其中起首要作用的是它的内容性的、意识形态的方面。卢那察尔斯基指出，诗歌语言理论研究学会派对艺术本质的解释导致艺术孤立于社会历史现实之外，使美学失去了阶级方向。"评论不可能长时期地停留在纯形式方面，它不可能不在自己面前首先提出关于文学在社会生活中的作用、关于作家的作用的问题"〔21，第120页〕。大辩论之后，在诗歌语言理论研究学会派的著作中，形式主义的极端开始得到克服，而这个学派提出的一系列原则性的重要原理，则转入左翼艺术战线和形式社会学方法的理论家们的理论中去。诗歌语言理论研究学会派的正确思想就是在现代美学科学中也得到继承。

Л. С. 维高茨基从新的分析的立场深入研究了艺术的心理学方法的原则。在他的著作里，形式主义受到彻底的批判。在他于1925年撰写的、总标题为《艺术心理学》的一组文章中，维高茨基否定了主观经验心理学的传统方法有解决艺术特点问题的可能性。他在批判对待艺术的片面态度时，合情合理地提出了关于艺术具有完整性、程序性的思想。只有通过分析艺术作品结构的特点，通过再现感受的机制、再现感受所引起的内心活动，才能够接近于解决这个根本的美学问题。五十多年前撰写的这部《艺术心理学》〔11〕就是在今天也依然是有关艺术感受理论的最重要的巨著之一。

二十年代末，美学理论的研究活动明显地积极起来。譬如，根据 B. 沃里肯施坦的《现代美学经验》（1930年）一书，就可判明这一点。沃里肯施坦认为这门科学的任务在于在现实的各种各样的领域（技术、思维方法、社会思想范围、艺术、自然、人类行为）确定审美本原，他企图用统一的学说来囊括其纷繁驳杂的表现。本世纪初发展起来的结构心理学的思想成了这个学说中的普遍根据。作者断言，如果说在数学公式和房屋类建筑物中，在人类行为和工程结构中，都有直观性、和谐性、复杂之化为简单、"障碍之合理的克服"，那么，我们所与之打交道的则是审美的东西。而且，艺术由于具有被体现出来的合理性的性质而不同于审美的东西，审美是非实利主义的社会情感需求的体现者〔9，第62—74 页〕。只有那"经过修饰的和可被直接感受的"东西才可能是审美的。美是合理的克服材料的一种形式，艺术的东西固有一种表现激情的合理形式。这种对结构、形式、对现实的结构方面的心向神往，成了那个时代许多艺术和科学流派的基础。

二十年代的各种美学探讨并不是抽象的、思辨的议论，而是跟确定年青苏维埃艺术的发展道路、跟艺术实践的需要直接联系在一起的。共产党一如既往地对美学科学的发展给予极大的关注，这在 1925 年联共（布）中央《关于党在文学艺术领域中的政策》的决议中得到了反映〔7，第 80—83 页〕。

第二节　艺术社会学问题

二十年代，对艺术分析的社会学方面进行了热烈的讨论。尽管批判了作为无产阶级文化协会理论基础的波格丹诺夫思想，但波格丹诺夫的组织形态学的影响依然极为深远，以至于产生了技术主义（Техницизм）这一美学原则。依波格丹诺夫看，文化是组织方法的总和，在这些组织方法中艺术具有特殊的职能。艺术是"以艺术形式固定下来的、数千年来的组织经验",是"见之于形象的生活科学"。组织因素是艺术特征的定义的内容性部分,而且,这一文化领域的结构特点决定于"严整与和谐"的原则,决定于艺术对"人们情感与心绪"的组织,决定于跟科学概念不同的艺术形象的通俗易懂〔6,第118页〕。最后,在艺术中思想的组织和物的组织是不可分割的。

在二十世纪初就已经充分显示出来了的、技术的新的社会可能性,对波格丹诺夫的美学发生了极其重要的影响。技术被他看作社会进步的主要因素。依波格丹诺夫看,使得一个劳动者把执行者的职能与组织者的职能集于一身的机器生产,自然而然地消除了社会生活中所有复杂的、矛盾的情况:劳动分工、人的存在的二重性、阶级对抗、异化与压迫。认为机器化了的劳动形式是新世纪艺术的模型,认为过去艺术家的个人主义的、思辨的、自我欣赏的活动已变成"工程学",即高级的普泛的无产阶级艺术创作形式——所有这些看法的基础就在这个地方。组织原则、结构原则、实验原则、以实利为目标的活动原则产生了,取代了艺术形象的描写作用、认识作用、反映作用等特点。

"生产"艺术、"建设生活"或"创造生活"的艺术的思想这时广泛流行。H. 丘扎克和 Б. 阿尔瓦托夫、B. 普列特涅夫和 A. 加斯帖夫更加具体地从各个不同的方面研究了这种思想。在"生产主义"(производственничество)的理论中,关于建立无产阶级艺术的可能性问题没有受到怀疑。自由的劳动、创作活动只有"生活的集体建筑师"——无产阶级才能享受得到。这一思想排除了传统的艺术活动形式与种类在新的革命时期存在的可能性。

Б. Т. 阿尔瓦托夫认为，对资产阶级美学与艺术学进行改造的意义就在于：使人能够"把艺术看作社会劳动活动，看作拥有自己的技术、经济和意识形态的社会公益劳动的一个独特部门"〔5，第15—16页〕。阿尔瓦托夫公正地指出，早在人类历史的早期阶段就已经有艺术与实践的综合了。二者的分立是在与艺术创作格格不入的资本主义劳动分工的条件下，艺术创作处于危机状态的表现。在资本主义以前的各种社会形态中，手工业者就是艺术家，而艺术家也就是物质价值的生产者。实际生活与艺术的二元论，自由创作劳动与物质价值生产的二元论，是在资产阶级的劳动形式的基础上、在个人主义与异化大发展的基础上产生的。

对"陈列馆"艺术、"框架"艺术的批判是在二十年代，从一般社会学的立场进行的。由于劳动分工和商品生产规律的作用，艺术活动独立了。艺术成了对实际生活没有用处的东西，成了实际生活的重叠，成了幻影游戏，成了在台架上制作、在"框子"里框起来的幻想。需要它的只是为数不多的人。资产阶级活动形式之被革命铲除，也预先决定了往日艺术的命运。竭尽一切能事地否定以往各个时代的艺术——这首先是由于这样的看法：在社会主义条件下不可能有实际活动之外的精神交往形式。依阿尔瓦托夫看，"画架主义"（станковизм）只能存在于这样的地方，在那里，任何有组织的、"生活之内"的艺术创作，在实际的实物关系领域都是不可能的。在社会主义条件下，艺术就其实质来说，将与实际经验相联系，因而是普遍都能享有的。"生产派"和"左派"的理论家们确信，无产阶级艺术乃是所有实践活动的结构合理性的形式，而根本不是传达思想的手段。

功利主义，夸大艺术创作的实践意义——这一切导致在艺术的种类体系中改变方针。"左派"理论家们反复强调艺术活动的鼓动的和政论的倾向性、它的实用的和信息的职能。他们用纪录性的种类——描写真实事件的"事实艺术"、摄影、新闻影片——来对抗传统的种类。他们认为定期刊物、日记、回忆录、简评、新闻、纪录要比长篇小说、短篇小说、史诗好。在造型艺术中，"左派"用实地装饰劳动和日常生活用品、用制造新式家具和器皿、用往织物上画彩画等来代替纪念碑塔类、肖像、历史画等。

所有这些观点虽说并不是毫无结果的，然而却显然是片面的。把艺术仅仅看作"建设生活的手段"——"左派"这种立场的毫无根据，阿·瓦·卢那察尔斯基就曾指出过。他在自己的著作里正确地指出了把作为任何实践活动之形式的艺术跟作为认识生活之形式的艺术对立起来的不合理性。

对艺术阶级性的庸俗社会学解释所依据的，是波格丹诺夫的"生动经验"哲学的实证主义基础。这位理论家认为，社会结构是组织的经验的特性的直接结果。最初的阶级划分是随着经验上单一的原始制度的瓦解而形成的。语言、思维、道德戒条和法律禁令、艺术、科学，作为人们交往的独特组织形式，是意识形态性的，因为，任何意识形态的意义都在于加强集体性，把个人的一些适用的品质变成集团的。由此可见，艺术与科学具有同一的社会职能，即搜集、组织经验。"美就是有组织性"〔6，第124页〕，而在科学中，有组织性则叫作真理，在生活斗争中则叫作力量。组织的唯一目标靠各种各样的手段来达到。艺术——这就是寓于形象之中的生活的科学，艺术的目的在于组织情感和心绪，因而它也就被视为教育和社会心理组织的积极手段。

在"左派"的理论中，个性、艺术家的社会积极性不包括在社会系统图之中，因为社会因素本身被理解为克服个体因素的结果。所以，对于庸俗社会学家来说，个人与社会之间那些复杂的、有时又很矛盾的联系是不存在的，他们不承认个体意识的社会性动态。艺术家仅仅是集体心理的体现者，集体心理决定艺术家思想和创作产品的阶级性。

这样的态度就把艺术的思想内容问题、艺术的阶级性问题的解决大大简单化了：不需要对艺术形象的思想内容进行切实的分析，排除了在各种不同的社会情况下对艺术形象进行解释的可能性。要想说明某一艺术作品的全部特点，只要弄清作者的社会地位、出身和党籍就足够了。

如果说，"生产派"的特点是从艺术的社会职能作用的角度来处理艺术分析，那么，B. Ф. 别列维尔泽夫及其学派则把注意力主要放在艺术现象受社会决定上。他认为，人类活动的各种不同形式，就其实质来说，都是社会性的，因为它们是作为满足社会需要的交往形式形成的。别列维尔泽夫说，美学只有在下述情况下才有可能是科学的，即它能依据艺术过程内在规律的知识，弄清艺术在整个关系体系中所起的必要的特殊作用，揭明社会对这种交往形式、对这种传递信息方式的需求。当别列维尔泽夫这样说的时候，他是正确的。作为社会现象的艺术的特殊性质，他认为在于主题与客体的统一，在于形象思维。"人的思想、情感和行动在艺术中再现出来，它们构成艺术的内容，作为再现出来的东西给人以形象"〔27，第49页〕。存在范畴被用作分析的基础。"存在——这就是那个社会经济过程，它既决定人们的生活，也决定人们的意识，也决定艺术创作"〔24，第12页〕。在"存在决定意识"这个公式中，现实应该了解为主体与客体的统一，其形式是人的具体实践，而不应该对此做消极的直观的理解。

不过，这些尝试——试图把艺术辩证地理解为一种特殊活动，一种为社会所必需的交往和改造世界的形式——别列维尔泽夫及其拥护者并未在研究中体现出来。社会制约性被他们归结为具体的经济必要性，并被集中于生产过程之中。艺术家是生产过程的产物，这是别列维尔泽夫的主要思想，它决定了别列维尔泽夫在解释艺术作品时的立场。这后者（按：指艺术作品）可以离开创作家的生活，离开社会历史和世界观斗争来考察。艺术家及其创作可以从一个根据得到说明，二者都是在生产过程的同一条生活之流中产生的。艺术形象是艺术家的社会性格的异在。这位理论家坚持认为：对产生某一意识形态现象的生产条件进行详细分析具有决定性意义。他认为一元论的社会过程观就在于此。

科学与政治、艺术与哲学的相互作用仅仅被他解释为平行系列的相互影响，相互间并无因果制约关系。别列维尔泽夫企图把历史设想为受生产发展制约的、统一的、不同类型的社会组织的更替过程。他曾号召"通过文学"，而不是"从它旁边"前进，这一号召不能不叫人评价为是希图建立严格以现实的因果性，以唯物主义的艺术受制约性为依据的、科学的美学。以揭明作为特殊社会活动形式的艺术产生和发生职能作用的客观社会原因为目的的这一方针本身是有良好作用的。但是，僵硬的、只有一个涵义的、艺术受经济制约论却变成了一种否定——否定认识、评价和理解现实社会关系的可能。艺术家和感受艺术作品的人都不能超越他们的社会出身和实际生活的现实条件所划定的范围。机械地理解的必然性不可避免地导致把存在与意识混为一谈。在这一点上，别列维尔泽夫与波格丹诺夫的观点是一致的。

二十年代，几乎所有的研究工作者都研究关于以往各个时代的艺术的问题。继承性问题、对待艺术遗产的态度问题一直是这个时期的多次讨论所注意的中心，而且，无论是主张保留资产阶级社会民主主义文化的人或坚决反对这种文化的人，在他们的争论中都不能避开艺术的阶级性问题和作为社会现象的艺术的本质问题。

艺术中的继承性问题可以把各个不同时代的艺术作为社会存在的众多反映形式，从它们的共同性这一着眼点来进行分析。在这种情况下，承认内容的共同性、思想倾向的相对统一性，将是对过去遗产、对吸收其思想、世界观的可能性持积极态度的一个基础。如果从作者的阶级存在、社会出身和地位直接推出作品的客观价值，那就根本勾销了艺术创作的意义问题，在各种不同的社会结构中对艺术创作的解释的多样性问题。随着艺术家的死亡，随着他那个阶级或社会集团的消灭，这种社会结合的形式也必然消亡。

二十年代的理论家们对马克思主义理论的掌握，使得他们开始从生活与文化全部历史的来龙去脉来认识艺术发展的普遍规律。研究艺术的历史观点成了 И. 越飞、И. 马察、弗·弗里切、Ф. 施米特、П. 萨库林的注意中心。尽管每一位作者的理论体系各有特色，他们却有一系列共同的方法论立场。

　　所有结论的出发点都是这样一个原则：**把唯物主义历史观作为编写艺术通史的基础**。根据上述研究工作者的看法，艺术是在人掌握世界的过程中，作为满足信息需要、交流思想的需要以及其他社会功利性需要的特殊手段而产生的。这一社会意识形式今后的命运不仅取决于向它提出的社会需求的变易，而且也取决于艺术跟那些在不同历史情况下对艺术的社会意义、对艺术的职能与形式的多样性发生影响的其他社会结构与制度的联系。

　　B. M. 弗里切和 Ф. И. 施米特首先注意的是揭明艺术发展的**普遍历史规律**。他们企图从马克思主义关于经济、生产在社会生活中具有决定性作用这一总的原则推出历史过程的逻辑。艺术过程的种种社会形式的更替被当作分期的基础。的确，在这些美学家的著作中，社会形式的发展史大大不同于马克思所说的历史过程。比如，B. 弗里切认为，"每一个基本的艺术类型都适合于一定的社会经济结构"〔29，第 61 页〕。他制定了关于两种艺术类型的概念，即宏伟综合型艺术和分解型艺术，而且，前者适合于封建制度、自然经济，封建制度、自然经济的共同特征是集体性，以及人们结为一个统一整体，这是由物质生活的性质决定的。古代埃及、古代希腊、中世纪欧洲的艺术就是这样的。在文艺复兴时期，在十九世纪的欧洲，在被个人主义分解了的"发达资产阶级社会"中，占优势的则是第二种类型，即分解型艺术。除了这两个极端的类型外，还存在着过渡型艺术，它符合于既有个人主义特点，又有集体主义特点的时代。

　　在 Ф. И. 施米特的著作中，对于艺术发展的内在规律性、"全部历史演进过程"的内在规律性则做了另一种解释。依他看，世界历史计有六种社会形式：群居式，家庭氏族生活方式和种姓生活方式，城市生活方式，帝国议会生活方式和世界公社生活方式。每一个"有文化历史的世界"都包含好多个时期，其发展都要重演所有这六种社会组织形式。在施米特的著作中，十分明显，并未解释他所引进的"有文化历史的世界"这个范畴的涵义，他也没有研究决定一种共性为另一种共性所代替的那些内部矛盾。依他看，各个周期是由革命时代划分开的，革命时代使全部上层建筑得到更新。每一个历史变化形态都提出一系列艺术问题，这些问题的解决决定着艺术中的风格。因此，六种社会形式便产生出六种艺术风格，即非现实主义、理想主义、自然主义、现实主义、幻觉主义、印象主义。施米特认为，艺术史过程的逻辑特点是在提出一定范围的问题和相应的一定数量的风格时的可重复性原则。这种情况"每一次都是在新的发展阶段上发生的，并具有新的具体内容"〔33，第 84 页〕。

在 И. И. 越飞那里，艺术的历史类型学是跟引进文化系统、集合概念相联系的，集合概念表示社会关系的多种多样的物质因素、经济因素和精神因素的总和，这些因素形成对一定艺术——满足交往需要的手段综合体——的社会需求。不同类型的社会体制决定着艺术存在的特殊形式，这些形式是以一定的实用性和可领受性为目的的。艺术活动的种种职能的演化取决于社会发展的阶段：装饰生活的艺术符合于贵族阶级的思想；认识生活的艺术表现了资产阶级阶层的实利主义；建设生活的艺术是工业社会的建设性世界观的特色；无产阶级的艺术属于第四种，即社会主义类型的文化。

不过，把艺术存在的历史分为几个受社会制约的、性质各异的阶段这种做法留下一个未解决的问题，那就是艺术创造的杰作的普遍历史意义问题。在考察艺术的历史时，可能产生两个极端：可能由于把某一时代、某一风格、某一流派的艺术作品的不可重复性加以绝对化而否定艺术发展的普遍规律性；与此同时，全面否定这个或那个时代的艺术创作的独立发展和自我价值，则又会导致反历史主义。二十年代的美学家们企图解决的就是这个二者必须择一的令人困窘的问题。

例如，弗·弗里切认为，艺术由于自身的特点，自古以来就具有几乎所有的职能——功利主义的职能、认识的职能，唯独快乐主义的职能是在较晚的发展阶段上出现的。依他看，历史主义就在于阐明在各种不同的社会经济条件下这种或那种职能得以实现的原因。弗里切引进了风格范畴，它确定了一个时期里艺术反映的特点、世界观性的时代"风味"。他认为，在艺术史上存在着两种风格：象征性的（理想主义的，思想塑造的［идеопластический］）和现实主义的（形体塑造的［физиопластический］）。前者表现社会之宗教的、非理性的世界观，后者表现非宗教的、理性主义的世界观。每一种"艺术风格都可以从社会得到说明"〔38，第22页〕。上台执政的阶级由于自身的社会地位和思想倾向，有实际的、功利的需要并形成职能性的、建设性的、重理性的风格。随着这个阶级的历史进步性逐渐减退，它的思想意识也发生变化，而在艺术中，则是快乐主义的职能开始占优势。风格与类型的周期性、可重复性表明了整个艺术创作的特征。从这里得出的是：否定艺术的总的直线前进的方向性。

艺术在社会上发挥职能作用的这种图式，在逻辑上导致非常片面的和反历史的结论，因为它肯定了艺术的基本阶段和风格的可重复性，肯定了艺术兴衰跟经济与政治过程的类似状况的生硬联系。而且，弗里切还不得不作出艺术的不同类型、风格和种类在社会的历史上具有不同的价值这一结论。譬如，按照他的分类法，艺术的繁荣总是跟综合型艺术——主要是跟建筑联系在一起的。

И. 越飞敏锐地感觉到二十年代理论著作中的历史公式化主义，因而企图更加深入地理解艺术作品在历史过程中的普遍意义和独一无二的不可重复性这两者之间的辩证法。在每一个时代，艺术生活都是各个不同的文化领域错综复杂的交织。这位学者喜欢反复地讲：现代的垂直线成了历史的水平线。现代文化的剖面图也露出"旧"艺术的大量沉积，旧艺术之所以能生存下来并继续发生作用，并不是因为它有千百年的历史，而是因为它所凭借的是现实的生气蓬勃的力量〔18，第3页〕。

在弗·弗里切、Ф. 施米特、И. 越飞和其他理论家的著作中，可以感觉到这样一种意图：以唯物主义历史观的统一原则为基础，把一般社会学的处理方法跟对艺术发展阶段的具体历史分析兼容并蓄，使之并行不悖，把艺术的静止状态与运动状态表达出来。与此同时，二十年代的研究工作者都或多或少地具有社会学的简化论（редукционизм）思想，即承认艺术过程具有含义单一的受制约性。在这样的解释中，艺术实践历史发展的逻辑不可避免地有公式化主义的毛病。

第三节　社会主义艺术创作方法的制定

二十年代的思想斗争和美学辩论是跟创造性地探索新社会的新艺术方法紧密联系在一起的。美学思想影响了艺术创作，而在纲领和宣言中则表现出艺术实践的需要。给革命艺术的创作立场所下的定义——从革命俄罗斯艺术家协会的公式"英雄的现实主义"，直到"左派"喜爱的名词"未来主义"——千差万别、令人惊讶，这反映了当时艺术流派的繁多。

到二十年代中期，关于艺术中占主导地位的方法问题尚不明确。1925 年，联共（布）中央作出了《关于党在文学艺术领域中的政策》的专门决议〔7，第 80—83 页〕，其中指出：无产阶级的艺术风格尚未形成，各个不同的团体和流派必须展开自由竞赛，反革命分子当然除外。决议强调必须对艺术工作者、真诚的"同路人"、"艺术事业"的专家持爱护态度，这将保证使他们转到社会主义立场上来，将有助于建立新社会的艺术。党预先警告：不要试图建立"温室里的"无产阶级文学，那是不能容许的；党提醒必须从生活现象的复杂性和深处来把握生活现象，并要人牢记掌握马克思主义哲学的重要性。决议公布后，就无产阶级艺术的创作原则问题继续进行辩论，但更加活跃了，方向也更加明确了。

长期以来，这些原则都是用风格这个一般概念来表示的，尽管艺术实践与理论的探讨的实质恰恰是要把新艺术的方法论立场加以结晶化。到了我们所考察的这个时期的末尾，这种情况导致：在学术文献中出现了过去的美学尚不知道的概念——艺术方法。

1926 年，就这个题目展开了第一次大辩论。所有派别的代表人物都参加了这次辩论。当时正在形成的新的现实主义方法的特征在很大程度上是在文献资料中确定的，文献资料最充分地反映了这一点。如果抛开政治术语、论战时的极端做法和兴奋情绪，那我们就可以看到：这是对革命艺术中的种种新过程进行理论认识的一个极其有意思的时代。当时人们以对艺术与现实的关系的理解为出发点，以解释个性的方式为出发点，以个性在社会中的地位的特点为出发点，对表现现实和从艺术上反映现实的各种各样的方式进行了评价。

出发立场的理性主义和功利主义，艺术的实际改造作用的绝对化，决定了"左翼战线"在解释艺术方法时的立场。"生活建设派"的艺术方法观的立脚点，是把作为任何合乎目的的实践活动之形式的艺术跟那种把艺术看作认识生活之手段的传统观念对立起来。在左翼艺术战线的原则中固有一种所谓的社会定货论，它要求艺术家对现实采取积极的、发生效能的态度。"左翼战线"的创作旗帜是公开的政论式风格，为事实、文件、可信性进行辩护；以日常生活的记录来对抗十九世纪对艺术所做的那种复杂的心理学的探讨；以直截了当的政治鼓动来取代反省、自我分析。支持"左派"艺术立场的艺术家们都更喜欢言简意赅、可供观看、离奇可笑，以及各种各样的夸张与变形。在二十年代的理论家当中，这大概是不承认现实主义原则是新社会的决定性艺术方法的唯一一个流派了。

俄罗斯无产阶级作家协会的理论家持的则是另一种立场。在他们看来，艺术首先是对生活、对人的命运的反映，是对现实社会过程的认识。提出文学创作方法这一概念的俄罗斯无产阶级作家协会的理论家们，在把这种认识跟哲学认识混为一谈时，也把这种方法确定为"辩证唯物主义的"方法。他们认为这种方法只有无产阶级作家才能享有，"同路人"是不行的。这样，俄罗斯无产阶级作家协会派的庸俗社会学观点便使他们正确的、基本上是现实主义的立场受到歪曲。有时候，他们制定的方法被称作心理学现实主义。他们确信，艺术是现实的反映，而艺术方法则是艺术家改造现实的方式，它表现出艺术家对待世界的态度。在这样理解创作方法的轨道上，形成了"活人"观念，它揭示了"心理学现实主义"的本质，并要求理解个性的心理、个性实际行为的原因。同时，"活人"论的"唯物主义"跟浪漫主义的"唯心主义"的对立不仅简化了对哲学跟艺术家创作活动的联系的理解，而且，问题这么一提，就连艺术方法本身也失去了自己的美学规定性，并导致在描写复杂社会过程时的极简陋的公式化主义。

在把艺术理解为认识现实的方式时，"山隘派"的主要出发立场也决定了他们的方法论的实质。"我们需要生气蓬勃的现实主义，它生长在我国的土地上，以我国土地的汁液为养料，并为对遥远未来目标的向往所鼓舞……推翻日常现象的革命就其本性来说是浪漫主义的。哪里有斗争，哪里就有浪漫主义精神"〔25，第257页〕，维亚奇·波龙斯基这样写道。从这种论点中便产生出对"浪漫主义现实主义"方法的庇护和对日常生活描写、对自然主义现实主义、对艺术创作中的缺乏创作力现象的坚决否定。"山隘派"维护多动作（динамизм）、紧张和面向未来的明确艺术方向。这样一来便肯定了：现实的艺术再现不同于现实本身，作者的想象力是自由翱翔的，只有想象力才能做到夸张化和离奇化，非常精致和令人兴奋鼓舞。

在制定社会主义现实主义理论方面，起主导作用的是两位著名的艺术理论家和艺术实践家，即阿·瓦·卢那察尔斯基和阿·马·高尔基。他们二人在解决这个课题时并不是持思辨的态度，而是作为艺术家和实践家，感到有必要对自己的创作经验进行概括，并去概括他们在建设年青苏维埃艺术文化事业中的战友们的经验。

在二十年代末，卢那察尔斯基提出了艺术反映现实的"动态"观（концепция "динамическая"），后来在三十年代他又对此说进行了更加详尽的探讨。这个理论的基础是关于艺术描绘生活时应有革命浪漫主义观点的思想。1928年，卢那察尔斯基在《浪漫主义精神》一文中发挥了这样的论点：艺术对世界的把握可能有两种类型，即浪漫主义的和现实主义的。卢那察尔斯基关于把现实主义立场与浪漫主义立场在新的社会主义艺术中结合起来的思想，非常接近马·高尔基的观点。1928 年，高尔基从索伦托刚回来，便马上积极投入有关社会主义艺术方法的讨论与争论。在他看来，对于新艺术说最为重要的是选出劳动的主题，与此同时并创造新的主人公形象，也就是战士、建设者的形象。苏维埃现实的宏伟性要求艺术有宏大的规模、史诗的广度、振奋人心的激情。只要具备了把现实主义与浪漫主义在创作过程中有机地统一起来这么一个条件，就能够把这一切在艺术作品中体现出来。

如我们所看到的，在新的社会主义艺术方法的探索中，研究工作者们经历了不同的道路，但当时的各个艺术流派都以这样或那样的方式对社会主义社会条件下把握现实的艺术方法的形成作出了自己的贡献。

到二十年代末，年青的苏维埃美学科学克服了由于它尚处在形成阶段而不可避免的一系列差错与谬误。对于它后来卓有成果的发展来说，1932 年 4 月 23 日联共（布）中央《关于改组文艺组织》的历史性决议〔2，第 5 卷，第 44—45 页〕具有原则性意义，它决定了美学思想在下一个阶段上的发展。

第七章

三十年代至五十年代初的苏联美学科学

苏维埃社会的进一步发展过程充满了重大事件。到了三十年代初，第一个五年计划的顺利完成、富农阶级的被消灭和农业的社会主义改造、新的社会主义经济的形成、统一的社会主义文化的建立——这一切保证为社会主义在我国的完全胜利创造了条件。以"胜利者代表大会"的名称载入史册的共产党第十七次代表大会，新宪法在第八次苏维埃非常代表大会上的通过，以极显著的方式表现了所发生的种种变革的实质，鲜明地标志着我国已进入新的历史发展时期。伴随这些过程而来的是社会主义文化的繁荣、社会主义现实主义艺术的发展、马克思列宁主义原则在美学科学中的完全确立。法西斯德国背信弃义的进攻中断了苏维埃社会的和平发展，全国人民奋起保卫社会主义祖国。流血战争中的胜利和战后年代国民经济的恢复，保证了社会经济与文化的进一步前进。

这些年苏维埃美学科学所经历的途程有这样一个特征：所探

讨的理论问题跟整个社会主义文化中所发生的那些质的变化，跟苏维埃艺术逐步积累起来的那些成就有着牢固的联系。苏维埃美学科学的发展决定于社会主义社会发展的进程，决定于艺术文化在社会过程中的作用与意义的提高。

第一节 三十年代苏联美学的方法论原则的形成与发展

苏维埃美学思想史上的三十年代尚未成为深入研究的对象。只是在不久前，才在《三十年代苏维埃艺术学与美学思想史文集》一书中〔59〕在这方面迈出了第一步。的确，这本文集的某些文章对当时的美学辩论的解释有些片面，而这个时期在我国文学史上的重大意义则要求：无论是对这些年形成的美学思想的优越之处或弱点，都应该尽可能客观地作出评价。

要想在马克思列宁主义哲学的明确的理论基础上制定艺术科学的统一原则，其必要前提和条件是消除二十与三十年代之交表现出来的，年青苏维埃美学科学发展过程中的方法论上的错误与极端。1929 年，阿·瓦·卢那察尔斯基和 П. 列别节夫·波良斯基在语言学家代表会议上的发言，揭开了关于 В. Ф. 别列维尔泽夫及其学派的观点的讨论，后来在共产主义科学院里又继续进行了这一讨论，1930 年在一些主要刊物上发表了一系列批判别列维尔泽夫的文章。除了否定对待艺术现象的庸俗社会学立场的一些极端做法外，在讨论过程中还反映出一种紧迫的需要——要求建立一个创作实践和艺术学实践都能依靠的、统一的理论纲领，一个科学的方法论。

这些年展开的对马克思列宁主义经典遗产广泛而深入的研究与掌握，是就美学理论与方法论原则的发展问题展开的正面理论研究工作的基础。求教于马克思、恩格斯、列宁的著作的做法在这些年成了常事，他们的著述成了专门分析的对象。1932 年出版了列宁著作的第二版和第三版，并开始出版马克思和恩格斯的著作。从 1923 年起，开始发表《马克思恩格斯文库》，从 1924 年起，开始出版《列宁文集》，它对所有社会科学来说都具有重要的方法论意义。在 1932 至 1933 年间，第一次用俄文发表了恩格斯给敏·考茨基和玛·哈克奈斯的信，并再版了马克思和恩格斯就斐·拉萨尔的历史剧《弗兰茨·冯·济金根》给斐·拉萨尔的信——这些文献包含着关于艺术与现实的关系、世界观在艺术创作中的作用、现实主义的性质等一系列重要原理。出版了把马克思、恩格斯、列宁论述艺术的言论加以系统化的文集和选集:《马克思恩格斯论文学:新材料》〔3〕，附有斐·席勒和捷·卢卡奇的评论;《马克思恩格斯论艺术》〔1〕，附有斐·席勒和米·李夫希茨的概括性文章;《马克思恩格斯论艺术》〔2〕，米·李夫希茨编:《马克思主义阐述的艺术与文学》〔5〕;И. М. 奴西诺夫编:《列宁论文学》〔4〕。

在展开的理论工作进程中，一个重要的因素是出版了格·瓦·普列汉诺夫的著作集〔47;48〕、阿·瓦·卢那察尔斯基的著作集〔33;36;37;38〕、米·斯·奥里明斯基的著作集〔46〕、阿·马·高尔基的著作集〔19，20〕、保·拉法格的著作集〔28〕、弗·梅林的著作集〔43〕、罗·卢森堡的著作集〔39〕。之所以求教于经典遗产和著名马克思主义理论家有关艺术问题的著作，是出于这样一种愿望：希图把已经掌握的原理用作美学理论的基础，在深入研究艺术科学的迫切问题时以它们为依据。在这方面，不止一次地出版过卢那察尔斯基的《列宁与文艺学》（1934 年）一书，具有特殊的意义。试图搞出几条艺术分析的理论方法论原则并阐明其意义，这是米·李夫希茨的著作〔30〕、斐·席勒的著作〔54〕、Я. 艾杜克的著作〔56〕以及当时住在苏联的匈牙利美学家捷·卢卡奇的著作〔31；32〕的共同之点。

美学理论借以展开的哲学理论核心和基础是列宁的反映论和整个马克思主义的认识论。这是当时美学的最重要成就之一。二十年代的艺术社会学，一般来说，根本看不起从认识论角度来看的"艺术与现实"问题。既然艺术作品只不过是阶级利益的体现或伪装，既然它的社会职能在于促成阶级的私利在阶级斗争中得到实现，因此，艺术是不是对现实的认识，对这个美学流派的代表人物来说，根本就无关紧要。

阿·瓦·卢那察尔斯基，作为批判庸俗社会学观点这个极端的发起人，为把反映论作为文艺学与艺术科学的基础树立起来，曾做了不少工作。但与此同时，他也最不愿意放弃那种摆脱了庸俗化的社会历史观点和社会学观点中所包含的可能性。在卢那察尔斯基心目中，反映论本身跟历史唯物主义有着紧密的联系。关于列宁的反映论，他这样写道："它注意的，主要的不是作家是什么出身，而是他对社会变易的**反映**；主要的不是作家主观上依附于谁以及他与一定社会环境的联系，而是他对这种或那种历史形势所持的客观性";"在列宁那里,反映论从不意味着与历史割裂,它从来不是靠着同一把钥匙就能开启任何历史局面的抽象图式"〔36,第51—52页〕。卢那察尔斯基要求在辩证唯物主义反映论的基础上建立文艺学,同时并牢记历史唯物主义的基本原则,吸收人员去进行生物学的、心理学的、语言学的研究。

不过,卢那察尔斯基世界观的辩证性和系统性当时并不是所有的理论家都具有。其中一部分人虽说克服了对待艺术分析的社会学立场的极端,但他们所走的道路仍未摆脱某种片面性。譬如,其中有一些人断言:只有认识论才是马克思主义美学的哲学方法论基础,尽管在实际上作为辩证唯物主义与历史唯物主义统一体的整个马克思主义哲学都可以做这种基础。当时哲学科学在解释反映论时的某些简单化做法也对美学产生了不利影响:认识的社会历史性质更多的是作为宣言来宣布,而不是加以揭示;对意识的能动的创造性的改造作用注意得不够;反映成了认识的同义语,而认识却往往被混同于认识的形式之一——科学认识。

И. А. 维诺格拉多夫的《马克思主义诗学问题》一书,系统地叙述了三十年代马克思列宁主义美学的基本思想。他在该书中写道:"艺术对于我们来说,这乃是以具体感性形式对实在的反映,艺术是社会的人对现实的认识"〔14,第294页〕。在确定艺术形象的性质时,他把艺术形象与概念相提并论,力图表明二者的意义相同,坚持认为艺术有无限的认识的可能性。维诺格拉多夫道出的这些思想得到广泛的承认,特别是他对艺术认识的特征的密切注意,艺术党性与阶级性原则的彻底贯彻,以及他对世界观在创作中的作用的理解——这一切使他避免了在研究复杂问题时最明显的简单化做法。不过，如果说艺术的本性仅被解释为认识性的，而艺术形象仅被看作类同于科学认识形式的东西，那么，这仍然证明了立场的局限性。要是把这一原则贯彻到底，那么，科学与艺术的反映对象、使命（认识真理）和内容就必然会合而为一。

的确，美学科学中认识论上的片面性因素并没有获得决定性的意义，也没有获得普遍性，因为，三十年代的美学在批判了庸俗社会学之后，接受了马克思主义理论内部固有的、艺术的阶级性与党性原则，并使之大大深化了。这时，在美学面前出现了这样的必要：第一，必须揭示这些原则的内容，清除其庸俗的简单化的杂质；第二，必须分析艺术的阶级性与党性跟艺术的认识性质、艺术在社会上的作用的联系。正是这些任务决定了对于当时的苏维埃美学来说至为重要的两次讨论的性质：一次是讨论现实主义的性质，另一次是讨论方法与世界观的相互关系。

对艺术发展的实际经验的掌握，以及对马克思列宁主义经典作家著作的细心研究，促使人们把现实主义问题推到美学科学的中心，为建立完整的现实主义理论创造了前提。这种理论的一些要素，早在捷·卢卡奇、斐·席勒、米·李夫希茨的专门分析马克思、恩格斯、列宁的艺术理论观点的著作中，就已有所表达，后来，在三十年代的大量出版物中，这一理论有了必要的系统性和详情细节。尽管后来几十年马克思列宁主义美学的现实主义理论得到急剧的发展，但是三十年代对它的某些问题的探讨，无论是对苏维埃美学来说，还是对社会主义艺术文化的实践来说，都具有远非短暂的意义。

对现实主义的复杂而多方面的种种问题的考察，不付出代价是不行的。譬如，在一些研究工作者中间，捷·卢卡奇的所谓"大现实主义"论就博得普遍的好评。最一般地说，其实质可归结如下：所有真正的艺术，必须承认，都是现实主义的，因为，正是现实主义才符合所有艺术的本性。在这种情况下，现实主义马上得到超历史的解释，因为，在所有时代艺术都是现实主义与反现实主义的斗争场所，而任何艺术现象的意义都决定于：它在何种程度上为现实主义所产生。既然现实主义的原则在十九世纪的批判现实主义中得到经典性的体现，这样，对现实主义的"普遍主义的"解释便使卢卡奇向艺术家提出这样的要求：要把目标集中于上一世纪的现实主义所制定的、反映现实的方法和形式。为此，他受到贝·布莱希特的坚决反对。布莱希特在驳斥他的观点（按照这种观点，"一部作品，只有当它是按照上一世纪资产阶级现实主义小说的模式写出来的时候，才能够被认为是现实主义的"）时，强调指出："要判定一部作品是不是现实主义的，只能够把它跟它所反映的那个现实加以比较"，"在这方面没有任何可资借重的特殊的形式特征"〔12，第 156—157 页〕。

关于艺术方法与作家世界观的相互关系的讨论也跟现实主义问题有密切的联系。A. 高列洛夫和马·罗森塔尔的文章〔17；50〕揭开了这次讨论的序幕。在讨论进程中暴露出两种极端立场。马·罗森塔尔代表其中的一种，即所谓"违反派"（вопрекисты）。他实质上否定艺术家的方法与世界观之间的内在联系，理由是：由于艺术具有自发的认识论的性质，故创作方法自然而然地是现实主义的，甚至可以违反保守的或反动的世界观。这样一来，他和他的拥护者就忽视了世界观在创作中的作用，抹掉了艺术家在世界观方面的成熟性问题。当时的著名理论家 Д. Е. 塔马尔琴柯在同"违反派"论战时公正地指出：这种结论的根据是把"世界观"概念与"政治观点"概念错误地视为一回事，其实，政治观点只是世界观的一部分。塔马尔琴柯论证了世界观与创作方法内在的不可分割的联系，公正地强调指出：方法只有依据受社会历史制约的世界观，才能够得到说明〔52〕。与"违反派"相对立的"感谢派"（"благодаристы"）的观点（И. 奴西诺夫就是为这种观点进行辩护的人物之一）则完全导致一些奇怪可笑的主张，如：认为恰恰是反动的政治观点使得艺术家有可能在艺术中现实主义地反映现实。但是，如果抛开诸如此类的极端，那就必须强调指出：这次讨论的共同结论具有积极的意义。最后，对世界观与方法的相互联系的肯定，促进了艺术方法理论的制定，有助于揭明艺术的党性原则并使之深化。

那些年美学的发展并不局限于讨论上述这些问题。П. Н. 梅德维杰夫的著作〔41〕、Л. С. 维高茨基的著作〔15〕、维·波龙斯基的著作〔49〕专门研究了创作过程，出现了概括性的著作和大量有关现实主义艺术史的文章。美学思想史，首先是俄国革命民主主义者的理论遗产得到开发。

1940 年，M. 敦尼克的《马克思主义美学的基本问题》一文〔23〕对三十年代苏维埃美学科学积极发展的结果进行了总结。该文以简明扼要的形式叙述了三十年代理论思想的基本成果，这些成果证明马克思主义的美学科学已臻成熟，尽管它存在的时间很短。作者写道："美学的基本问题是艺术与现实，艺术意识（艺术创作、艺术感与艺术享受）与存在（自然与社会）的关系问题。"〔23，第 80 页〕该文考察了艺术分析的方法论原则：阶级性、党性、历史主义、艺术反映的特点，以及美学的基本范畴——美、崇高、悲剧和喜剧。结尾，对社会主义现实主义的方法进行了评述。的确，该文也含有不正确的论点。比如，它把哲学发展规律外推于艺术，结果，作者断定：跟哲学上唯物主义与唯心主义的斗争相适应的，是"艺术现实主义"与"艺术唯心主义"的斗争〔23，第 81 页〕。

不过，尽管当时犯有这样那样的错误，我们还是有理由断言：三十年代的苏联美学家们进行了大量的富有成果的工作。他们把美学摆到了马克思主义哲学理论的牢固基础之上，揭明了艺术是现实的反映这一艺术特性，他们使对艺术的阶级性和党性原则的理解具体化了、深化了，他们为深入探讨艺术形象的特点问题、现实主义问题、艺术方法问题做了许多工作。从今天的立场看，那些年的美学提出的某些答案与解决办法可能令人觉得是不言自明的事，但是这恰恰证明当年所做工作的意义与价值。

第二节 社会主义现实主义理论的制定

1932 年，联共（布）中央《关于改组文学艺术组织》的决议〔6〕对苏维埃艺术发展的第一阶段进行了总结。决议确认：像俄罗斯无产阶级作家协会（拉普）、全苏无产阶级作家协会联合会、俄罗斯无产阶级音乐家协会这样一些艺术家团体已经丧失了自身的积极意义，它们"成了狭隘的社团，阻碍艺术创作的急剧发展"。决议中还指出：在苏联的文学与艺术质量上有了提高、数量上有了增加的基础上，出现了围绕着社会主义建设的各项任务，把艺术创作界的知识分子更加广泛地联合起来的条件。由于这种缘故，便出现了一种迫切的必要："把支持苏维埃政权立场并渴望参加社会主义建设的所有作家联合成一个统一的苏联作家协会"并"按照其他艺术种类系列作出类似的改变"〔6，第 431 页〕。决议规划了苏维埃艺术文化的发展远景，确定了艺术家和艺术理论家的基本任务，他们担负的使命是：对已经积累起来的经验进行概括，并确定艺术创作进一步发展的去向。在二十年代至三十年代初这段时期的下半叶，苏维埃艺术发展的客观逻辑本身导致：所有种类的文学、音乐和造型艺术所取得的、具有持久艺术意义的成就，以及年青的苏维埃电影事业非同寻常的腾飞，都跟认识革命社会变革的意义有着密切的联系，并标志着现实主义史上一次质的飞跃。

在三十年代初，为了表达出新的无产阶级艺术的特征，开始越来越多地使用"社会主义现实主义"一语。而且，它基本上被解释为艺术反映与艺术创作的方法，而不是风格。阿·瓦·卢那察尔斯基在苏联作家协会组织委员会全体会议上说道："虽说'风格'一词没有十分精确的、确定的含义"，他还是"十分反对把'社会主义现实主义'这个口号看作风格的定义，因为，社会主义现实主义必须以风格的丰富多彩为前提，并要求这种风格上的丰富多彩"〔35，第518—519页〕。这一立场并没有立即得到普遍的承认，却得到许多艺术理论家与艺术实践家的赞同。

在制定社会主义现实主义理论方面起了重要作用的，是苏维埃艺术的两大著名实践家、理论家和组织者，即阿·瓦·卢那察尔斯基和阿·马·高尔基。卢那察尔斯基强调指出，新艺术"不可能不是现实主义的"，因为这出自革命阶级内心深处的需要，即认识世界和改造世界的需要〔34，第730—731页〕。但这种现实主义有其独特之处，它跟过去的实现主义的不同是由于新的现实的本质，是由于"为社会主义进行英勇斗争"的时代的本质〔34，第730页〕。同时，社会主义现实主义也不是冷淡地描绘发展与斗争的过程，而是"把自己确定为一种积极力量力求过程以这样的方式，而不是以别的方式进行"〔34，第734页〕。"问题不仅在于艺术家能向本阶级的全体成员表明今天的世界是个什么样子，而且在于艺术家能帮助人们认清现实，能帮助培育新人。所以，艺术家希望加速现实发展的速度，并且，他能够通过艺术创作的途径建立一个高于这个现实的、促使人们向上的、使人着眼于未来的意识形态中心……"〔34，第737页〕。根据卢那察尔斯基的主张，社会主义现实主义的积极性与活跃性不仅容许，而且要求社会主义现实主义必须包含革命浪漫主义的要素。

高尔基在写于这个时期的大量著作中揭示了新艺术方法的一系列原则和重要界限。他认为，工人阶级、劳动群众的创造性活动是社会主义现实主义艺术反映的对象。论点的振奋人心、在建设新社会制度的事业中竭尽一切可能地赞助群众——这是社会主义现实主义的本质特征。1934 年 8 月，在莫斯科召开了苏联作家第一届全国代表大会，他在大会上作的报告中说道："社会主义现实主义确认，生活就是行动、就是创造，其目的是：为了人战胜自然力量、为了人健康长寿、为了在地球上生活得极其幸福，而不停歇地发挥人的最珍贵的个人才能，人希望根据人的不断增长的需求把整个地球改造成为团结成一个大家庭的人类的美好住所"〔21，第 753 页〕。社会主义现实主义的这种明确的目的性使它具有了全人类的意义，使它成了世界艺术发展进程中的一个崭新阶段。"社会主义现实主义的目的在于跟'旧世界'的残余、跟'旧世界'的腐化影响进行斗争，在于根除这些影响。但是，它的主要任务是激发社会主义的、革命的世界观和处世态度"〔21，第 431 页〕。在区别批判现实主义与社会主义现实主义两种手法的不同时，高尔基认为社会主义艺术的重要特征是对庄严与豪迈的追求；他表述了社会主义现实主义理论的一个极为重要的原则——通过未来的棱镜来评价昨天和今天。

苏联作家第一次代表大会在社会主义现实主义的原则基础上把全国创作力量团结了起来，成了推动苏维埃文学沿着进一步加强文学与人民生活的联系这条道路不断前进的推动力量，并在制定社会主义现实主义理论方面起了重大的作用。A. A. 日丹诺夫在发言中指出了社会主义现实主义的这样一些特征，如：面向新的主人公——新生活的积极建设者，充满了激情和英勇精神，乐观主义气魄，真实性和历史具体性，从生活的革命发展来表现生活，革命浪漫主义，批判地掌握文学遗产，作家与读者的密切联系，艺术家善于探察我们的明天。社会主义现实主义的基本特征在协会的章程中也有所规定，那里着重指出：艺术作品中形象的真实性与历史具体性应该跟以社会主义精神对劳动人民进行思想改造和教育的任务结合起来。在 C. 马尔沙克、H. 波果金、B. 基尔顺、亚·托尔斯泰的报告和补充报告中，在 Ф. 格拉德科夫、Л. 列昂诺夫、И. 爱伦堡及其他与会者的发言中，都就社会主义现实主义的理论与实践的发展的个别方面，发表了重要的看法。

由于文学在社会主义现实主义方法形成过程中是个主要的艺术品种，所以，对这个方法的理论探讨，以及就当时大多数一般美学问题的讨论，主要是基于文学材料进行的。与此同时，"社会主义现实主义"概念从一开始就被设定为跟所有艺术品种有直接关系的概念。因此，在理论思维面前就提出了一项任务——研究这一方法的普遍原则在各种艺术活动形式中的独特反映。应该促成这一任务实现的，是 1932 年联共（布）中央决议公布后创办的几家刊物（《文学评论家》《艺术》《苏维埃戏剧》《苏维埃音乐》《苏维埃建筑》），以及这时期成立的几家作曲家、艺术家、电影家的创作团体。

除发表有关戏剧中的社会主义现实主义问题的理论文章外（其中包括阿·瓦·卢那察尔斯基的文章〔38〕、И. 阿克辛诺夫的文章〔8〕、A. 阿非诺根诺夫的文章〔10〕），在掌握戏剧中的社会主义现实主义创作原则方面，受到普遍赞赏的康·谢·斯坦尼斯拉夫斯基的演员技巧体系也起了重要的作用。在电影艺术领域，有重大意义的事件是翻译出版了匈牙利理论家 Б. 巴拉什的《影片之灵魂》一书，书中增加了作者特为俄译本写的一章《社会主义现实主义》〔11〕。这本书引起了热烈的争论，在争论过程中暴露出一些电影艺术特有的问题，尽管这些问题并没有得到充分的、一般理论性的解决。苏联电影界泰斗谢·爱森施坦、Д. 维尔托夫、弗·普多夫金、B. 多夫仁柯的创造性的、政论性的和理论性的活动，是电影业界在掌握社会主义艺术方法方面的一个重要因素。

在研究造型艺术中社会主义现实主义的实质与基本特征方面，在 И. 马察的小册子〔40〕中，在 B. 戈波什金、H. 舍科托夫的文章〔16；55〕中进行了初步的尝试。这些作品考察了现实主义与党性的相互联系问题，生活真实与艺术家能动性的相互关系问题，造型艺术的特点问题，并分析了苏维埃艺术与古典遗产的关系。

关于把社会主义现实主义原则应用于音乐与建筑的问题在理论上特别困难，因为，这两门艺术离文学远，它们不是"以生活本身的形式"，而是用特殊的方式反映现实。任务之所以变得复杂起来，是由于在这里现实主义的标准本身是不明确的。在《苏维埃音乐》杂志上发表意见的一些作者（B. 戈罗金斯基〔18〕、P. 格鲁贝尔〔22〕）对音乐同语言、同程序（программа）的联系赋予重大的意义，他们公正地认为，主要问题是探索作品的音乐内容本身的现实主义基础。在谈到美学上对音乐的理解时，必须记住：三十年代——这正是 B. 阿萨费耶夫对音调理论进行紧张研究的年代（他的《作为过程的音乐形式》出版于 1930 年；《音调》写于 1942 年，出版于 1947 年〔9〕），他的思想就是在今天也仍然是苏联音乐学的基础。A. 阿达米扬的美学音乐学著作也是这几年问世的〔7〕。1932 年，卢那察尔斯基对苏维埃建筑学的任务进行了阐述。他反对构成主义与风格模拟两种极端，主张建筑的功能方面与思想方面的统一。在《苏维埃建筑》杂志上，多年来在"功能主义"与"新古典主义"的拥护者之间一直在进行热烈的争论。不过，尽管一些著名的实践家与理论家参加了辩论，尽管看起来普遍都希望搞清并揭明"建筑中的现实主义"这个概念，但是这些讨论并未促成完整而有根据的理论的建立。

除了探讨社会主义现实主义原则在各个艺术品种中的应用外，三十年代的苏维埃美学还做了把社会主义现实主义理论推广于整个艺术文化战线的尝试。И. 越飞在他的《综合艺术史》中，以及在他的接着出版的《艺术之综合研究与有声电影》一书中，就曾做过这样的尝试〔26；27〕。实现这一任务是件非常困难的工作，也正是由于这种缘故，他的著作有一系列重大缺点：既没有克服庸俗社会学的方法论和术语，又杂以片面认识论的处理方法；这些书，在简要叙述全部艺术文化史时明显地暴露出公式化主义的因素。与此同时，越飞却是把社会主义现实主义艺术纳入世界艺术史过程的第一批人物之一。他强调指出，马克思列宁主义哲学的出现，以及社会主义的社会改造所造成的巨大变革，形成了新型的艺术思维，改变了艺术的内容与艺术语言。越飞既把社会主义现实主义看作人类艺术文化中的急剧变革，同时又把它看作以往整个艺术发展过程的总结，他着手分析了社会主义现实主义在文学、造型艺术、音乐、电影等各种苏维埃艺术的实践中形成和表现的规律性。

社会主义现实主义原则形成与发展的历史十分明显地揭穿了资产阶级思想家观点的荒谬，在他们看来，这个方法似乎是来自上面的"命令"，或由几个人"发明的"。社会主义现实主义的形成是社会主义艺术文化、整个苏维埃社会发展的必然结果。苏维埃艺术家在思想上、世界观上、创作上和组织上的团结一致是新艺术的实际发展过程的总结和产物，而社会主义现实主义方法的基本原则和特点的理论表述则是许许多多理论家、艺术活动家与艺术评论家共同努力的成果。（仅指出下面一点就够了：在筹备第一次作家代表大会的短短两年里，就发表了有关社会主义现实主义理论与实践的著作四百多部，至于以后数年发表的大量著作与文章，那就更不必说了。）

社会主义现实主义理论的制定是三十年代美学的主要成果之一。这里鲜明地显示出美学理论跟艺术实践、跟社会实践的联系，显示出苏维埃社会的艺术文化就其表现的独特民族形式来说非常丰富多彩，而在思想上则又是高度的团结一致。

第三节 四十年代至五十年代初苏联美学科学的发展

在战争年代，理论讨论沉寂下来了：所有力量都用来同法西斯主义进行斗争。在战后年代，当人民重操和平劳动时，对美学问题的兴趣重又活跃起来。以三十年代制定的方法论原则为基础，艺术理论家们在战后扩大了他们学术兴趣的范围，新的学术探讨的侧重点有了某种程度的改变。

1946—1948 年，联共（布）中央通过了关于《星》与《列宁格勒》两杂志的工作，关于剧院上演节目，关于苏维埃音乐与电影事业的发展等一系列决议。这些决议除了确认苏维埃艺术的成就外，还指明了当时艺术生活中的缺点，并针对某些文学工作者和艺术活动家进行了批评性的评价。并不是所有这些具体评价都经受住了时间的考验，其中一部分是由对待艺术现象的简单化态度造成的，它们含有命令主义的成分。但是，中央有关艺术问题的各项决议的主要之点在于：确立社会主义现实主义原则，为把艺术的思想内容跟高度的艺术水平结合起来而斗争，为艺术与人民生活的有机联系而斗争。其中，在关于《星》与《列宁格勒》两杂志的决议中强调指出：除了人民与国家的利益外，苏维埃文学没有，也不可能有其他的利益。该决议还对文学的教育任务进行了全面的评述〔6〕。正是对艺术的教育职能（除认识职能外）和对艺术的人民性原则（除阶级性和党性外）的浓厚兴趣，在很大程度上决定了战后十年美学与艺术学探讨的特点。

А. И. 索波列夫的小册子〔51〕对于战后头几年说是很有代表性的。在强调艺术活动的上层建筑与意识形态性质的同时，作者把主要的注意力集中在艺术的认识论问题上。在把反映论用作建立科学艺术理论的基础时，他在科学活动与艺术活动之间画了等号。在他看来，二者认识的是同样的客观世界规律，只是所取形式不同而已。由于这种缘故，索波列夫把艺术真实视为客观真理的等价物和艺术进步的基础。他断定："归根到底，科学与艺术的内容是相同的，因为二者的认识对象是一个，即实实在在的客观现实"〔51，第 12 页〕。

1954 年出版的论文集《马克思列宁主义美学的若干问题》一书使人对五十年代初美学科学的问题范围有了一个概念。该书注意的中心点是揭明艺术的阶级性和意识形态性，把艺术看作社会意识形式和意识形态上层建筑的一部分。同时也批判了对社会意识形式与意识形态上层建筑之间的相互关系，对上层建筑与基础之间的相互关系的简单化观点。对于当时的美学来说，一个最重要的问题是作为现实主义艺术之原则的典型化问题，在现实主义艺术中，现实主义与党性、艺术的认识职能与教育职能结合成一体。"典型化……不单纯是向艺术提出的一个要求，而是具有客观性质的……现实主义艺术的规律。典型问题是社会主义现实主义的中心问题：关于艺术概括与艺术党性的问题正是在这里得到解决的……"〔45，第 45 页〕。

必须注意，在当时，某些理论家与艺术实践家曾就社会主义现实主义艺术中的典型问题发表过简单化的见解。譬如，社会主义现实主义在进行典型化时允许"夸张"，他们从这一原理得出结论说：艺术在创造正面人物形象时似乎可以把实际困难和生活问题置之度外。在把这种思想体现于艺术实践时，就有把理想跟现实割裂、"粉饰现实"、使艺术失去生活真实等危险。有人认为，只有那符合新制度本质的东西才应由艺术加以体现，因而，在艺术中不应描绘生活的消极方面并对之进行批判——这些思想也同样是片面的。从这里到所谓的无冲突论只是一步之差，无冲突论的基本原则是"优秀者与良好者进行斗争"。

苏维埃艺术就其最优秀的样板来说并未走上这条道路。美学科学也否定了这种简单化的做法和对艺术活动的片面解释，并迅速求助于辩证法来解决典型问题，同时强调艺术家必须深入历史发展进程，在概括现实时必须对现实持积极的创造性的态度。

三十年代对艺术的人民性原则的探讨与具体化曾给予不少关注，在战后时期，这一原则获得了特殊的意义，并成了艺术评价和古今艺术分析中的决定性原则之一。艺术文化中民族因素与国际因素的统一与相互联系问题在理论研究中占有重要地位，这个问题在理论上具有很大的重要性，在实践上具有紧迫性。关于苏联各族人民艺术的民族特点和一般特点的问题当时是人们关注的中心。此外，社会主义现实主义在实践中成了国际性的艺术方法。人民民主国家的艺术家和资本主义国家的许多进步艺术家都求助于这一方法。当时必须搞清楚在统一的艺术方法范围内一般与特殊的相互关系，必须找出在不同的国家里这个方法产生与发展的客观基础，必须确定社会主义现实主义在广阔的世界进步艺术运动中的地位。

这时开始了把美学理论及美学理论教学加以系统化的工作。从1948年起，开始制定高等艺术院校美学教学大纲。

美学学说史领域的研究工作继续进行。Б. С. 梅依拉赫的小册子《哲学争论与美学研究问题》〔42〕于1948年问世，这是对哲学史科学问题讨论的反响。书中考察了美学史领域研究工作的基本原则，批判地评价了以往的经验。对于掌握俄国美学思想史和苏联各族人民的美学遗产，赋予重大的意义。这里不能不想起 **Б. И.** 布尔索夫的著作《俄国革命民主主义者美学中的现实主义问题》〔13〕。俄国革命民主主义者的学说被视为马克思主义以前美学思想的顶峰，对他们的美学原则和基本美学原理的分析会促进对迫切理论问题的进一步深入研究，当然，在这样做时，不能抹去革命民主主义者的学说与马克思列宁主义美学之间的质的界线。

Г. А. 涅陀希文的《艺术概论》〔44〕一书的出版成了那些年美学文献中令人瞩目的现象。该书考察了艺术的特征，艺术与社会生活的联系的特点，现实主义与社会主义现实主义的问题。揭明艺术的认识论职能（认识职能）的特征，是那些年涅陀希文给艺术本质所下定义的基础。同时他也强调艺术的阶级本性，艺术借助于想象与幻想，"总是通过自己的形象表现出某一阶级，某一社会集团的观念、愿望、思想与情感"〔44，第52页〕。根据作者的想法，现实主义最充分地体现了各种艺术的本质，他在评述现实主义时所持的出发点是：现实主义实现了艺术与现实的关系的唯物主义原则。涅陀希文探讨了全部艺术史上现实主义跟非现实主义流派的斗争，就像哲学史上唯物主义与唯心主义的斗争那样。在这后一个论题上，可以听到拉普派把哲学方法与艺术方法混为一谈的论点的回响。

1954年召开的第二届苏联作家全国代表大会是我国的一个重要事件，它仿佛不仅对文学的理论与实践，而且也对整个艺术文化的理论与实践进行了总结。它表明：在思想斗争与紧张的创作探索的进程中，苏联文学已制定出颠扑不破的美学原则，并彻底实现了为社会主义社会的利益、为全体人民的利益服务的宗旨。

三十年代至五十年代初这段时期，为制定美学理论的基本原则作出了令人瞩目的贡献，并为苏联学者在以后的岁月里进行范围广阔而又紧张的工作创造了前提条件。

第八章

——

五十年代中期至七十年代中期苏联美学的发展

——

从五十年代中期到七十年代中期这段时期，无论在我国或在国际舞台上，都发生了一系列重大的社会历史变革。社会主义国家的友好团结得到巩固和发展，社会主义思想在全世界的影响大大增强，作为地球上和平与社会主义的真正堡垒的苏联，其威望不断提高。在这些年里，苏联的经济潜力大大加强，社会主义民主完善了、发展了，科学达到新的高度，为人类铺设了通往宇宙的道路，多民族的苏维埃艺术取得新的成就，更加丰富多彩。

在苏共代表大会的决定中，在党和政府的文件与决议中，对我国社会的生活与活动进行了全面的分析，并规定了任务，为完成这些任务，苏联人民进行了不懈的努力，以期沿着通向共产主义的道路进一步胜利前进。1961 年，在苏共第二十二次代表大会上通过了新的苏共纲领，它确定了我党在解决国民经济课题与社会文化课题方面的战略。苏联建国六十周年前夕，在第九届苏联最高苏维埃第七次非常会议上，通过了苏联新宪法。

列·伊·勃列日涅夫在确定它的社会历史意义时指出："新宪法——这是苏维埃国家六十年来整个发展进程的集中总结。它鲜明地证明：十月革命宣布的思想、列宁的遗训正在成功地变成现实"〔5，第 2 卷，第 347 页〕。

我们所考察的这个时期全部充满了社会历史的大改造，在这种条件下，社会主义文化与艺术的作用与意义大大增长了，这不能不是马克思列宁主义美学进一步创造性发展的强大推动力量。最近二十五年来，苏维埃美学科学依据已经取得的成果，大大扩展了自己的研究领域，它同其他学科之间的联系开始更加急剧地发展起来，它的理论内容明显地愈加丰富。

但是，这绝不意味着：苏联美学家所做的工作已使最近几十年来科学发展过程中提出的所有问题全部得到解决。我们将会看到，就是今天，在七十年代，学者们面前也摆着许多没有解决的问题，要想顺利地解决它们，就得靠专家们的集体努力。而且，不仅需要从美学本身的论题范围去研究，也需要从学科与学科之间的联系的角度进行综合的研究。不过，这段时期走过的道路证明：苏维埃美学科学无论在解决基本问题方面或在解决应用问题方面，都向前大大地迈进了，它已积累起丰富的方法论经验，并能成功地解决在它面前提出的种种课题。

最近几十年来苏维埃美学发展的基本趋向，归结起来，首先有这么几个：（1）它的方法论基础深入化了；（2）它的范围扩大了，理论内容丰富了；（3）对蓬勃发展的社会主义艺术与文化的经验进行了概括，对世界艺术过程的一般规律性进行了阐述与分析；（4）美学学说史领域的研究范围扩大了，对现代资产阶级理论与修正主义理论展开了批判；（5）马克思主义美学家同所有具有进步思想的学者的接触与联系加强了、发展了，马克思列宁主义美学在全世界范围的威望与影响日益增长。

　　最近几十年来，苏维埃美学科学的许多特征和特点表现得极为鲜明。苏联作者的著作〔7；9；15，第9辑；24；50；63；65；67；69；83；94；96〕，以及1977年第12期《哲学问题》杂志上发表的概述性文章《马克思列宁主义美学研究》，都对这些特点、特征进行了考察与分析，这样，我们在概括复杂的、有着大量考察结果与结论的理论材料时，工作就大大地减轻了。

第一节　马克思列宁主义美学方法论基础的深刻化

　　方法论问题一向是苏联美学家注意的中心。这从苏维埃美学史中可以看出来。从二十年代开始直到五十年代中期，美学界经常就研究的原则进行讨论与争辩，其目的归根到底是要确立马克思列宁主义的方法论。为马克思列宁主义理论的纯洁所进行的斗争，对资产阶级与修正主义理论的彻底批判，在五十至七十年代达到更大的规模，而这一切则又决定于对方法论问题进一步深入的探讨和美学科学的理论成熟程度的提高。

　　为适应艺术实践的需要，为彻底解决被世界舞台上尖锐意识形态斗争形势提到首要地位的那些课题，马克思列宁主义美学从三十年代起便开始把世界观、意识形态问题摆在最重要的地位，并在研究艺术的阶级性、党性与人民性方面积累了大量经验。美学著作的主要侧重点放在艺术应有认识、有理解地反映现实现象这一点上，由于这种缘故，与艺术家的认识活动有关的问题被提到首位，研究了这种活动的特点以及进行这种活动时所取的方式。在这方面，五十至七十年代取得了重要成果，这些成果揭明了列宁反映论的方法论意义，表明了艺术家创作活动的复杂性与多面性，确定了作为艺术形象——艺术思维的独特表现形式——之标记的一系列重要特点与征状〔6；7；8；48；50；60；65；67；70；75；83；86；87；93；94；97〕。

与此同时，早在五十年代下半叶，在当时问世的一系列著作〔53；54；64；95〕中，就已经鲜明地表现出这样一种倾向——扩大研究工作的方法论基础，寻求不仅以认识论为依据，而且以马克思列宁主义哲学的其他部分为依据，去更加广泛、更加全面地把握问题的途径。从这里应该看出在不同的方面和在不同的水准上表露出来的一种愿望，即渴望更充分地利用马克思列宁主义哲学的方法论潜力，更深入地钻研那些决定美学科学之发展的理论原理。在这些年里，А. И. 布洛夫的专题论著引起一次最大的论战。该书提出了这样的问题：美学所研究的现象的特点，以及艺术反映现实的形式（艺术形象的反映）对艺术家的认识对象的特点（艺术的对象的特点）的依赖性。

如果不涉及上述问题的理论方面，我们就会看到，在方法论方面，这里表现出一种愿望——想彻底贯彻这样一条原则：反映形式对于意识所反映的客体的属性有一种因果依赖关系。既然像历次开展的讨论的进程所表明的那样，这样的客体归根到底就是与世界有着多种联系的人〔52；54；64；83；90〕，因此，美学的兴趣也就日渐移到人的方面，人与现实的关系方面，把人网罗其中的那些社会历史联系与关系方面，也就是决定着人对世界的情绪反应、情感反应的内容的那些社会历史联系与关系方面。在这种意义上，我们可以说，对艺术家意识领域的研究的逻辑本身导致：必须看到与社会生活有着多种联系的艺术家的创作方向与创作意图的根源，因为，正是社会经验归根到底决定着艺术家世界观的特色。同样地，艺术的主要对象——人——也只能表现为具体历史的人，表现为以自己的特性与特点反映出实际社会实践经验的个性。

1960 年 B. Π. 杜加林诺夫提出的价值理论研究〔92〕，也应该从美学方法论问题发展的总轨道来考察。尽管美学文献中〔7；9；89〕对它的解释各有千秋，但在这个理论中毕竟明显地流露出一种倾向：想从个人社会经验能对意识进行内部调节（这种调节在一系列著作中得到价值定向的名称）这个着眼点出发，来考察艺术创作过程，来考察人对世界的情绪、情感（审美）态度。六十年代围绕着上述论点展开的讨论最后终于使人承认：这样的调节在人对现实的理解与评价中确实是有的，它特别明显地表现在审美态度与艺术创作中。从方法论方面来看，价值理论（价值说）加强了研究工作者对意识的内部定向的性质、对创作意图的方向性的兴趣，他们在某种程度上把创作意图的方向性跟社会历史实践（作为不断形成的个人需要与需求的客观基础）对这些过程的因果制约性联系在一起。

美学方法论问题发展中的上述那些趋向表现了一种总的趋势：从分析艺术家意识的内部特性转到研究制约着艺术家活动的社会历史的规律性。而这种情况则又推动人们去探讨如何从方法论上把认识论问题与社会学问题综合在一起，并使人们对社会学研究〔73〕的兴趣，对二十年代建立艺术社会学的经验〔46〕的兴趣浓厚起来。希望利用马克思列宁主义哲学各个组成部分的完整而不可分割的统一体中所蕴含的，在解决方法论问题方面的、极其丰富的可能性——这种愿望，从六十年代中期起，特别是在七十年代〔7；55；59；60；65；68；70；91；94；97〕，当对艺术历史发展的规律性的兴趣高涨起来的时候，便特别彻底地表现了出来。在这方面，由于美学跟文艺学与艺术学一起转而把艺术中的现实主义作为历史现象加以考察〔38；44；62；69；80；84〕而取得了重要的成就。在此基础上，才有可能克服以前关于现实主义是艺术反映现实的永恒原则的种种说法，这些说法曾导致把艺术史解释成现实主义与反现实主义的斗争。

更充分更广泛地掌握哲学中蕴含的方法论可能性——美学向着这个方面的发展在这些年里又充实以从哲学到美学的反向运动，这种反向运动在 Г. Н. 沃尔科夫、А. В. 古勒加、Э. В. 伊里彦科夫、П. В. 考普宁、И. С. 纳尔斯基、В. П. 杜加林诺夫以及一系列其他作者的著作中表露了出来。指出下述一点也是很重要的，即马克思列宁主义美学在方法论方面的成熟性进一步提高，跟深入研究马克思、恩格斯、列宁的经典遗产有着极为密切的联系，这种情况在一系列专题著作〔38；42；43；44；47〕中得到了反映。

美学中方法论问题的发展不仅决定于它与哲学的相互作用，而且也决定于它与其他科学的日益扩大的**联系**，即学科之间的**联系**。人文科学与自然科学的蓬勃发展，它们研究范围的扩大，导致这样的局面：除艺术学科、文艺学与语言学外，历史与辅助性历史学科，考古学与民族志学，心理学与生理学，数学与物理学，技术科学与一般性科学理论——符号学、信息论、控制论、系统论，等等，都在一系列理论问题上跟美学有了毗连关系。这影响到美学的问题范围，决定了一些局部性讨论与争论的内容〔17，第 2 辑；23；71；74；78；81；94〕。

为了协调学科之间对艺术问题的研究，在苏联科学院世界文化史学术委员会下成立了艺术创作综合研究专门委员会，它开始就组织学术讨论会、出版丛书展开工作，这些出版物专门论述学科间研究、综合研究的经验〔23〕。与此同时，只有方法论问题的**进一步发展**才能保证各不同专业学者的合作富有成果，以方法论问题为基础，合作就会取得一致性与有效性。由于这种缘故，美学作为一种负有使命在**综合研究**范围内实现其方法论职能的哲学学科，其作用将变得更加重要。Ю. Я. 巴拉巴什公正地指出："在这个或那个地段上过渡到对艺术的综合研究——这乃是一种飞跃，这样的飞跃需要大规模的准备工作。只有在对局部问题进行了最大限度的精心研究之后，只有弄清了关键性的方法论立场并使之精确化之后，这种过渡才有可能"〔50，第 397 页〕。

第二节　马克思列宁主义美学理论内容的发展

决定五十至七十年代马克思列宁主义美学理论内容之发展的那些过程，起源于对以前积累的材料进行概括的经验和以前对美学科学结构的探讨。在 1948 年第二、第三期《哲学问题》杂志上，发表了马克思列宁主义美学原理教学大纲（草案），然后便开始对它进行讨论。这些发言应该说是苏联学者系统研究美学科学理论内容的开端。从 1950 年开始，为这个题目的第一本教科书做准备的专家集体继续进行系统研究。1951 年至 1953 年，该书的某些章节以压缩的形式在《艺术》杂志上发表，1956 年该书〔14〕第一版问世。以后，系统叙述马克思列宁主义美学原理的工作继续进行，有的是以作者集体的形式〔11；12；13〕，有的是一些专家独自进行的〔6；7；8；9；10〕。

学者们在美学科学发展的新阶段上面临的首要任务之一是确定美学对象的特点。1956 年，在《哲学问题》杂志第三期上发表了讨论这个问题的材料，这些材料表明当时所发表的见解远不是涵义相同的。不过，从这次讨论的总结中，从对单剔出来的问题的进一步讨论中，就已经可以清楚地看出：在这个时期，关于美学对象范围的概念大大扩大了。

在结构方面，美学的理论内容似乎被分成四大部分：属于第一部分的是这样的问题——它们**跟考察艺术创作范围之外的审美现象有关**；属于第二部分的是艺术的**一般性问题**，它们论述的是艺术的本质、特征、职能作用的特点，以及艺术与其他社会意识形式、与其他种类的创作、与其他精神活动形式的相互联系与相互作用；属于第三部分的问题跟研究艺术的种类、艺术种类的区分、相互影响与内部联系等有关；属于第四部分的问题所研究的是艺术历史发展的规律性、艺术创作的历史形式、方法与风格。迄今为止，美学中研究得最少的是与艺术种类的研究有关的那一部分〔6；11；12；14；71〕，研究得很不够的依然是世界艺术过程的规律性〔48；50；55；57；59；65；93；94；97〕，尽管与这个问题范围有关的某几个问题（艺术中的进步概念、创作方法概念、艺术思维的历史形式概念）曾在文献中提出过并分析过。一些人文学科的大学者——艺术学家、文艺学家、历史学家，如：Б. В. 阿萨费耶夫、А. А. 安尼克斯特、Г. Н. 波亚吉耶夫、Б. Р. 维别尔、Р. И. 格鲁贝尔、В. М. 日尔孟斯基、Н. И. 康拉德、Д. С. 李哈切夫、А. П. 奥克拉德尼科夫、М. Б. 赫拉普琴柯以及其他许多人，为深入研究美学理论的上述各个部分作出了重大贡献。在我们所考察的这个时期里，А. А. 阿达米扬、М. М. 巴赫金和 Л. С. 维高茨基的先前没有发表过的著作的出版具有重要意义，这些书对美学科学的发展产生了无可置疑的影响。

苏联学者总是以马克思、恩格斯、列宁的经典遗著为依据，对时代的要求作出积极反应，对理论问题予以全面的发展。最近几十年来他们使有关审美态度与艺术创作的知识，使有关这二者的本性与实质的知识大大深刻化了，他们扩大了自己研究的对象范围，在把已经积累起来的知识系统化并把它们完整地有内在联系地组织起来方面取得了显著的进展。

美学研究范围的扩大不仅要求增加科学知识的数量，而且也要求进一步深入研究美学的全部术语。譬如，"审美"（эстетическое）这个概念在这些年里便得到公认，大家开始用它来表示属于美学研究范围的现象与过程。不过，这个术语的提出需要进行理论论证，需要揭其内容，也需要确定现象与过程中的那样一些独特的属性与特征，这些属性与特征应能为这个术语的使用提供客观基础。在五十年代，部分地是在六十年代，围绕着这些问题展开了争论。争论的结果，出现了两种基本观点。一种观点是把"审美"概念直接用于感受的对象，把它看作自然界和周围实物世界所客观具有的审美属性的确定（拥护这种观点的人在美学文献中得到了"自然派"的称号）〔61；75〕。另一种观点是把这个概念用于人与周围环境之间所发生的种种关系的内容，而且，这些关系本身被看作是由于社会的发展而历史地形成的，也就是说，被看成社会的、具体历史的人的关系（拥护这种观点的人得到了"社会派"的称号）〔52；54；90〕。有一本集体著作〔96〕专门对这次讨论进行了总结，而对它的评价与分析，则在教科书中〔7；9〕和在学术文献中〔21；65；83；88〕都有所反映。在以后的年代里，继续对这个概念做了更明确的规定〔6；7；9；10；66；72；74；83；89〕，大多数作者已开始透过对人及其与周围现实界的关系的具体历史的评述——这个棱镜来看"审美"这个概念了。

这个领域研究工作的积极化具有深刻的实践意义，这种深刻实践意义是由教学实践的需要、发展广大民众审美素养的种种任务决定的。苏共新党纲中提出了这些任务，在 1963 年于莫斯科召开的第一次全苏美育问题学术讨论会上，又对这些任务进行了广泛的讨论〔85〕。

马克思列宁主义美学概念工具的制定不仅跟"审美"概念的提出有联系，而且也跟对"美"与"丑"、"崇高"与"卑劣"、"悲剧"与"喜剧"这样一些传统范畴的内容的理解有联系〔6；7；8；9；10；11；12；13；14；18；19；21；24；52；54；66；67；72；88；89；92〕。而且，在七十年代还特别表现出这样一种趋势：寻求对美学范畴进行**系统考察**的原则，扩大概念与范畴的内容，研究美学范畴跟哲学范畴、跟艺术学与文艺学的概念与术语的联系。与此同时，还必须指出，这时系统方法也被用来研究广泛的、美学所考察的问题。

与前些年不同，这个时期开始对艺术现象的本质与特点问题给予特别的注意。在这个意义上特别值得注意的是五十至六十年代展开的关于艺术对象的讨论。一些作者持这样的立场：艺术的特征跟艺术思维形式的特点——艺术形象有联系；另一些作者则认定：艺术思维形式取决于艺术家的认识对象。在前一种情况下，艺术对象的特征被否定了〔75〕，在后一种情况下，则对艺术对象的特征做了各种不同的定义〔53；64；83；90〕。这次讨论的结果是：大多数美学家都承认艺术有特殊的对象，而且它的特征在某种程度上跟人，跟人对世界、对周围现实的、受社会制约的关系有关。对艺术的特征、本性与实质，在以后的年代里也继续进行了研究〔15；17；18；19；20；21；24；60；65；67；

68；70；77；81；86；87；89；91；93；94；97〕；同时也考察
了内容与形式、方法与风格、语言的形象性与约定性问题，以及
天赋、创作才能、艺术思维、情感及其他许多问题。

在考察艺术的一般性问题时形成的基本趋向是：第一，跟
问题的分解、分割有关，这使人能够更加详细地研究所考察现象
的细节；第二，跟增长了的对社会方面（艺术的社会本性、社
会对创作过程的制约性、艺术作品的社会职能）的兴趣有关；第
三，跟问题的哲学分析所起作用的提高有关，围绕着哲学分析，
组织起具体社会学研究、心理学研究、艺术史研究等一整套研究
系统。

美学力求充分把握所有问题，它把像"党性"与"阶级性"
这样一些具有原则性重要意义的范畴的分析与制定作为自己研究
工作的根本，它丰富了关于艺术的人民性、关于苏维埃艺术创作
的民族特点与国际性方向的知识，它展示了世界观在艺术家活动
中的决定作用，表明了这些根本性问题跟所考察的全部现象的不
可分割的联系。这里表现出苏维埃美学家们在处理所研究的问题
时的阶级立场，表现出苏维埃美学科学的党性、科学的客观性和
它在方法论方面的成熟性。美学在拓展理论研究领域并使之深化
时，总是从社会主义社会精神文化的发展中提出的种种实际需要
出发，由于这种缘故，像社会主义现实主义理论的进一步深入研
究、对资产阶级艺术文化的批判等这样一些重要问题便成了大家
注意的中心，这些问题成了世界艺术过程研究、艺术与文化当前
发展阶段研究中的一个重要部分。

第三节　马克思列宁主义美学与共产主义建设实践

我国共产主义建设的实践经常向苏维埃美学科学提出新的越来越复杂的任务。新人的造就与培育，他在精神文化、社会成熟性、创造性、积极性等方面的提高，都要求广泛开展思想教育工作，在这项工作中美学也起有不小的作用。美学的职能包括对审美教育实践进行概括和理论说明，建立可供苏联美育体制用作依据的、经过科学验证的理论。

这里，苏联美学家们最近若干年来做了不少工作，这些工作跟教师、教导员、进步艺术文化宣传工作者的实践活动密切地交织在一起。在最近几十年的大量出版物中，积累了丰富的理论材料，这些材料使人能够确定审美教育的基本原则、形式和方法（6；7；8；9；10；17；18；19；21；24；41；61；73；83；85；88；89；96〕。美育理论当前发展阶段的特点不仅是与实践紧密结合，而且是力图建立一个完整的知识体系，力图弄清基本的原则，力图把握美学文化传播和发展的所有领域，这些领域包括劳动、生产与日常生活环境、人的行为与外在面貌、人的内在属性与品格。

苏共新党纲，苏共第二十三、二十四、二十五次代表大会的决定，党和政府的决议，成了美育理论发展的强大推动力量，它们体现着党和政府对苏维埃人的精神发展、对苏维埃人创造性力量与才干的全面繁荣的关心。

在苏联美学家的研究中具有特殊意义的，是对社会主义现实主义理论进一步深入的探讨。接过了三十年代的接力棒后，他们在五十至七十年代把自己的注意力集中于：广泛而多方面地揭明苏维埃艺术的发展过程，揭明那些能够证明世界艺术文化已发展到新阶段、苏维埃艺术具有进步性质和对未来的向往的质的特征。在我们考察的这个时期，对社会主义现实主义的不同方面、不同界域的研究不断地为新的考察材料、新的结论所扩展、所丰富。这项研究基本上是循着四个方面进行的。

第一，对社会主义现实主义的个别方面和质的特征的研究有了蓬勃的发展。这些个别方面和质的特征有：世界观方面的深刻，彻底的党性和阶级性，人民性与国际主义，在受社会主义现实制约的、内容大统一的条件下民族风格与形式的丰富多彩，发展的物力论，对生活的积极态度，乐观主义，对人和人的创造能力深信不疑，人道主义和社会主义的倾向性，评价的实事求是与客观性，始终不渝地为社会进步而斗争，以及许多别的〔42；50；65；76；94〕。

第二，1972 年苏共中央《关于文艺批评》的决议中指出，必须进一步深入研究苏维埃艺术积累的经验，发展社会主义现实主义的理论。在这方面，重要的是编写有关社会主义现实主义理论的概括性著作，于是，这一工作也就作为对苏共中央指示的直接响应而大力开展起来。因此，那些把理论研究成果加以系统化的著作〔44；65；69；80；94〕，那些把艺术实践经验加以概括的著作的问世，应该作为社会主义现实主义理论发展中的重要里程碑予以指出。从这个角度看，Д. Ф. 马尔科夫表述的社会主义

现实主义的定义具有特殊的意义，他把社会主义现实主义定义为
"历史地发现的体系"〔80〕，这个定义曾被用来对抗修正主义的
"无边现实主义"论和教条主义的下述论点——社会主义艺术是
一度形成的、不再发生任何变化的、描写现实的"种种规则"的
总和。

第三，对苏维埃艺术在发展过程中积累的经验的研究与概括
开始变得丰富多彩：不仅与美学领域有关，而且也与艺术学、文
艺学、艺术评论有关的大量文献，在它们的分析中都揭示并表明
了社会主义现实主义的多面性。属于这类文献的有：专门论述某
某艺术家的理论观点与创作立场的著作，专门阐述某些艺术现象
在社会主义艺术发展中的意义与作用的著作，专门分析某些倾向
与风格流派、专门研究艺术家的题目选择与创作探索的著作。在
1972 年苏共中央《关于进一步发展苏联电影事业的措施》的决
议中，指出了艺术活动家们应该集中注意的重要问题。这一决议
使理论的发展活跃起来，引导它致力于分析和解决艺术创作中提
出的实际问题，致力于加强艺术评论与美学这两个认识艺术实际
发展过程的工具的效能。

第四，由于苏联已进入新的历史阶段——发达社会主义时
期，在新的历史条件下对艺术进行研究已成了十分迫切、非常重
要的事情。美学家们分析这类问题的著作〔65；79〕，为进一步
研究苏维埃艺术与整个社会主义艺术文化的发展过程展示了重要
的远景。

对现代资产阶级艺术进化过程的分析依然是马克思主义美学

家研究工作中的一个重要方面。在现代意识形态斗争的形势下，揭露资产阶级艺术文化发展的基本趋向，批判各种反动流派，全面分析使资产阶级的世界观与艺术必然陷入危机的那些历史规律性，全面分析使他们必然背离现实主义传统、否定过去经验的那些历史规律性——乃是确立共产主义理想、肯定社会主义艺术进步倾向的不同形式。在我们考察的这个时期，还有大量哲学美学文献、文艺学与艺术学文献也专门论述了这些问题。

在评价这个领域的成就时，应当指出：所发表的著作在方法论上的成熟性已经有所提高，所考察的艺术现象有着广泛的全面性，所作出的结论理由充足、根据确凿、令人信服。这个问题的新的发展阶段的特点之一是力图全面而完整地把握精神文化与艺术的发展过程，建立一个得到全面发挥的深刻的社会主义现实主义理论，同时这理论又顾及苏维埃艺术发展的全部行程，苏维埃艺术家和其他国家社会主义现实主义代表人物在社会主义现实主义产生和发展的全部历史上所积累的全部经验。

第四节　美学思想史的研究

在我们描述的这个时期，关于世界美学思想史的知识大大地丰富了。有一些专题学术著作专门研究俄国革命民主主义者，古代、中世纪和近代，特别是启蒙运动时代的美学思想代表人物，以及十八世纪末至十九世纪初的德国古典美学。除这些专题著作外，还广泛地展开了对整个世界历史时期内理论思想发展过程的研究。在这方面，十分重要的是五卷本的《美学史·世界美学思想文献》的出版〔27〕,《哲学遗产》与《美学史文献资料》这两套丛书中某些著作的问世,以及《世界美学思想与批评思想文献》这套丛书中某些著作的问世。这些出版物大大扩大了美学史领域的知识范围,使读者读到了以前没有译成俄文的或在苏维埃时期没有重印过的许多著作。在 B. M. 阿斯木斯、A. Φ. 洛谢夫、M. Φ. 奥夫襄尼克夫以及一系列其他作者的著作中,对美学思想发展中的各个历史时期进行了分析,这样就为美学史的研究进一步转到再现美学学说历史发展的完整图景做好了准备〔30;32;33〕。对美学理论发展过程的广泛概括,跟对俄国美学史的研究〔29;35;37〕,跟对白俄罗斯〔28〕、外高加索各共和国〔25〕、亚美尼亚〔34〕、立陶宛〔26〕、土库曼斯坦〔36〕美学发展状况的研究也有关系。

对马克思、恩格斯、列宁经典遗产的研究,对马克思列宁主义美学形成和发展的历史过程的分析,对于美学史研究的发展来说,具有特殊的意义。这些研究基本上都是专题论著性的。在六十至七十年代,出版或再版了这样一些著作,其中有的是专门论述马克思、恩格斯和列宁的美学观点〔38;42;43;44;47〕,有的是研究马克思主义美学思想的著名代表人物——保·拉法格、弗·梅林、格·瓦·普列汉诺夫,列宁的学生与战友——瓦·瓦·沃罗夫斯基、阿·瓦·卢那察尔斯基、米·斯·奥里明斯基、斯·格·邵武勉以及其他许多人的美学观点。从六十年代起,开始研究马克思主义美学思想史〔47〕及苏维埃美学思想史的几个发展阶段〔39;40;41;45;46〕。这一切大大丰富了苏维埃美学的方法论知识与理论经验。马克思、恩格斯、列宁著作的多次再版——如《马克思恩格斯论艺术》两卷集于 1957 年、1967 年、1976 年的多次再版,《列宁论文学与艺术》于 1960 年、1977 年的再版——并在每次再版时都充实以新的材料,这无论对于研究他们的艺术观点或对于宣传他们的理论原理与结论来说,都具有原则性的重要意义。

这些年美学史研究中总的趋向是:力求把握美学思想发展的完整图景,揭明马克思主义美学所由之出发的那些进步传统,描绘那些由于马克思主义的出现和真正科学的马克思列宁主义艺术学说的发展而在科学中引起的质的变化。

在我们考察的这个时期,美学思想史发展中的一个重要方面是:有关分析与批判现代资产阶级美学理论的工作扩大了范围〔16;22;24;65;93;94;97〕。这里最充分地表现出苏维埃美学科学在方法论上的成熟性,它揭露了资本主义国家广泛流行的理论与观点的资产阶级唯心主义反动本质,揭露了它们在解决重大根本问题时的束手无策,以及它们在处理所使用的材料与事实时的故意歪曲和专横武断。对资产阶级和修正主义美学理论进行令人信服的批判是现阶段意识形态斗争的重要领域之一,苏维埃美学科学在自己的进攻性批判中揭穿了那些旨在保护与确立反动思想的荒谬论点,从而向全世界暗示了美学研究的真正科学基础——马克思列宁主义方法论的优越性。

第五节　国际舞台上的苏联美学科学

马克思列宁主义美学的发展并不仅以苏联进行的那些研究为限,它包括世界上许多国家,从而表现出从资本主义向社会主义与共产主义过渡时代的基本趋向。在世界社会主义体系的各个国家中，早已形成协同研究的传统，马克思主义美学家们广泛参加苏联和其他社会主义国家举行的所有最为重要的学术讨论会、科学报告会，苏联美学家的著作经常被译成社会主义各国人民的语言，苏联也经常出版其他国家马克思主义美学家的著作。这种专家们互相丰富、互相影响的过程令人信服地表明：马克思列宁主义美学的发展早已超出单独一国的范围，并变为具有世界历史意义的、实实在在的文化事实，因而它体现着世界美学思想发展中的一个崭新阶段。

马克思列宁主义美学在全世界的影响日益增长，这是由它严格的科学性、分析的深刻性、思想与理论原理的进步性决定的。马克思列宁主义美学依据马克思列宁主义的方法论，表达工人阶级、劳动群众的世界观立场，以严格的党性与阶级性原则为依归，在全世界范围内捍卫着、维护着进步事业的利益，让精神文化达到真正繁荣、让人身上蕴含的全部创造力量发挥出来这一事业的利益。在争取真正科学的美学原则、争取社会进步、争取人类精神文化的进一步发展的斗争中，领导斗争的主要队伍是苏联美学科学的代表人物。

在国际性的学术会议上，他们正是从这种立场出发的。他们把争取社会进步、争取科学分析原则的进一步发展与深化的所有进步学者团结在自己的周围，继续同反动的理论与观点进行不可调和的斗争。从 1960 年开始，苏联专家成了国际美学会议的经常参加者。他们在各种国际集议场所发言批判资产阶级和修正主义的理论，从阶级的、党的立场出发维护马克思列宁主义美学的原理和结论。战斗精神、科学的客观性，是苏联学者在第四次（雅典，1960年）、第五次（阿姆斯特丹，1964年）、第六次（乌普萨拉，1968年）、第七次（布加勒斯特，1972年）、第八次（达姆施塔特，1976年）国际美学会议上发言的特色。苏维埃美学科学的成就在世界上获得广泛的反响，苏联美学著作在国外的译本日益增多就是其明证之一。

在评价苏维埃美学科学最近二十五年来走过的路程时，应当指出，它研究的范围大大扩大了，它同生活的联系深刻化了，它在方法论和理论方面的成熟性提高了，它在全世界的影响增长了。这是苏联学者这个大集体辛勤劳动的结果，是苏联和其他社会主义国家进行的各项研究经常互相作用、互相丰富的结果，是马克思列宁主义者在解决现时代提出的、争取世界和平与社会进步的斗争提出的、我国共产主义建设实践提出的重大理论问题时广泛团结合作的结果。

受苏联共产党和苏维埃国家向科学提出的各项任务指引和鼓舞的苏维埃美学，在七十年代进入了自身发展的新阶段，把研究实践进一步加以扩大和丰富的新阶段。发达社会主义时代向美学科学提出了新的复杂的任务，这些课题需在以后数十年内予以解决。在这种新的历史条件下，以前积累的方法论和理论方面的全部经验，对于顺利解决摆在它面前的课题，对于进一步加深美学与生活的联系，对于它积极参加共产主义建设来说，将是一个可靠的基础。

第九章

—

欧洲社会主义国家中马克思列宁主义美学的形成与发展

—

第一节　欧洲社会主义国家中马克思主义美学发展的一般性与特殊性

在欧洲社会主义国家马克思列宁主义美学的发展中，既可看到一般性，也可看到特殊性。在这个地区，马克思主义美学理论发展过程中的一般性取决于若干个因素。

第一，取决于社会主义国家社会基础的一致性。在社会主义大家庭各国，美学的发展是由新社会关系的性质、发达社会主义的建设、造就新人的任务决定的。这就使得美学在社会主义国家社会生活中的地位和作用跟资本主义关系占统治地位条件下美学的处境有原则性的不同。沿着社会主义和共产主义道路前进的社会所要解决的课题是这样的课题，它们在不久以前还只不过是人类的幻想。在社会主义国家中，美学思想是跟对社会进行革命改造的各项最重要任务的实现紧密地联系在一起的。社会因素也决定所有社会主义国家在美学思想发展阶段之划分上有着共同性，在这些国家里，美学思想的发展明确地分为两个基本阶段，即社会主义革命前阶段和社会主义革命胜利后阶段。

社会主义国家中造就全面发展的人的任务，要求发展美学科学的这样一些极为重要的分支，如：艺术理论、美育理论、艺术作品欣赏理论。这些国家的学者们正越来越多地进行共同努力、协作攻关，去解决具有原则意义的艺术反映的方法论问题，也就是说，去研究马克思主义美学的根本问题。

第二，统一的哲学基础，即作为完整的辩证唯物主义思想体系的马克思列宁主义，决定了社会主义各国马克思主义学者之间友好协作和互相谅解的精神。各国马克思主义美学在哲学立场上的共同性，并不像资产阶级意识形态的代表人物所常说的那样，意味着所探讨的问题千篇一律或所思所想一个模式、一个调门。了解一下社会主义国家的美学书刊出版情况，你就会确信研究工作者的学术兴趣是何等的丰富多彩、多种多样。当前活跃热烈的学术讨论气氛也证明了这一点，这种气氛只有在真正创造性地发展马克思主义的基础上才有可能出现。

社会主义各国的学者们都密切注视着苏联美学科学的发展。这是合乎规律的。苏联的理论家们在世界科学史上第一次去着手解决社会主义现实提出的当代一系列最为重要的美学问题。列宁写道："我国革命的某些基本特点所具有的意义，不是地方性的、一国特殊的、单单俄国的意义，而是国际的意义。"① 既然我国的马克思主义美学是由革命产生的，列宁的这些话也就可用于我国美学，因为我国美学第一个开拓了在美学领域进行进一步研究的道路，对欧洲和世界其他地区美学思想的发展产生了重大影响。

各友好国家的许多著名美学家（K. 高兰诺夫、Б. 杰米多克、Г. 迈耶尔、X. 普拉维乌斯、И. 雅诺什）都在苏联学习过，并在苏联专家的指导下进行了他们的第一次科研。我国美学家和美学研究工作者积累起来的经验，所有社会主义国家都在研究。出版了专题研究著作来分析苏联专家的作品〔5〕；社会主义国家的学术刊物经常在自己的篇幅上发表简评和评论，对苏联美学家新作的问世作出反应。1952 年创刊的德意志民主共和国的《文学与艺术》（*Kunst und Literatur*）杂志经常把苏联美学家和艺术学家的文章译成德文发表。我国著作家的作品为国外学者所研究，成了学术讨论的基础。他们当中许多人的著作（如：Ю. Б. 波列夫、Ю. Н. 达维多夫、В. Д. 德涅普罗夫、М. С. 卡冈、М. А. 李夫希茨、Ю. М. 洛特曼、Л. Н. 斯托洛维奇等人的专著）已在社会主义大家庭各国翻译出版。当然，如果苏联学者没有细心研究兄弟国家同行们的著作，那也就不可能有所有社会主义国家的学者在思想上理论上的真正一致。Э. 伊昂、Г. 柯赫、X. 列德克尔（东德）、T. 巴甫洛夫、K. 高兰诺

---

① 列宁:《共产主义运动中的"左派"幼稚病》,《列宁选集》第 4 卷, 第 178 页。

夫、A. 纳杰夫、A. 斯托伊科夫（保加利亚）、3. 李莎、Б. 杰米多克（波兰）、3. 涅耶德拉、C. 莎博乌克（捷克）以及许多其他美学家的书和文章，已经在马克思主义美学界广为流行，成了学术研究、讨论的主题。

马克思列宁主义美学的哲学基础的一致也表现在它在方法论探讨方面的相似。马克思主义美学处处都在紧张地掌握现代科学成就，利用信息论、符号学、控制论、社会心理学、模拟论提出的具体科学的方法。现代科学认识的方法和马克思主义哲学的辩证唯物主义方法之间的相互关系问题依然是个现实问题。马克思主义哲学由于它跟现代科学的联系，一向是强大而有力的，但也从不试图扮演"科学的科学"的角色。恩格斯说"随着自然科学领域中每一个划时代的发现"[1]，唯物主义也必然要改变自己的形式，这句话在马克思主义哲学看来乃是颠扑不破的真理。用之于整个马克思主义哲学以及每一门哲学科学，这就意味着：在对具体物质形式的认识的发展和哲学科学之间存在着内部相互联系。这里重要的是强调指出，在运用自然科学和具体社会科学领域的新知识时的方法论基础依然是辩证唯物主义的反映论。现代科学成就可以而且应该在美学研究中加以利用，如果它们创造性地发展了马克思列宁主义哲学遗产的话。

第三，美学跟艺术文化的发展过程相联系，首先是跟现代社

---

[1] 恩格斯：《路德维希·费尔巴哈和德国古典哲学的终结》，《马克思恩格斯选集》第4卷，第224页。

会主义艺术的实践相联系，这是大家共同的特点，它标志着社会主义国家美学领域的当代马克思列宁主义思想的共同特征。大家知道，美学思想的发展进程并不总是跟艺术文化的发展进程相吻合的。就是在马克思列宁主义美学史上，也可看到这样的时期，这时理论思维在许多场合超过了社会主义艺术的某些艺术形式的产生（例如，保加利亚马克思主义美学的形成）。还有一些场合是美学思想跟社会主义艺术的发展直接相联系，并踏着艺术的"热脚印"前进，尤其是艺术家自己去阐述有关艺术活动的各种问题的意义。理论思维之成就在许多情况下应归功于杰出的革命诗人：如德国的贝尔托特·布莱希特和约翰内斯·贝赫尔，捷克的斯坦尼斯拉夫·考斯特加·涅伊曼，保加利亚的尼古拉·瓦普查罗夫，匈牙利的阿提拉·约塞夫等，他们都在加强美学领域的马克思主义阵地方面发挥了卓著的作用。

尽管理论与实践相联系的形式多种多样，马克思主义美学整个来说是从建立新艺术的社会需要产生的。与革命艺术的出现一起，也建立并形成了艺术家与社会的新型关系，这时，真正自由的艺术所为之服务的，已经不是一小撮饱食终日、百无聊赖的资产阶级的庸夫俗子，而是革命群众的利益了。

社会主义现实主义的艺术，也像马克思主义的美学科学那样，如今已是一种国际现象。社会主义现实主义，以出类拔萃的精神价值丰富了世界艺术文化，在美学面前提出了各项至关重要的任务，其中一项首要的任务是：从哲学上阐明现代艺术过程的意义，并论证社会主义艺术产生和发展的客观必然性。虽说在某些社会主义国家里（例如，在波兰和南斯拉夫）"社会主义现实主义"这个词很少使用，虽说某些评论家当年曾花费不少力气来推翻社会主义现实主义，但是历史经验表明，在社会主义大家庭所有国家里，正在成长出一种新的艺术，其使命就是要反映新的社会关系的经验，巩固艺术活动的现实主义路线，这种路线是跟艺术活动转向现代，跟艺术家力求把握社会主导进程的意图、力求认清人在历史过程中的精神经验的意图联系在一起的〔12〕。

编写那种把社会主义现实主义理论作为世界艺术过程中的现象而进一步加以发展的著作，是马克思主义美学的迫切任务。在这种著作中，必须阐明社会主义艺术在世界文化史中的地位，批判各种荒谬的观念与理论，揭明社会主义现实主义（这种"在历史进程中发现的真实反映生活的美学体系"〔12，第16页〕）艺术的艺术创新精神、它的各项原则的统一性和它的艺术形式的多样性。

第四，应该指出，马克思主义美学在反对资产阶级意识形态以任何形式侵入艺术与文化这一点上是统一的。对敌视社会主义的思想进行批判分析，是社会主义各国共产党和工人党的迫切任务。同资产阶级美学进行斗争的统一战线的存在就是由于这种缘故。论文集《美学中的思想斗争》〔1〕就可以说是在这个领域进行合作的例证。这本书是专门批判反动的美学学说的，许多兄弟国家的专家都参加了该书的编写工作。

当代的研究工作者们进行协作、共同努力，不仅是为了批判资产阶级理论，而且也是为了从正面探讨社会主义文化的建设问题。在研究艺术心理学、艺术理论和艺术史的迫切问题方面，美学是社会学和文化理论的积极助手。在社会主义国家里，在马克思列宁主义政党的领导下，在研究和规划社会文化进程方面进行了大量日常工作。譬如，1976 年在莫斯科召开了各兄弟党中央书记会议之后，便成立了以汉斯·柯赫教授（东德）为首的社会主义国家文化理论、文艺学与艺术学问题多边委员会。在这个有美学家们参与其活动的多边委员会的倡导下，于 1978 年 11 月举行了国际学术讨论会，讨论的题目是："社会主义文化的相互作用与相互丰富"。

在各个不同的社会主义国家里，马克思主义美学思想在发展中除具有上述共同因素外，还表现出各不相同的**自身特有的特点**。重要的是，关于普遍与特殊的相互关系的原理，不仅在分析一国艺术过程的辩证法时应予以注意，而且就是在发展马克思主义关于艺术的思想时也应予以注意。传统的丰富多彩和多种多样，在各种不同的角度都可以觉察得到：在历史过程中，在现代生活中，在问题的探讨中。理论思维走向马克思主义的途径是统一的，但马克思主义思潮在不同的国家里有着不同的具体发展形式。不过，这些特点不应该夸大，像资产阶级思想家和修正主义评论家所做的那样，他们常常把一国哲学思想发展的民族道路跟马克思列宁主义世界观的一般方法论原理对立起来，并宣称马克思列宁主义在某些国家是不适用的。

此外，还应该考虑到这样一种情况：在东欧各国，美学思想发展的马克思主义以前阶段是各有自己的传统的。德国是马克思主义的故乡，正是在德国，著名的马克思主义宣传家——Φ. 梅林、P. 卢森堡、K. 李卜克内西——成了在新的历史条件下发展马克思、恩格斯思想的最早的艺术评论家和艺术理论家之一，这绝不是偶然的。哲学和美学跟民族解放运动思想的联系，跟文化与艺术中民族自觉的增长的联系是波兰、捷克、斯洛伐克美学思想的特征。对于一系列国家来说，艺术理论中的经验主义思潮也起了相当的作用。这些或那些因素形成了它们各自的特点，社会主义各国理论思想的进一步发展就是以这些特点为凭借的。

各国马克思主义科学本身的传统也具有不小的意义。不估计到这一点，就不可能理解，譬如说，就不可能理解保加利亚美学思想的现状。在保加利亚，马克思主义评论有着长远而牢固的传统，其根子可以追溯到马克思主义开始在该国流传的时期。在保加利亚工人运动中给马克思主义奠定基础的季米特·布拉戈耶夫同时也是第一位马克思主义的艺术评论家与理论家，这一事实对保加利亚马克思主义美学与评论的命运具有重大意义。

在德意志民主共和国，现在正结成广泛的战线对社会主义文化建设的理论基础展开深入的研究。德国之分裂为两个具有不同社会制度的国家，向德意志民主共和国的德国马克思主义者提出了特殊的任务。由于这种缘故，对德意志联邦共和国的德国理论家在文化和艺术领域提出的资产阶级思想进行批判，就具有特别迫切的意义。在德意志民主共和国和保加利亚的美学中，从文化学角度来阐明社会主义现实主义艺术发展规律的意义这个工作，现在已超过对美学方法论问题和艺术作品分析方法问题所做的研究，尽管这后一类问题在波兰和捷克的美学思想中已成为尖锐的学术争论的焦点。马克思主义美学在不同国家里的这些不同特点为在这个领域进行独特的"分工"创造了条件，它促进了各国学者们的协作，并使他们有可能进行综合性的研究。

科学发展的民族传统的特点影响到马克思主义美学理论跟非马克思主义理论的相互关系这个复杂问题的解决。在某些社会主义国家里，像现象学和结构主义这样一些资产阶级美学流派曾发生过一定的影响。譬如，在波兰的理论思想中，现象学的影响在很大程度上是跟著名美学家罗曼·尹加尔敦的威望联系在一起的，他曾创立了一个完整的学派（关于这个问题的详细情况，请参看我们编写的《美学史讲义》第3卷第2部分第41讲第2节）。

与此同时，马克思主义美学们也同各种各样的唯心主义理论进行积极的斗争，经常同各种资产阶级美学流派进行论战，同时吸取他们对艺术作品的具体分析中一切有用之点，对西方学者之提出实际的科学问题给予恰如其分的评价。在捷克斯洛伐克，马克思主义科学阵地的巩固，跟某些反科学理论的被揭穿，譬如说，跟马克思主义与超现实主义一体化理论的被揭穿，以及跟对结构主义的彻底的原则性批判有着必然的联系。结构主义与其说是试图建立一种对艺术作品进行具体分析的方法，毋宁说是试图成为一种独特的、内在论的艺术理论。

第一批概括性论著的问世证明了社会主义国家里马克思列宁主义美学的成熟，这些著作都阐述了美学理论的基本问题。譬如，德意志民主共和国的学者艾尔哈德·伊昂和汉斯·柯赫的著作〔2；4〕，匈牙利出版的《马克思列宁主义美学》教科书和《美学小辞典》等，就是这样的著作。在捷克斯洛伐克，从1963年起出版了社会主义国家唯一的一个专门性学术刊物《美学》，由 C. 莎博乌克主编。不言而喻，马克思列宁主义的美学思想不可能不在艺术学的各个具体领域反映出来。为了勾画出马克思列宁主义美学形成过程的详细图景，必须在各类艺术创作的作品中贯彻运用马克思列宁主义的方法论。

第二节　德意志民主共和国的马克思列宁主义美学

在德意志民主共和国，马克思列宁主义美学发展的前提条件是复杂的、矛盾的。一方面，马克思列宁主义美学继承了历史唯物主义创始人马克思和恩格斯的思想，以及他们直接的学生和追随者 Ф. 梅林、K. 蔡特金和 P. 卢森堡的思想；此外，许多大艺术家（贝·布莱希特、И. 贝赫尔、Г. 艾斯勒、А. 塞格斯、Э. Г. 迈耶尔、Ф. 沃尔夫、C. 赫尔姆林）和大学问家（А. 库列拉、А. 阿布什、刘默登）都对美学问题的深入探讨作出了重要贡献。但是，另一方面，法西斯主义凶残地消灭了工人阶级所取得的一切成果，摧毁了所有传统的民主的流派，对于进步遗产或者严加查禁，或者予以歪曲；它凭借自己的强大机器，运用大规模影响人们思想的所有手段，来传播它那些反人道的、极端反动的思想。由于这种缘故，在德意志民主共和国恢复马克思列宁主义美学就成了一项非常艰巨的任务。

在取得战胜法西斯主义的历史性胜利后，出现了对德国文化进行民主主义改革的可能。转向剔除了各种歪曲的进步遗产，转向国际性的艺术经验，并且首先是转向苏联的社会主义文化，在当时成了具有头等重要意义的举动。

在德意志民主共和国，马克思主义美学发展的可能性在战争刚一结束的时候并不太大。要把马克思主义美学作为一门科学学科建立起来，就得掌握马克思列宁主义哲学和关于社会的科学，这就使得美学在初期在某种程度上"以学院式的方式"远远离开了实践，这种情况只是由于学者们越来越多地注意到现实的文化过程，才得以消除。在解决这一课题时，德国美学所依靠的首先是苏联和其他人民民主国家的美学思想成果。德意志民主共和国的某些美学家（Э. 伊昂、У. 库赫尔特、Г. 普拉维乌斯）就是从翻译苏联学者的著作开始其美学研究工作的。同时，德国古典文化也得到开发利用。我们指的是 B. 吉尔努斯的著作，A. 阿布什对席勒遗产的研究，文学评论家 П. 李尔关于莱辛的著述，以及黑格尔、狄德罗、赫尔德尔美学著作的出版。

瓦尔特·班尼雅敏的著作对于德意志民主共和国美学的发展具有重大的意义。他是从二十年代中期开始逐步靠近马克思主义的。他在其著名论文《能用技术方法把艺术作品再现出来的时代的艺术作品》（1936年）中，描述了在石印术、照相术和电影摄制术时代，艺术作品职能的变化。这些技术，由于能使艺术作品的职能作用得到增值和实现，因而"在世界史上破天荒第一次使艺术摆脱了寄生的、宗教仪式性的存在形式"〔13，第382页〕。班尼雅敏是德国文艺学和文艺评论的杰出代表人物，譬如，他对维兰德的创作所做的卓越分析，以及他论述布莱希特的作品，都可证明这一点。班尼雅敏是研究布莱希特著作的第一位出色的学者。

艺术家的理论著作对马克思主义美学的发展产生了重大影响，他们在侨居国外期间继续探讨某些美学问题。譬如，贝尔托特·布莱希特，根据他同 Г. 卢卡奇的论战，批判了超历史的、标准化的美学，挺身捍卫了社会主义现实主义的广阔性和多样性。在解决内容与形式的相互关系问题并批判艺术中的形式主义时，布莱希特写道："凡是妨碍我们揭露社会制约性的形式性的东西，都应该予以清除；凡是有助于揭露社会制约性的形式性的东西，我们则必须作为武器拿起来。"〔3，第13页〕

在布莱希特的思考中，"叙事戏剧"（"эпический театр"）问题占有中心地位。他的出发点是戏剧必须为新社会服务，他幻想把"关于愉快的学说""有效果的批评"和"戏剧提供的快感"辩证地结合起来。这位剧作家认为，只有在这种条件下，才能够把戏剧演出给予观众的那些社会推动因素顺利地变成现实。在布莱希特的理论著作中，关于美育的理论和对社会主义现实主义的本质和多样性问题的探讨紧密地交织在一起，要想看出并正确评价这两条既具有相对独立性又互相联系的路线，对于德意志民主共和国的学者来说，是需要一定的时间的。

作曲家汉斯·艾斯勒的理论思维，就其精神来说，接近于布莱希特。艾斯勒从分析音乐实践出发，并以此促进美学思想中文学中心主义的被克服。使他特别感兴趣的是"聪明的"音乐和"愚蠢的"音乐问题，也就是理智在创作和领会音乐作品过程中的作用问题。应当指出，艾斯勒曾不止一次地坚决认定必须研究并批判地掌握黑格尔的美学。

布莱希特所侧重的是戏剧，艾斯勒所侧重的是音乐，而约翰内斯·贝赫尔所侧重的则是诗。贝赫尔也像他们一样，在自己的理论研究中克服了自身直接艺术经验的限制。他的主要功绩是：他在自己的著作中表明描写形象的手段是丰富多彩的，借助于这些手段艺术可以揭示人的问题，可以面向个性。贝赫尔的全部思考的出发点是"整个的人"（"весь человек"），这种人能在自己的行动中——在对劳动、对自然、对社会的关系中——找到对世界进行艺术改造的可能性，并能在自己的感性知觉中、在自己的体验中、在自己的幻想中具有艺术敏感性。贝赫尔深信不疑地论证了社会主义艺术形式的多样性原则，他十分尖锐地提出了德国人民掌握历史遗产的问题。贝赫尔在出任德意志民主共和国第一任文化部部长时的活动，使得他的理论为大量政治经验所丰富。

安娜·塞格斯在解决一系列文学美学问题方面所做的贡献也是很出色的。她反对卢卡奇理论中的理性主义，在同卢卡奇论战中她揭示了"创作的直接性"这个范畴的意义。她认为，艺术家所想描绘与表现的东西应当使他心潮起伏、激动不安，他给自己提出的任务应当把他作为一个完整的个性激励着他进行创作。

在五十至六十年代，德意志民主共和国美学中发生了这样的现象：美学研究的问题范围扩大了，研究活动也日趋加强。同时它还以现实的艺术实践与政策为目标，并加强了它跟各种艺术学学科的联系。从这时起，艺术学家们积极参加各种哲学讨论，美学理论家们（汉·柯赫、Г. 普拉维乌斯、B. 吉尔努斯、B. 诺伊柏特、H. 克灵茨林）则出现在艺术评论领域。由于进一步掌握了过去革命运动的杰出活动家的理论遗产，马克思主义美学研究的问题继续深入化了。德意志民主共和国的学者们仍像先前那样，密切地注视着苏联和其他人民民主国家美学的发展。五十年代，出版了Г. 涅多希文、A. 布洛夫、A. 叶戈洛夫、M. 奥夫襄尼克夫以及 3. 斯米尔诺娃的著作的德译本；六十年代，M. 卡冈和Л. 斯托洛维奇的著作，以及苏联学者写的大量文章也被译成了德文（发表在《艺术与文学》杂志和其他期刊上）。

五十年代，在德意志民主共和国，就概括性地叙述美学基本问题做了初步的尝试。瓦尔特·贝森布鲁赫在他的《谈谈艺术中的典型问题》一书中（1956 年），在研究歌德、席勒和赫尔德尔的精神遗产时，同时也揭示了美学范畴的哲学意义。的确，作者在这本著作中没有把内容、典型、规律、必然性、本质等概念加以区分，而且，把形式、个别、个体、感性、现象这些范畴也给混为一谈了〔14〕，这就不可避免地在德国学术界引起激烈的争论（关于这一点，可参看 B. 海塞的文章〔17〕，以及贝森布鲁赫1958 年的著作《辩证法与美学》）。

1958 年出版了赫尔斯特·列德克尔的《论形式的本质》一书，该书把艺术看作一种特殊的生产方式，而且这一点被强调得如此有力，以至于艺术活动的所有其他方面都黯然失色了。在他的另一部著作《审美的历史与规律》（1960 年）中，研究了人的实践在从审美角度把握现实方面的作用。该书还证明，自然的审美价值决定于劳动过程。

汉斯·柯赫的专题论著《马克思主义与美学》（1961 年）对美学科学的发展产生了重大的影响。该书对前人研究马克思、恩格斯、列宁与弗·梅林的理论遗产的成果进行了总结，作者在这里注意的中心点是"艺术的特殊对象问题，作为社会意识形式的艺术的审美特点的客观条件问题"〔6，第 7 页〕。这样一来，柯赫便卷进苏联学者的争论，即众所周知的那场所谓"自然派"与"社会派"之间的争论。这本书在很大程度上促进了关于审美是主体与客体的辩证关系这一观点在德意志民主共和国美学中的确立。柯赫的功绩还在于：他推翻了这样的观点，依这种观点说，艺术的特点是纯形式性的，而不是实质性的；他证明，艺术在对人的态度中反映世界。

在同一年还出版了艾尔哈德·伊昂的《美学入门》，该书的宗旨是向广大读者介绍美学问题〔4〕。后来伊昂继续研究了从艺术上把握世界这种活动的对象与职能，并且是从两者的统一中来考察的。在《马克思列宁主义美学问题：艺术的美学》（1967年）一书中，他提出了这样的任务："就各种美学问题可能有联系这一点提出某些看法"〔18，第 9 页〕，同时重新考察传统的分类法以及已经过时的美学范畴体系。这是德意志民主共和国的第一部研究性著作，它试图利用对一些极为重要的美学范畴的新解释，来阐明当代社会主义艺术实践的意义。此外，伊昂还把现实的艺术反映的程序性作为理论问题进行了论证。譬如，内容与形式的相互关系问题，他就是从现实的艺术反映的客体的角度来研究的，同时既考虑到通过作品反映现实的艺术家的思想，也考虑到作品的接受者的领会能力。他以同样的方法考察了典型与美的问题、艺术创作中真实性与党性的相互关系问题、艺术同社会生活的联系问题。伊昂成功地克服了德意志民主共和国美学中许多著作的共同特点——文学中心主义。

在赫·列德克尔的《反映与作用》一文中，艺术被看作世界的艺术模型。作者殷切关注的是这样的问题：现实主义与人道主义的统一，社会主义现实主义跟现实主义流派的优秀传统的一致，当然还有现实主义跟晚近资产阶级现代主义艺术的不同〔10，第16页〕。由于这种缘故，他反对对现实主义做狭隘的（自然主义的）理解，这种理解在德意志民主共和国的艺术评论中曾有所暴露。按照他的理论，现实主义的反映的标准必须包括"作用"这个特征，即艺术模型与公众的相互作用的强烈性与有效性。列德克尔也像伊昂那样，以新的方式揭示了对世界的艺术把握的程序性进行研究的内容丰富的和方法论上的意义。只有注意到全过程，才能理解这种程序关系，后者既把艺术家的生活与其创作，也把对艺术作品的感受有机地联系在一起。积极性也表现在对被反映的东西的感受中，被反映的东西则又施影响于生活。这样，现有的那个圆圈"生活—艺术—生活"便连接起来、合拢起来了〔10〕。

德意志民主共和国美学思想发展的一个十分突出的特点是美学不仅跟艺术学，而且也跟文化学日益接近的过程，其目的是为了提高美学研究的实用价值。的确，这样一来使得美学在某种程度上疏远了哲学。但是，德国学者们仍试图克服这种脱节现象：他们在深入研究某一具体艺术科目的理论时，总是对美学概括表现出极大的兴趣。在这方面，我们可以拿音乐学家 Э. 李波尔德、Г. 迈耶尔、И. 鲁遭尔夫的作品作证。这些人的作品在分析音乐作品时总是跟美学、文化学方面的细心研究结合在一起。文艺学家 P. 魏曼的著作也属于这一类，他所研究的是文艺作品分析的方法论以及对资产阶级研究工作者的理论的批判。文艺学家 P. 邵柏和戏剧学家 B. 米吞茨韦的理论著作也很值得注意。

六十年代，德意志民主共和国的美学家和艺术学家的协作，在现实主义问题的研究领域带来了丰硕的成果。在这里，不言而喻，上面提到的那场反法西斯主义作家跟捷·卢卡奇的论战曾起了重大的积极作用。为了在德意志民主共和国建立现实主义理论，当时必须有一个在世界观上完整的艺术纲领，它应能考虑到持社会主义立场的作家和生活在德意志联邦共和国的资产阶级民主主义的反法西斯主义作家进行创作时的文化、政治特点。Э. 普拉赫特、B. 诺伊柏特以及其他作家专门论述德意志民主共和国社会主义现实主义问题的著作，就是以建立这样一个纲领为目标的。这些学者在给"现实主义"概念下定义时，从具体情况出发。他们把艺术反映看作把握世界和支配现实的一种特殊方式，研究了真实性与党性的相互关系问题，并分析了那些在艺术理论或实践中暴露出来的、反对现实主义的观点。1974 年，在汉·柯赫领导下，由德国统一社会党中央所属社会科学研究院在柏林出版的、集体编写的专题论著《谈谈社会主义现实主义的理论》一书，是一部总结性著作。参加该书编写工作的，有各门科学的代表人物。一个共同的目的把他们联合了起来，这就是：研究"社会主义现实主义方法的本质、基本规律、原则和范畴。认清那些在发展过程中出现的，并且往往是众所周知的新问题"〔30，第8 页〕。

分析一下德意志民主共和国的马克思主义美学从六十年代中期以来的发展状况，你就会得出结论，在这个时期专家们研究的主要是艺术创作和艺术作品结构的问题，而对于艺术感受和艺术作用的过程，则研究得不够。德国美学家认为，艺术对人们的作用只能够从经验的角度来考察。君特·卡·莱曼持的就是这样的立场，他在 1965 年发表了《马克思主义艺术社会学的基本问题》。这一著作引起了激烈的争论。依莱曼看，现今对美学和现实主义理论的研究证明：存在着"落满了灰尘的范畴拜物教"〔23，第 937 页〕，并且艺术研究走的是一条思辨之路。他要求，今后必须严格地以经验为本。莱曼的论点遭到赫·列德克尔和K.雅尔米茨特别严厉的批评。这场争论促进了社会学研究的方法论水平的提高。它的成果是极其丰硕的，因为，它的参加者们最后都承认把理论跟经验对立起来是不合适的。

在德意志民主共和国，有一系列学术团体对具体的社会学研究的材料进行了概括。其中一个是在德国统一社会党中央社会科学研究院下面建立的，这个学术团体在 A. 施陶芬比尔领导下，对美学理论方面的一般文化过程进行了分析。中央青年问题研究所的学者们进行了广泛的经验研究，这些研究就艺术感受问题提供了有趣的材料。还有必要指出的，是哈勒路德大学的文艺学家们在 Д. 若默领导下进行的活动。这个学术团体成功地研究了读者的需求。在 Д. 若默编辑出版的集体著作《职能与作用》（1978 年）一书中，对文学艺术领域中的社会学研究进行了总结〔15〕。

1973 年出版了 M. 瑙曼主编的《社会、文学、读书：从理论角度看对文学的感受》一书。该书根据文学材料，用从美学理论角度提出问题的办法阐明了艺术感受过程。该书作者们所持的出发点是："文学生产、作者、作品是起点，而文学感受则是文学范围中思想沟通的终点"〔8，第 39 页〕。同时他们还承认，艺术作品具有"指导读者感受"的特性。这种特性是用"感受的潜能"（Rezeptionsvorgabe）这个概念来表示的〔8，第 28 页〕。书中还有对文学作品的多层次结构和对文学美学的作用所做的基本分析。有些理论家把感受活动理解为直接被给予的，仅由作品本身来决定的东西，同这些人的论战在该书中占有特殊的地位。

莱比锡马克思大学的学者们探讨了艺术感受问题。例如，艾·伊昂、Э. 李波尔德和 M. 拉姆勒合写的《艺术与社会主义意识的形成》一书就是这项研究的成果。在这本书里，我们第一次看到对艺术在树立社会行为楷模方面的作用所做的研究〔20，第 300—314 页〕，同时也可以看到人的生活经验对理解艺术语言所具有的意义这样的问题〔20，第 343 页〕。该书还考察了艺术作用的辩证性质，对现实的艺术把握的客体的结构，艺术感受的主观前提，以及文学在揭示价值观念与理想方面的贡献。K. 格贝尔研究的也是艺术感受问题，譬如，她研究过意识与无意识在艺术感受过程中的相互关系问题。

正如我们已经指出的，在德意志民主共和国，美学家们和文化理论家们合作得很成功。他们协同工作的目的是：确定艺术活动在社会主义文化总的发展进程中的特殊地位，研究各种不同社会意识形式的相互作用，研究作为社会学现象的艺术的发展。在艾·伊昂领导下，由美学家和文化理论家集体编写的《社会主义文化需求发展概论》一书（1976 年），分析了对文化与艺术的需求，考察了文化、艺术与生活方式之间的联系。

从六十年代末叶起，在德意志民主共和国，对美学的基本哲学世界观问题的兴趣——对从艺术与真理的相互关系来看的反映问题的兴趣，对作为符号现象的艺术反映问题的兴趣，以及对审美价值理论的兴趣，变得日益浓厚起来。对艺术中的直接认识与间接认识问题讨论得特别热烈，因为它能使人弄清楚应如何理解艺术真实这个范畴。有一个学术研究团体在 Γ. 克劳斯（1974 年去世）的领导下进行了一项很有意思的工作，这项工作推进了德意志民主共和国的科学思维。克劳斯及其同事们希图确定艺术需求的特点、艺术中认识与价值的特点，以及艺术改造世界的可能性等。从这种愿望出发，他们论及艺术的所有这些方面的并列从属关系问题。后来，他们的活动引起美学家们就这些问题提出意见，特别是就感受和创作艺术作品过程中理性成分与情感成分的相互关系问题，艺术与其他人类活动中认识与评价的相互关系问题等。

对艺术评价现实的能力所做的研究特别有意思。在德意志民主共和国，B. 吉尔努斯第一次论及这个题目，并提出了艺术的价值特征跟艺术真实的联系问题。他把审美价值定义为"最普泛的价值"。"美"作为价值的正极，依他看，表征了对人的类本质有积极意义的一切。在给审美下定义时，吉尔努斯使用了马克思的话——"人将自身的本质对象化"〔16〕。

虽说德意志民主共和国的美学取得了种种积极成果，但其研究工作还是没有把全部美学问题都包罗进去。对艺术以外的领域只做了部分的探讨，在研究大众性的美学艺术过程方面暴露出一些问题。譬如，生产的美学问题，日常生活（时装、住宅）的美学问题，自由时间与生活方式问题，城市与周围环境的装饰问题，谈话的艺术问题，等等，就依然处在学术兴趣的范围之外。由于这种缘故，Э. 普拉赫特建议依据把握世界的其他方式来考察从美学角度对世界的把握，并"从这种或那种占主导地位的行动方式出发"来研究这个过程。依他看，"这样的态度将有助于消除在人类活动的完整结构中把对世界的审美把握加以夸大或绝对化"〔27，第 9 页〕。为了完成这项任务，首先就必须把美学家、哲学家、文化理论家、社会学家、教育家、心理学家、艺术理论家、生理学家和数学家——把各个专业的专家们——组织起来，在科学探讨上进行协作。

在德意志民主共和国的美学中还可以感觉到这样一种意图：

力求利用控制论、符号学以及当代日益发展的其他知识部门的资料。A. 普非弗尔的《反映与管理：从生物控制论、哲学角度论述真理、道德与艺术的讲演》（1973 年）一书，给予向着这个方向努力的工作以有力的推动。不过，基本的方法论问题目前仍未获解决，对于日益加强的从控制论立场出发对美学问题的探讨，德意志民主共和国的某些美学家仍持批判态度。

同时，德意志民主共和国的学者们还面临着进一步把美学作为知识体系来研究的任务，也就是说，需要研究那些美学理论以之为根据的原则、范畴和概念〔21；25〕。在德意志民主共和国的美学中，分类法依然是今天研究得最少的领域。在这方面，任务在于：大大加强对单个问题的理论研究工作，同时并把其他社会科学取得的新成果联成整体，在研究社会主义社会中审美文化的规律性的基础上把美学范畴体系加以发展。于 1978 年出版、由 Э. 普拉赫特主编、集体执笔的专题论著《今日美学》一书向着这个方向迈出了重大的一步〔12〕。虽说该书提出的许多论点具有讨论的性质，但是毫无疑问，讨论这些论点，对于德意志民主共和国美学科学的进一步发展说，将会大有裨益。

第十章

———

欧洲社会主义国家中
马克思列宁主义美学的形成与发展
（续）

———

第一节　匈牙利的马克思列宁主义美学

像在东欧其他国家中那样，在匈牙利，马克思主义美学思想的形成过程是跟涉及民族根本利益的那些深刻社会过程，首先是跟劳动群众为用社会主义原则改造社会而进行的阶级斗争有机地联系在一起的。

匈牙利美学的历史只是在不久前才成为专门研究的对象。在伊什特万·塞尔达海伊的《匈牙利美学史》〔31〕一书中，第一次对自 1945 年至 1975 年这三十年里匈牙利美学思想的发展进行了总结。匈牙利马克思主义美学的先驱人物是著名的社会主义运动活动家艾尔文·萨博、艾尔鸟·布列斯托夫斯基、约瑟夫·波干。他们的著作，对于匈牙利美学日后沿着马克思列宁主义道路的发展来说，有充分的根据被视为奠基性的作品。在革命思想影响下和在自己的进步思想传统的作用下，成长起革命作家和革命评论家的一代新人，正是他们使得马克思主义美学享有盛誉和应有的威望。

匈牙利马克思主义美学的创始者所依据的是过去的进步文化倾向〔关于这个问题的详细情况，请参看我们编写的《美学史讲义》第3卷第2册〕。在十九世纪七十至八十年代，当马克思主义开始在匈牙利传播的时候，艺术家和评论家、哲学家和艺术理论家以社会主义思想为方针的现象开始产生，并逐步扩展开来。1919年匈牙利革命的准备和实行时期在发展和进一步确立这一方针方面起了特别重要的作用。虽说反动派镇压了这次革命，并长时期地阻止了社会主义在匈牙利的发展，但匈牙利苏维埃共和国的思想却依然活在人们的心中。正是这种思想鼓舞着在二十世纪最初几十年开始活动的青年学者、评论家和艺术家们。在他们当中，有后来享有盛名的捷·卢卡奇、约瑟夫·列瓦伊、贝拉·巴拉日。他们成了马克思主义思想的杰出代表人物，尽管他们的道路是复杂的，不是没有错误的。革命失败后，许多进步活动家离开祖国，直到匈牙利从法西斯主义和赫尔蒂反动专政下解放出来以后才回到故土。在那些继续侨居国外工作的人当中，最大的理论家是阿尔诺尔德·郝塞尔，根据当代研究工作者的公允评价，他"在走向马克思主义的道路上中途停了下来。"〔27，第57页〕

匈牙利共产党的创始人贝拉·库恩是研究社会主义艺术的第一批学者之一。1925 年至 1939 年他住在苏联。贝拉·库恩在他论述文学的文章中主张革命觉悟与创作的高度热情统一起来，他强调世界观问题，提到了艺术中的悲剧与喜剧问题，提出了形式重要的思想〔3，第 42、52、66 页等〕。

除了美学思想传统外，革命文艺的经验对于匈牙利美学进一步发展的前途来说，也具有特殊的意义。对这种经验的掌握促成了下述谬论的被粉碎：为人民服务、进步的世界观似乎给艺术套上了"枷锁"。在第一代匈牙利马克思主义评论家有关文艺、美学问题的论战中，特别是在关于安得列·阿迪的诗的争辩中，艺术家的世界观问题成了争论得最激烈的问题，这绝不是偶然的。反动派的进攻破坏了美学领域马克思主义思想的发展，匈牙利许多进步艺术家的重要思想一直无人知晓。

例如，卓越的诗人、匈牙利社会主义文学的经典作家阿提拉·约瑟夫就是这样的，他的理论著作只是在匈牙利解放后才为人知，现在被评价为社会主义现实主义美学的第一次科学阐述。诗人阿·约瑟夫、画家 Д. 德尔克维奇、作曲家 Б. 巴尔托克三人共同的地方是：用著名文艺学家 М. 萨宝里奇的话说，他们"体现了社会主义艺术家的新类型，有觉悟的、有理智的，同时又是来自人民深处的类型"〔5，第 238 页〕。约瑟夫曾醉心于现代主义思潮，但革命的世界观、对进步观念的忠诚在他心目中一直是主要之点。譬如，他的《"匈牙利无产阶级文学行动纲领草案"批判》一文就证明了这一点〔1，第 182—190 页〕。

在两次大战之间那二三十年里，在资产阶级统治匈牙利的情况下，持唯心主义立场的理论家们，其中包括那些属于所谓"精神历史学派"的人，曾广泛发行他们的著作。起来反对反动的"精神历史"思想以及它们对反革命的辩护和对民族主义的崇拜的，则是进步的马克思主义哲学家 Л. 鲁达什、Б. 福加拉西等人。在接近精神历史学派的思想家当中，也有一些人持人道主义立场，不赞成官方宣传的反动思想，而维护反法西斯主义的观点。他们的著作虽说带有局限性，却具有一定的进步意义。后来，在匈牙利从法西斯主义下解放出来后，他们当中的一些人改变了自己的立场，创造性地接受了马克思主义的方法。反法西斯主义运动的积极参加者拉斯洛·马特拉伊尤其是这样，他后来成了社会主义新文化建设的主要活动家之一。

1945 年后，开始了马克思列宁主义美学发展的新阶段，当时它在理论生活中占据主导地位，成了新社会建设中文化创建工作的有效力量。这项工作的一个不可缺少的部分是批判地研究艺术文化发展的民族传统。这就要求从方法论上重新装备科学，并体现出马克思主义在分析具有具体历史形式与民族形式的精神文化时所使用的那些思想原则与美学原则。在战后最初几年，在这个领域，约瑟夫·列瓦伊的著作十分重要。他关于文学史与文学理论的著作标志着马克思主义评论与美学的产生的新阶段已经开始。

匈牙利马克思主义美学史上最重要的人物是捷尔吉·卢卡奇。他对匈牙利美学思想的发展的影响是巨大的。他有许多学生和追随者，这些人在一定的条件下可统称为"卢卡奇学派"；他还有许多反对者和批评者，这些人发展了他的优秀思想。

卢卡奇理论活动的开始是跟吉尔泰与齐美尔的德国"生活哲学"的唯心主义学派相联系的。《灵魂与形式》（1911年）、《小说理论》（1920年）是这第一个时期最重要的著作。随后卢卡奇又写了几部著作，证明他已逐渐转到马克思主义的立场。这一转变对于这位哲学家来说是很不简单的。卢卡奇观点的唯心主义的家谱影响到他对辩证法的理解，影响到他对历史过程的解释，也影响到其他一些重要的世界观问题。这位理论家在他的整个创作时期里曾多次对自己的著作进行批判性的评价和重新审查，并勇敢地承认自己对辩证法掌握得不够。他那本引起很多争议的《历史与阶级意识》（1923年）一书尤其是这样。后来，卢卡奇称此书是本错误的书，因为它对辩证法的基本问题做了唯心主义的解释〔参看26，第191页〕。以后，卢卡奇在掌握马克思主义的社会发展的辩证法时，撰写了几部美学与文学理论方面的著作，这些书为他赢得了广泛的声誉。三十年代，卢卡奇在苏联工作，由于他已是闻名的艺术评论家与理论家，所以，他的意见，就是当代一些杰出的艺术家，如 T. 曼恩，也不能不认真考虑〔22，第298—299页〕。

三十年代下半叶，卢卡奇在《文学评论家》《国际文学》杂志上，以及德国反法西斯主义作家在莫斯科出版的《言论》（*Das Wort*）杂志上发表过一些文章。这些出版物都是专门为社会主义文学道路进行论证，专门批判资产阶级艺术的形式主义与颓废主义的，它们引起广泛的兴趣和热烈的争论，这些争论当时就已经具有尖锐思想斗争的性质。卢卡奇热烈维护十九世纪现实主义的古典珍品，同时又把批判现实主义的创造性成就当作偶像来崇拜，并建议将它们当作风格与形式的典范。这种把十九世纪小说典范化的理论获得了"大现实主义"的称号。

关于对待传统、对待古典作品、对待革新在建立新艺术中的作用等问题的态度，卢卡奇的一些观点受到进步作家和艺术家的反对，尽管他们在当代重大政治与社会问题上都与卢卡奇这位哲学家一致。参与跟卢卡奇辩论的人——贝·布莱希特、安·塞格斯、汉·艾斯勒——都热情维护社会主义艺术更新形式的权利、掌握新现实的权利，要求有其他的表现手法。正像杰出艺术家们的创作所表明的，社会主义艺术不能只靠过去某一位或某几位作家的经验，不管他们的成就是多么了不起。布莱希特与艾斯勒、高尔基与卢那察尔斯基都主张对社会主义现实主义做广泛的理解，反对以狭隘方式给它下定义。

在文学美学的论辩中，理论问题的讨论迅速转变为对下述一些轰动一时的社会与意识形态问题的争论，如：反法西斯主义运动的统一问题，艺术家的政治立场与他的审美理想之间的联系问题。这些争论不仅是匈牙利，而且也是欧洲其他国家马克思主义美学史上重要的一页〔23；24；29〕。

卢卡奇的《抱怨者的责任》[1]一文是他就匈牙利文化发表的纲领性意见。此文发表在 1944 年莫斯科出版的一本同名的论文集中。他在文章中断言：匈牙利文学中民族天才的主要的划时代标准是"艺术创作才能和在现实历史形势的关键性问题上观点明朗"，艺术发展的基本问题依然是"作家、全体知识分子对人民命运的责任"〔1，第 225—226 页〕。

在四十至五十年代，卢卡奇美学著作的优点是跟这些著作反对资产阶级世界观、反对非理性主义与颓废主义的明确方针相联系的。同时，在卢卡奇的现实主义观念中，经常引起异议的是他对现实主义的理解：他把现实主义理解为一切艺术的某种万能的原则，而不是理解为艺术过程的历史范畴。

五十年代初，教条主义立场、主观主义因素在匈牙利的巩固，以及宗派主义思想，造成了严重困难。修正主义的批评肇始了对文学艺术中的党性原则、对列宁的反映论的进攻。在这种情况下，卢卡奇观点的某些特点——首先是他对世界观的作用估计不足，对美学中的反映论缺乏足够的研究——便在当时的思想斗争中为人所利用。反对修正主义与资产阶级意识形态的斗争提上了日程。匈牙利社会主义工人党为消除五十年代中期意识形态与政治危机的后果进行了大量工作，领导了为掌握和实现对待重大文化艺术问题的、马克思列宁主义的科学态度而开展的运动。党

---

[1]　此处"抱怨者"一词原文为 пищущих，疑为 пишущих（写作者）之误。——译者

对卢卡奇的观点进行了原则性的全面的讨论，并把这位哲学家的政治、意识形态性的错误以及他学说中与之相应的思想，跟那些影响到整个马克思列宁主义美学之发展的重要成就和范围广泛的著作区分开来。后来，匈牙利社会主义工人党中央文化问题理论工作组制定的一些文件如《关于社会主义现实主义》《文艺评论的若干问题》《我国社会中文学与艺术的使命》，对于文化领域中马克思主义思想的发展，都起了并继续起着显著的作用〔参看5〕。

卢卡奇，这位年事已高的学者，为重新审定自己的观点进行了大量工作，这对他的晚期著作发生了重要影响。这也并不是偶然的，因为，卢卡奇思想发展的特点，正像伊什特万·海尔曼所写的第一部马克思主义的关于卢卡奇的专题论著中所指出的那样，是这位学者的哲学思维的所有方面同政治、同国际工人运动前途的不可分割的联系〔30，第14页〕。卢卡奇重新考察了这样一些根本问题，如：现实主义理论、社会主义艺术问题、辩证法在理解历史过程方面的作用等。卢卡奇把列宁关于反映的学说放在自己美学的中心。他在《作为美学范畴的特殊》（1957年）一书中断言：审美的东西只有基于辩证的马克思列宁主义的反映论方能得到说明〔13〕。后来，由于遵行这一思想，卢卡奇的晚期著作达到了高度的理论水平。

反映范畴被这位哲学家用作他那部总结性的两卷本巨著《审美特点》（1963年）的基石，而这部著作只是他那部未写完的《社会存在的本体论》的一部分〔12〕。该书最出色之处是对反映的基本类型从产生过程着眼进行了分析，这一点是总的美学观念的基础。依卢卡奇看，现实的审美反映是反映的一种特殊情况，它是以不同的形式和不同程度的具体性实现的。有几个专章专门考察审美反映的基本形式——节奏、匀称、装饰图案。审美反映是高度抽象的符号，它在某种意义上可以看作譬喻。不管装饰图案是否能使我们想起具体现象世界的某物（树叶、鱼），反正它是现实的形象。只是对于现象的具体意义来说，装饰图案的意义才令人觉得是"超验的"。卢卡奇把反映区分为两种类型：一种类型要求直接浸入现实环境及其相互联系中去（Welthaft）；另一种类型则是间接反映，它远远离开现实环境，相对来说孤立于现实环境之外（Weltlos）。这里，Weltlos 形式不同于康德的"纯形式"、阿拉伯式的花纹图案。这种反映，也像直接形式（Welthaft）那样，就社会和世界观方面来说，是受历史条件决定的。

卢卡奇按照惯例把审美反映的上述形式跟科学反映进行了比较。科学从具体东西出发，走向一般观念，这些一般观念以抽象结论的形式固定下来。而艺术，也以具体现象为依据，并在达到一定程度的概括时重新回到人的感性经验。艺术只有通过具体东西才能深入事物和现象的本质。由此可见，艺术注意的是特殊，在特殊中抽象与具体辩证地结合一起。这些思想引导作者对艺术反映的特征进行了订正。依卢卡奇看，"мимесис"[1] 便是这种独

---

① 模仿之意。——译者

特的艺术反映形式（我们要提醒一下，这曾是亚里士多德美学的主要范畴）。

哲学家卢卡奇的观点中出现了新的思想。现在他把艺术创作解释为认识与自我认识的统一，而把艺术作品解释为世界的发现，同时也解释为人对自己本身的发现。由此可见，一方面，艺术毫无条件地是认识的形式，而另一方面，它的本质则又不可能被认识论所穷尽，因为艺术反映的客观性是跟艺术家的主观性不可分割地联系在一起的。

卢卡奇在从艺术反映的产生转到现实主义理论时，也往自己的理论中注入了新的思想。属于这种新思想的有：论证了艺术的"模仿"性质，将现实主义范畴推广应用于所有种类的艺术创作。他从"模仿"范畴推出现实主义原则，并将其推广应用于所有的艺术。诚然，卢卡奇在给建筑与音乐这类艺术下定义时使用了"模仿的边缘领域"这个概念；可是，他维护现实主义的普泛性质，现实主义被他理解为艺术中任何一种反映的根本原则。卢卡奇通过音乐艺术的特殊可能性、通过历史地形成的表现手段体系，即所谓的"同质媒介"（"гомогенный медиум"），揭示了音乐中对现实的反映的性质。他的理论的中心思想是音乐及某些其他艺术形式所固有的"二重模仿"。音乐中现实主义的标准近似于其他种类艺术中现实主义的标准〔12，第 2 卷，第 393—395 页〕。

除了一些重大的优点外，卢卡奇的著作也有不少矛盾的、片面的思想。例如，书中依然没有解决下述两个方面之间的矛盾：

一方面，把现实主义理解得普泛适用，对各种艺术反映的社会与历史根源论证得很有深度；另一方面，作者又以十九世纪现实主义小说的模式、早期古典作品（Goethezet）的理想为方向，卢卡奇自始至终一直忠于这些理想。

与此同时，哲学家卢卡奇这部总结性著作在下述意义上又是独一无二的，即它是希图把马克思主义美学作为思想体系来叙述的世界文献中为数不多的尝试之一。这里应当强调指出，反映范畴被卢卡奇推广应用于人类活动的所有形式。

反映范畴是匈牙利马克思主义美学家们注意的中心，他们都受卢卡奇著作的影响。这些著作由于具有哲学上的深度并力求论证艺术的多样性，而吸引了并仍在吸引着学者们。约瑟夫·西格蒂在那本于六十年代问世的《马克思列宁主义美学导论》中所持的出发点是："模仿"范畴虽说适用于对文学与造型艺术进行科学分析，却包罗不了像音乐与建筑这样的艺术种类。西格蒂提出了自己的分类法，其出发点是存在着两类艺术：一类是模仿艺术，它们在反映过程中使用与此相适应的形式（文学、造型艺术），另一类是非模仿艺术，它们用的是间接反映。此外，西格蒂还发挥了一种独立自主的社会主义现实主义观，他更加细致地评价了艺术先驱们的成就，而全盘否定他们则是卢卡奇观点的特征。

西格蒂的著作，也像早年死去的天才美学家 Л. 福尔加奇的重要著作《觉悟与诗意：谈社会主义现实主义的美学定义》（1962 年）一样，给社会主义艺术的美学增添了新的特点。这些著作令人信服地证明了教条主义的站不住脚和资产阶级评论的荒谬，资产阶级评论家否认艺术创作中进步的社会主义流派在艺术上的丰富多彩。后来，在讨论现实主义问题、讨论现实主义的道路与命运，特别是讨论社会主义现实主义的美学时，正像 H. 谢纳西所指出的，"对卢卡奇所做的事进行评价，搜集拥护他和反对他的论据，这仍像往常那样，依然是匈牙利历次讨论的中心"〔23，第 73 页〕。

六十年代，匈牙利的美学家和评论家们组织了一次大辩论，对罗·加洛迪的"无边现实主义"论进行了批判，这是他在其《论没有边际的现实主义》一书中提出的。这次论战是就匈牙利社会主义文化发展的迫切问题开展的一次更加广泛的讨论的一部分。在这次论战中还提出不少有关社会主义制度下艺术文化的道路与命运的原则性问题。匈牙利的理论家们大多数都否定了加洛迪、菲舍尔及其他作者所宣传的关于"神话创作"、关于"神话创作的现实主义"的思想，并认为这是引导艺术离开进步道路的荒谬理论〔4〕。随着对现实主义问题的探讨，提出了一些极端现代化的题目，如：社会主义国家艺术政策的原则，匈牙利文学与艺术的理论与历史问题，它们与其他民族文化的联系问题。自从匈牙利社会主义工人党中央文化问题理论工作组《关于社会主义现实主义》的文件公布以来，匈牙利的学者们继续积极地深入研究社会主义艺术的创作方法，以及有关社会主义艺术在审美方面的丰富多彩和发展前途的迫切问题。

匈牙利马克思主义美学的特点表现在：一般性理论问题往往不是在

哲学论文中提出，而是在专门研究某一种艺术的学术著作中提出的。许多著作写的时候使用的是绘画、戏剧或音乐方面的材料，可是写出来的东西却恰恰是美学的，而不是具体艺术学的，因为它们提出的是些重要的方法论问题，如：哲学分析与艺术研究的具体科学方法的关系，美学的结构以及美学在艺术科学体系中的地位。诸如此类的综合性著作为美学科学提供了非常宝贵的资料。属于这类著作的有：诺拉·阿拉迪有关社会主义造型艺术史的研究性著作〔8；9〕，米克洛什·阿尔马西有关话剧理论的研究性著作——《剧本与社会》（1963 年）、《假面具与镜子》（1966 年），伊什特万·海尔曼的研究性著作——《现代舞台》（1966 年），拉斯洛·加拉伊有关艺术心理学的著作，米克洛什·萨宝里奇、伊什特万·邵特尔〔16〕有关文学理论的著作，艾尔文·捷尔兹有关电影美学的著作，本采·萨宝里奇、伊万·维他尼有关音乐美学的著作。建立了密切联系和互相协作的匈牙利艺术学家和美学家的经验，对于整个马克思主义美学来说，都具有重要意义。

匈牙利学者在音乐美学领域的成就特别重大。据专家们说，这个领域取得了具有国际意义的成果〔28，第 776—778 页〕。正是在匈牙利，马克思主义美学家们使美学中长期占统治地位的文学中心主义遭到沉重的打击。克服文学中心主义是关于艺术活动的马克思主义科学在方法论方面的任务之一。马克思主义关于艺术活动的科学的使命就是研究丰富多彩的所有艺术，从而保证自己的原理和规律的哲学性质。匈牙利的美学家们成功地研究了现实的反映问题，论证了音乐作品内容的社会本性与心理学性质。这样他们就成功地把卢卡奇对资产阶级唯心主义音乐哲学的批判进一步深化了。

在这方面，最重要的作品有：约瑟夫·韦法卢西的研究性著作《现实的音乐形象》（1962 年），此书在苏联报刊上获得良好的评价〔7；17；25〕；伊万·维他尼的著作《音乐中的美》（1971 年）；德涅什·左尔泰的巨著《音乐美学史》，该书第一卷《风俗与情感激动》（1966 年）是具有历史意义的马克思主义音乐哲学导论〔19；2〕。在这部研究性著作中，以及在他的论文集《现代音乐中人的形象》（1969 年）中，都肯定了马克思列宁主义科学对研究音乐与现实的生活联系与社会联系的重要作用。根据左尔泰的主张，"音乐艺术的伟大作品能再现人类世界的形成，恰像马克思所描述的荷马的史诗那样"〔转引自 27，第 73 页〕。

今天，匈牙利的美学已跟社会主义文化的蓬勃发展过程深深地有机地联系在一起。匈牙利的学者们在总结民族艺术的创作经验、总结对民族艺术的理论认识的历程时，表明了马克思列宁主义科学在方法论上的意境深远，并正在解决提高人民文化水平、发展人民创造才能的历史课题。

第二节　保加利亚马克思列宁主义美学的发展

保加利亚的马克思主义美学思想有深远的传统，可以追溯到保加利亚人民的革命斗争史中去。这些传统的特点是与革命民主主义相联系，与空想社会主义思想相联系。从十九世纪中叶起，便可追溯到俄国革命民主主义思想对保加利亚社会政治思想发展的有益影响〔参看 40〕。保加利亚许多杰出革命家、学者和作家的生平与革命活动都跟俄国，后来是跟苏联有联系。

革命家、保加利亚的第一位马克思主义美学家季米特·布拉戈耶夫就是在彼得堡开始他的生涯的。后来他成了保加利亚共产党的创始人。对于他创办的《工人报》，列宁曾给予高度评价。[①] 布拉戈耶夫的学生和战友、文学评论家和艺术理论家格奥尔吉·巴卡洛夫，由于撰写了出色的科学著作和政论性著作，于1932 年当选为苏联科学院通讯院士。陶多尔·巴甫洛夫的有重大价值的著作就是在苏联写的，它们成了马克思主义文献中的经典作品。德米特里·加切夫的学术活动也是在这里展开的，他是一位美学家和艺术学家，是马克思主义音乐美学的缔造者之一（这位学者给自己提出的目标是："要在音乐领域干得像巴卡洛夫在文学领域干得那样"〔1，第 155 页〕）。所以，他的遗产是属于保加利亚和苏联文化的。

这里还须提及 K. 高兰诺夫、A. 李洛夫、И. 潘诺娃、A. 斯托伊科夫的名字，他们都是在苏联开始自己的创作活动的，现在他们都在保加利亚的美学与艺术学领域从事积极的研究工作。保加利亚和苏联文化牢固的日益多样化的联系决定了这两个国家美学科学发展的近似性。

由于季米特·布拉戈耶夫的工作，由于他的学生和革命斗争

---

① 列宁：《俄国工人报刊的历史》，《列宁全集》第 20 卷，第 242 页。

中的战友——格奥尔吉·巴卡洛夫、格奥尔吉·吉尔科夫、陶多尔·彼特罗夫的工作，保加利亚的美学思想早在二十世纪初便已形成独具风格的马克思主义的流派，在美学思想领域提出一系列重要的方法论问题和观念，这些问题与观念跟社会之革命改造的迫切任务有着深刻的联系。1901 年布拉戈耶夫写道："我所有的文章都是我力图把社会主义观点运用于各种社会、文学问题，并从这种观点对它们加以说明的结果"〔16，第 64 页〕。这一点最鲜明地表现在布拉戈耶夫关于托尔斯泰的文章中，表现在他的著作《色情与社会主义》中，该书对社会主义现实主义进行了深刻的阐述。

循着马克思主义道路发展的保加利亚美学的特点是：它走在无产阶级艺术的形成的前面。当保加利亚马克思主义者的美学和评论已经成熟并显示出在方法论上的深邃时，新的艺术才刚刚迈出最初的几步。虽说本国原有的美学首先依据前一个时期艺术发展的经验，制定了自己的基本原则，可是保加利亚的马克思主义者却立刻把"跟工人阶级与社会主义思想有关的文学艺术问题、无产阶级社会主义的文学艺术问题纳入自己关注的范围"〔43，第 171 页〕。

布拉戈耶夫拥有异乎寻常的政论家和理论家的才干，由于这种缘故，他曾依据辩证唯物主义与历史唯物主义原理提出不少独到的思想。在保加利亚的文献中曾一再强调指出，虽说布拉戈耶夫不知道世界无产阶级导师列宁的许多天才著作，却在许多哲学问题与革命实践问题上道出了与列宁思想相似的思想。布拉戈耶夫"清楚理解并反复强调这样的观点：反映论不仅在认识领域，而且也在马克思主义哲学与意识形态的整个体系中占有中心地位"〔47，第 67 页〕。列宁与布拉戈耶夫在哲学上的近似，保加利亚的许多研究工作者都谈到过，这种近似也表现在对艺术问题、对艺术的认识论与辩证法的看法上。用陶·巴甫洛夫院士的话说，在美学、文学理论、文学史、艺术评论方面，布拉戈耶夫"说出的是辩证的、革命马克思主义的，并且在很大程度上是列宁的根本原理"〔32，第 17 页〕。

他和他的战友们为新美学与新艺术进行了斗争，同各种颓废派思想进行了坚持不渝的论战，反对资产阶级美学。资产阶级美学的论坛是以 K. 克勒斯捷夫为首的《思想》杂志，此人是该杂志编辑，于二十世纪初在保加利亚建立了他的美学学派，该学派对理论思想以至艺术本身的发展都发生了重大影响。克勒斯捷夫否定艺术的倾向性，加强艺术中个人主义与形式主义的因素，这一切促进了资产阶级唯心主义美学在保加利亚的发展。虽说这位理论家的观点也含有某些积极的因素，可是他在这个时期宣传的艺术有自身目的的思想，以及他对世界观在艺术家活动中的作用的否定，依然引起马克思主义者尖锐的批判。

在布拉戈耶夫的艺术观点中，基本的观点可以说有三个：（1）把艺术创作看作对现实的反映；（2）非常关注社会阶级方面，特别是从社会心理方面研究艺术（这里可以看出普列汉诺夫的影响，普列汉诺夫的威望在保加利亚的马克思主义者当中是非常大的）；（3）以马克思主义的态度积极解决一系列重大艺术理论问题。

布拉戈耶夫能对世界观与创作、现实主义、艺术的党性与人民性这类问题作出正确的、辩证唯物主义的说明，在很多情况下他独自作出的解答近似于我们在马克思、恩格斯、列宁著作中所看到的解答，尽管他们的许多著作他当时并不知道。例如，在对现实主义的理解上，他十分接近恩格斯关于艺术中的典型性思想。

关于艺术家的世界观问题，他发表的见解，跟马克思主义创始人有关巴尔扎克创作的论述惊人地相似。依布拉戈耶夫看，一个属于进步阶级的人，要是不掌握这个阶级的世界观，就不可能成为真正的艺术家。在把艺术形象确定为"现实的本质特点、典型方面的反映"〔转引自 42，第 121 页〕时，布拉戈耶夫把艺术反映的真实性尺度跟作者世界观的指导作用联系在一起。如果说艺术形式及造形技巧取决于艺术家的才能和天赋，那么，艺术真实离开了艺术家的世界观在艺术中是不可思议的。世界观的作用表现在作品的全部形象化内容中。

布拉戈耶夫对才干、艺术经验、想象等因素有着透彻的理解，在保加利亚马克思主义美学中他第一次详尽研究了艺术形式的理论问题。这位保加利亚理论家的这些成就不仅在于他对保加利亚美学的贡献，他还令人信服地证明：马克思主义美学思想在其产生的早期阶段就已经具有理论上的丰富性和多样性了。

特别应当指出的是布拉戈耶夫提出的"社会心理学"概念

（1900 年），这个概念曾帮助他和他的战友们更加深刻地把艺术理解为情感与思想的融合，把文学理解为社会情感与情绪的文献资料。在这些问题的提法上，以及在对艺术家创作意识的社会心理机制的理解上，布拉戈耶夫都近似列宁和卢那察尔斯基〔46〕。

著名无产阶级作家、政治幽默作品大师格奥尔吉·吉尔科夫，以及保加利亚第一个以十分系统化的形式叙述了马克思主义艺术观点的格奥尔吉·巴卡洛夫，都对马克思主义艺术观点的形成产生了重大影响。这里说巴卡洛夫十分系统地叙述了马克思主义艺术观点，我们指的是他的《关于艺术的谈话》（1924 年）。在三十年代，巴卡洛夫完成了向列宁主义的转变。他和马克思主义大哲学家萨瓦·加诺夫斯基为"文学理论与评论的列宁主义化"进行了斗争。在《反对文艺学中的孟什维主义》（1934 年）一书中，巴卡洛夫提出了"向着列宁前进！"的口号〔42，第131 页〕。

保加利亚共产党的著名活动家格奥尔吉·季米特洛夫〔参看6〕和瓦西尔·科拉罗夫始终不渝地关注着艺术问题。他们为制定马克思主义艺术观的基本原则而斗争，为阐明艺术发展中无产阶级（后来是社会主义）流派的道路与前景而斗争，从而构成了保加利亚马克思主义美学理论第一个发展阶段的内容，这个阶段一直延续到社会主义革命。

第二个阶段从 1944 年开始。这个时期提到首位的是：运用列宁的反映论对艺术活动的重大理论问题进行深入研究，对社会主义艺术文化的原则、历史特点，以及它跟国内外文化遗产的联系进行论证。这个时期最大的人物是陶多尔·巴甫洛夫。他的著作在保加利亚美学史上和在二十世纪世界马克思主义美学思想中都占有突出的地位。陶多尔·巴甫洛夫在半个世纪的活动中，在新的历史条件下，在马克思列宁主义原则的基础上深入地、彻底地探讨了美学问题。

1932 年至 1936 年是美学家巴甫洛夫学术活动中富有成果的阶段。当时他住在苏联，积极参加我国学术活动，在《在马克思主义旗帜下》杂志上和其他出版物上发表自己的哲学与美学著作。1936 年在莫斯科出版了巴甫洛夫的主要著作《反映论》，1938 年出版了他的《艺术概论》。在这本书中，**反映论被运用于深入研究美学问题、文学理论和艺术评论问题**。用 A. 斯托伊科夫的话说，这部著作实质上是"对重大美学问题进行的第一次完整而系统的、马克思列宁主义的研究"〔7，第 12 页〕。巴甫洛夫在这部书中的出发点是：列宁的反映论能"为真正科学地、全面地、彻底地解决艺术创作和艺术感受的所有问题展开无限的前景"〔27，第 380 页〕。这位理论家把艺术定义为审美现实的生产与消费，审美现实是由人的一定活动——精神性引起的，并且是根据人的一定尺度实现的〔27，第 391 页〕。后来他多次把这个作为出发点的定义加以精确化，将其推广应用于艺术形象概念。

他把艺术形象解释为审美现实、思想性、精神性与艺术尺度不可分割的统一。确实，审美现实概念他研究得是不够充分的。

后来，在社会主义革命后，巴甫洛夫修订了他的主要美学著作，并撰写了新的作品:《美学基本问题》(1949 年)、《为马克思主义的美学、文学理论与评论而斗争》（1954年）、《马克思列宁主义美学的基本问题》（1958年）。在这些作品中，他提出了极为重要的作为科学的美学问题、美学的对象与地位问题、美学跟哲学与艺术的关系问题、艺术方法的理论问题、世界观问题、艺术的党性问题、社会主义现实主义问题等。

美学被巴甫洛夫理解为建立在唯物主义辩证法原则基础上的特殊科学。除此之外，美学还利用局部性的科学方法，这些局部性的科学方法是由作为世界之特殊反映形式的艺术的特点决定的。巴甫洛夫理论的特色就在于：他把美学解释为具体科学，而不是哲学科学。在《艺术概论》中和在后来出版的著作中，他维护的正是这样的美学观。只是在《艺术概论》问世二十年后撰写的《马克思列宁主义美学的基本问题》一书中，巴甫洛夫才容许对美学做更加广泛的理解，即把美学理解为关于审美现象或关于与现实的审美关系的科学。但在他看来，下述思想依然是主要的，即美学的主要任务和基本职能就在于研究艺术的客观规律，从而促进作为社会现象的艺术的发展。艺术的对象巴甫洛夫认为是人。

在艺术方法与世界观问题上，巴甫洛夫发表了一些重要的思想，这些思想成了对马克思主义科学的这些传统概念的研究中一个重要的里程碑。在《谈谈世界观与艺术方法的关系问题》（1940年）一文中，他表述了这样的思想，这些思想从其根本上说，就是在今天也是迫切的。巴甫洛夫把艺术方法理解为艺术的内在规律性，而且是被认识到的、被自觉运用的、以理解艺术真理和对世界进行艺术改造为目的的规律性〔49，第104页〕。后来，巴甫洛夫在使他的表达方式进一步精确化时，曾多次回到方法问题，同时并强调指出：艺术的内在规律性是客观的审美规律性的反映，现实的社会现象由艺术家通过审美理想的棱镜折射出来，审美理想构成艺术方法的重要因素。巴甫洛夫在一系列专题著作中讨论艺术方法与世界观的关系问题时，把自己的理论跟庸俗社会学的理论对立起来，后者曾片面地解释方法对世界观的依存性、否定艺术方法的特点和相对独立性。理论家巴甫洛夫没有把世界观绝对化，尽管他经常指出世界观在艺术家创作活动中的指导作用。

巴甫洛夫在阐述艺术中的形式与内容问题时，对这两个范畴做了辩证的解释，同时，他还不顾资产阶级评论家对马克思主义美学的业已固定的看法，对艺术形式的特点极表关注。在他看来，艺术形式不仅决定于内容，而且也决定于整个变易无常的复杂环境，作为社会现象的艺术就是在变易无常的复杂环境中产生和发展的。巴甫洛夫在发展黑格尔的形式学说（它往往被人不加批判地搬进马克思主义的著作）时，订正了关于内在与外在形式的问题。他认为，不能说内在与外在形式，而只能说艺术中形式的内在与外在方面。形式的内在方面决定于内容，外在方面决定于艺术所处的特殊环境。在总结自己关于形式与内容规律的论点时，这位学者在 K. 高兰诺夫写的《艺术中的内容与形式》（1961年）一书俄译本序言中写道："可以而且应该说艺术形式有两个方面、两个因素或两个要素，尽管它就自己的认识论和审美本性来说是一个统一的东西"〔2，第25页〕。

在巴甫洛夫对社会主义现实主义的观点中，也可以看到有重大的进步。在保加利亚美学界，谁也未曾像他那样对社会主义现实主义理论做过如此广泛、如此有哲学根据的详尽探讨。思想家巴甫洛夫在这个领域的思想可以跟高尔基、卢那察尔斯基、布莱希特著作中对这个问题的出色探讨相媲美。在早期著作中，巴甫洛夫特别注意历史必然性，注意在反映新社会日益增长的需求的艺术中推行新的表现方法。在较晚一些的著作中，他提出了美学上特有的艺术理想问题、客观与主观的相互关系问题、体裁与风格问题。他把社会主义现实主义的特点跟社会主义现实主义的对象的特殊性联系起来，这个对象就是新的社会现实及其特有的全部特点。这位保加利亚学者熟知苏联文化（例如，他曾参加1934年召开的苏联作家第一次代表大会），他在自己的国家里第一次发表了关于社会主义现实主义具有美学上的丰富多彩性的思想。

在巴甫洛夫经常抱有的思想当中，有一个很重要的思想：他认为在社会主义艺术中有浪漫因素存在。他写道："浪漫精神还不就是浪漫主义；这犹如主观性、相对性和客观性还不就是主观主义、相对主义和客观主义那样。"〔28，第379页〕晚年，巴甫洛夫在发挥这一思想时说，在社会主义文学中有浪漫主义流派存在，审美理想和在社会主义艺术与现代浪漫主义文艺中实现审美理想的途径的多样性是统一的。在《社会主义现实主义不是教条，而是创作方法》（1972年）一文中，他诉诸这样的诗作，如：A. 布洛克的《十二个》，保加利亚革命诗人格奥·米列夫的《九月》，同时他还断言：一些过渡性的、接近于社会主义现实主义而又不同于社会主义现实主义的作品也可以列入社会主义艺术。根据这位学者的意见，从苏联、保加利亚以及其他社会主义国家的文学经验看，"不能不要求人们在'社会主义文学'概念和'社会主义现实主义文学'概念之间画上等号"〔26，第 484 页〕。巴甫洛夫关于社会主义艺术的浪漫主义流派的思想在很多方面跟其他保加利亚学者和苏联学者的相应论点是不谋而合的〔41；45〕。

在美学领域，巴甫洛夫经常进行科学理论活动的界域之一是批判资产阶级唯心主义观点，是为纯洁马克思列宁主义理论而同教条主义、修正主义进行斗争。在保加利亚革命前的历史条件下，他对 B. 瓦西列夫领导的《金角》(златорог) 杂志的唯心主义立场的批判曾起了重大的作用。这家杂志二十年来一直是美学形式主义的堡垒。把布拉戈耶夫开始的传统继续下来的巴甫洛夫的言论，对于巩固马克思主义艺术学的理论基础，对于团结保加利亚艺术文化界的民主主义力量具有重要的意义〔关于这一点，请参看 44，第 62 页〕。在革命后时期建设社会主义的条件下，陶·巴甫洛夫继续维护马克思主义的艺术观，并将它跟资产阶级对创作所做的唯心主义解释对立起来。

陶·巴甫洛夫十分注意研究保加利亚革命民主主义者的遗产，也注意研究俄国和苏联的艺术。他关于社会主义现实主义的思想常常以具体地分析和评价高尔基与马雅可夫斯基的创作为基础，早在资产阶级统治保加利亚时期，他就已经写文章论述这两位作家了。

陶多尔·巴甫洛夫及其学派在发展保加利亚马克思主义美学方面的功绩是伟大的。正像研究工作者所指出的那样，他创立了"马克思列宁主义美学体系的真正模型，这个模型从其根本上来说，就是在今天也仍然是十分必需的"〔38，第84页〕。陶多尔·日夫科夫曾把陶·巴甫洛夫连同布拉戈耶夫和季米特洛夫一起称作"文化战线的巨人"。思想家巴甫洛夫的活动不仅保证了保加利亚马克思主义美学的高度哲学水平，而且也促进了进步的列宁思想在整个社会主义文化中的确立。

在以后直至今天为止的保加利亚美学史中，肇始于陶多尔·巴甫洛夫的那些传统继续发扬光大。这里指的是美学研究的方法论的进一步巩固，以及理论同实践、同社会需求的联系。用方法论装备起来——这是现代保加利亚美学最强有力的方面，这一点之所以有可能，在很大程度上要感谢巴甫洛夫、他的学生和战友的著作。保加利亚作家的著作在苏联译成俄文的美学专著中占有首要地位之一，这绝不是偶然的〔2；3；4；5；6；7；8；9；10〕。

现代保加利亚美学的特点是它把反映论的原则运用于艺术领域。专门在辩证唯物主义方法论基础上深入研究美学范畴的一系列学术著作都具有高度的方法论水平。被广泛地、多面地理解的列宁的反映论帮助保加利亚的美学家们成功地阐明了形式与内容〔2〕、象征性（условность）〔21；23〕、悲剧与喜剧〔30；31〕等范畴，考察了各种艺术的特点〔11；14〕。其他社会主义国家中某些作者的理论立场所反映的对结构方法论的心向神往，是保加利亚的美学所完全没有的。

在老年与中年这两代美学家（П. 丹切夫、П. 查列夫、A. 奥布列捷涅夫）以及较年轻的作家（В. 安格洛夫、И. 斯捷凡诺夫、И. 斯拉沃夫）的晚近著作中可以看到：美学研究的范围扩大了，吸收了新的材料，批判分析的水平提高了。譬如，艺术社会学在保加利亚发展起来，它的产生是由建设新文化的迫切任务注定的。对这类问题的注意也是由于这样一种情况——近年来保加利亚艺术发展中的社会动力学问题在某种程度上被推到次要的地位，因为学者们研究的主要是艺术创作的认识论方面。在巴甫洛夫及其学派对于美学具有重大意义的著作中，艺术与社会的联系的总和没有得到充分的研究，因而这个范围的问题依然没有揭开。虽说在具体分析许多艺术家和作家的创作时，陶·巴甫洛夫表现出对世界观与创作的社会联系相当关注，但是在一般理论方面，正是艺术受社会决定、正是艺术的社会动力学被他忽视了。在这种理论形势下，从不同的角度——从一般理论的角度和具体科学的角度——提出社会学方面的问题，就具有重大的实践意义。

这方面的先驱者是 K. 高兰诺夫。他的著作，特别是《艺术的历史生命》（1970 年）和《作为过程的艺术》（1972 年）这两本书，专门研究了艺术社会学的结构与意义、艺术社会学的方法与基本问题、艺术的进化以及其他问题。高兰诺夫独立地并依据大量艺术资料，制定了艺术社会学的理论原理。与此同时，他还把这一任务的实现跟对资产阶级美学学说的批判分析结合起来。

此外，保加利亚美学中的社会学问题研究也不局限于阐明一般性方法论问题。许多著作之所以铿锵有力，就在于它们跟当代活生生的文化发展问题〔13〕，跟社会主义社会艺术发展的迫切问题〔35〕（例如，保加利亚的学者们制定了有独创性的全民美育纲领〔22〕），跟对资产阶级大众文化现象的研究〔33〕有着紧密的联系。

就对现代资产阶级哲学批判分析的水平来说，保加利亚美学在世界马克思主义美学思想中占有突出的地位（这个传统是由陶多尔·巴甫洛夫奠定的）。保加利亚研究工作者的专题著作探讨了新康德主义在保加利亚的影响〔24〕，揭露了资产阶级美学家著作中对艺术性质的歪曲〔5〕，批判了现象学美学〔25〕。苏联读者也知道 A. 斯托伊科夫论述资产阶级艺术命运的著作〔8；9〕。

高度的马克思主义水平是保加利亚文艺理论研究的特点，美学方面的问题往往是在这个领域发展起来的。当代保加利亚的美学专家们，依据 Д. 布拉戈耶夫、Г. 巴卡洛夫和 T. 巴甫洛夫奠定的，对艺术进行科学分析的原则，并依据杰出的文艺学家 И. 西什曼诺夫、M. 阿尔瑙多夫和 Б. 别涅夫的劳动成果，正在研究文学的哲学问题和一般社会学问题〔36〕，与苏联作家一起合写、出版了许多著作，并正在编写马克思主义的保加利亚文学理论和文学史〔39〕。多次重大美学论战的积极参加者、文艺学家潘乔·丹切夫的著作以实际事例表明了美学与艺术评论的联系。保加利亚马克思主义美学家的全部活动促进了全面发展的社会主义社会新人的形成。

第十一章

———

欧洲社会主义国家中马克思列宁主义
美学的形成与发展
（续完）

———

第一节 波兰马克思列宁主义美学理论的发展

在波兰马克思列宁主义美学诞生阶段进行美学探讨的，是第一批马克思主义理论家柳德维格·克西维茨基、卡吉梅日·开列斯－克劳斯以及尤连·马尔赫列夫斯基。在他们的文学著作和政论著作中，讨论了这样的问题，如：艺术在社会生活中的地位与作用或美学在波兰民族文化发展中的社会职能，这是由文化与整个社会意识的总的民主化过程决定的。对社会问题的关注使得十九世纪末至二十世纪初的波兰理论家和评论家不同于传统美学流派的代表人物。它成了波兰马克思主义美学第一阶段的特点，这第一个阶段从十九世纪七十年代起一直延续到 1918 年波兰资产阶级国家的产生。

在社会主义的波兰诞生以前的几十年里，马克思主义的观念未能在美学中占据主导地位。资产阶级的波兰对马克思主义思想和共产主义运动横加摧残。接近马克思主义的美学思想主要不是在科学研究中心（大学和研究院、研究所）产生和发展的，而是在政治斗争的实践中、在政论性著作和文艺评论中产生和发展的。左派报刊经常讨论这样的问题，如：艺术的社会起源，无产阶级诗歌的命运与前途，现实主义问题等。参加这些理论讨论的，不仅有评论家和文学家，而且也有艺术家本人，即艺术的创作者，他们的思想在马克思主义美学的产生中起了显著的作用。

波兰革命社会民主党的领袖们——罗莎·卢森堡、尤·马尔赫列夫斯基经常关注艺术问题。他们认为艺术创作是对群众进行革命教育的强有力的手段。他们著文反对以 C. 普希贝舍夫斯基为首的波兰现代主义派所宣扬的、以颓废派的方式把艺术抬高到生活之上的主张，反对忽视道德目的与社会目的。

由此便产生了党的政论家和革命活动家对抨击性小册子的爱好，他们视之为进行论战的最有效的体裁。在这个时期的美学评论中，这种体裁的样板便是克西维茨基的《论艺术与非艺术》（1889 年）和马尔赫列夫斯基的《狮头蛇尾羊身吐火巨怪[①]看艺术与社会的关系》（1901 年）这两本抨击性小册子。马尔赫

----

① 《狮头蛇尾羊身吐火巨怪》（*Химера*）是一家杂志的名称。该杂志是波兰颓废派的论坛，领导该杂志的是 3. 普舍斯梅菠基。

列夫斯基幻想着这样的时刻，那时"每一个人将毫无例外地有权做人，有权发挥自己的才干"，他认为"美是最重要的道德因素"〔4，第133页〕。这就是杰出的革命家和政论家、波兰马克思主义美学和评论的创始人之一的立场。

马克思主义美学思想发展的第二个时期（1918—1938年）由于法西斯德国侵入波兰领土而告中断。在资产阶级国家统治下，共产主义报刊和马克思主义思想的存在是非法的。这个时期发展了马克思主义美学理论的是评论家、政论家和艺术家们，他们着手搞艺术的社会本性问题，研究无产阶级文学的任务，探讨现实主义与艺术真实问题。正像现代的研究成果所表明的，尽管时势维艰，还是积累了丰富的资料〔参看26〕。

与此同时，这个时期波兰美学界也涌现出一批大学问家，他们发展了主要是大学的科学传统。这里可以提出这样一些哲学家和美学家的名字，如：B. 塔塔尔开维奇、P. 尹加尔敦、M. 瓦里斯、X. 艾里岑贝尔格。在其他学科的代表人物当中，不能不提到逻辑学家 B. 艾杜开维奇和 T. 科塔尔宾斯基，心理学家 B. 维特维茨基，社会学家 Ф. 梓纳涅茨基和 Б. 马林诺夫斯基，文艺学家 Ю. 克莱涅尔和 E. 克热让诺夫斯基，历史学家和教育学家 Б. 苏赫多里斯科伊。他们虽不是美学家，但他们的理论活动却在不同的程度上影响了美学思想。他们当中的大多数都不是马克思主义者，但他们研究的思想范围（绝大部分要归功于尹加尔敦和塔塔尔开维奇）却不能不对马克思主义美学的发展产生重大影响。当时马克思主义美学正在批判地消化资产阶级科学的优秀成果，而且上述理论家当中的许多人在社会主义波兰的条件下依然继续进行自己的工作。

战后时期，P. 尹加尔敦撰写了他最重要的著作，尽管该书是 1931 年用德文出版的，对于他的现象学理论来说，这是一部基本的作品（《文学艺术作品》）。在人民的波兰，B. 塔塔尔开维奇撰写并出版了范围广泛的美学史著作：他的独一无二的三卷本《美学史》（1962—1967 年）和《六个概念的历史》（1975 年）。M. 瓦里斯的主要著作也是这几年出版的，他是从征候学角度研究艺术的先驱者之一（除他外，还有捷克学者 Я. 穆卡尔若夫斯基）。

直到全国解放后，在人民民主国家的条件下，马克思主义思想才得以复苏。在第三个时期，即战后时期，波兰的马克思主义美学实质上应该是第三次，"几乎是重新开始存在"〔25，第 13 页〕。马克思列宁主义美学的复兴是在极其矛盾的情况下进行的。在五十年代，老一辈的学者们在波兰美学中、在全国学术生活和社会生活中起着愈来愈大的作用。在克拉科夫大学，在尹加尔敦的影响下形成了现象学中心。马克思主义科学和其他哲学流派的相互作用具有尖锐思想冲突的性质，并在很大程度上决定了波兰马克思主义思想在其中发展的那个思想氛围的特点。在哲学美学领域工作的知名学者如尹加尔敦、瓦里斯和塔塔尔开维奇等人的威望，以及某些传统美学代表人物（C. 奥索夫斯基、Л 布劳什太因、Л. 赫维斯捷克）的威望，给年青的马克思主义思想制造了一个独特的环境。马克思主义的学者们必须在复杂思想斗争的形势下夺取阵地。建立了学派并在波兰国内外拥有一批追随者的老一代学者的个人崇高威望，使得对他们的哲学立场进行科学批判的任务复杂化了。仅去研究艺术作品的结构、仅仅面向审美感受问题，显然已经不够。必须把美学理论跟人民波兰文化建设的迫切问题紧密地结合起来。

生活本身迫使其他流派的学者们考虑美学领域的马克思主义思想，何况美学科学在苏联已取得重大成果。因此，波兰的许多研究工作者都逐步地重新考虑了自己的方法论。在这种意义上有代表性的是马丽亚·高拉舍夫斯卡亚的著作——《美学概论》（1973年）。整个来说，她站的是尹加尔敦现象学派的立场，但在考察美学科学的许多问题时，她诉诸马克思列宁主义经典作家的著作，诉诸苏联学者的著作。

马克思列宁主义美学在波兰逐步地取得独立，成为美学科学中一个主导的流派。党的政论与评论离开文艺刊物的栏目，满怀信心地走进国家的大学和科学中心。1951年出版了波兰第一部叙述马克思主义美学的著作——斯捷凡·莫拉夫斯基写的《马克思主义美学基本问题概论》〔13〕。从1961年起开始出版《美学》年鉴，在年鉴中马克思主义的立场迅速得到巩固，尽管起初编辑年鉴的是 B.塔塔尔开维奇。

马克思主义的学者们之所以提出美学理论问题，不仅是由于研究了艺术、文学或其他种类的创作。这些问题往往跟文化政策的迫切问题联系在一起。譬如，围绕着"无边现实主义"论展开的历次争论总是转变成对社会学问题——出版政策问题、读者与作者的关系问题、当代文学的任务问题——的讨论。后来（在六十与七十年代之交），这一文化学方向以成熟的形式表现出来，正是由于这种方向，出现了论述所谓"文学文化"——文学生活规律的著作，这些著作都是在 C. 茹尔开夫斯基院士领导下撰写的〔21〕。

不言而喻，辩证唯物主义世界观的形成不经历一定的困难和错误是不行的。例如，在五十年代上半叶有关文学美学的辩论中，在解决意识形态与艺术的关系问题时，就犯了简单化的错误，暴露了公式化与片面性的毛病。在那些年的思想斗争中，任何错误都被马克思主义科学的敌人所利用，他们宣称这类谬误就是真正马克思主义的解决问题的办法。

战后头十年历次美学讨论的中心问题，像在一系列其他国家里那样，是现实主义问题。关注这个问题并不是偶然的，因为苏联评论家和美学家撰文论述的"现实主义的必然性"（Б. 留里科夫语），波兰的许多研究工作者也感觉到了。譬如，有一部关于现实主义的专题论著曾公正地断定：分析一下战后有关现实主义的争论就必然引导人们去讨论"人民波兰社会生活与文化发展的所有问题"〔23，第232页〕。在波兰马克思主义美学家的著作中，表现出对现实主义的本质有几种不同的定义。一些人从认识论立场出发给这种现象下定义，他们把认识论、价值论和征候学的原则结合在现实主义理论中（例如，C. 莫拉夫斯基把现实主义定义为艺术价值的论点）；另一些人则企图找出现实主义艺术在风格上的常数（Г. 马尔开维奇）；还有一些人则企图找出它的一般性世界观标准（C. 茹尔开夫斯基）。

对战后波兰马克思主义美学的头十年进行评价依然是未来研究的课题，这一任务就是在波兰本国也需要实现。这里只需要强调指出：在这一时期的马克思主义美学中，具有决定意义的不是教条式的简单化和直截了当的公式化，而是在社会主义建设的种种矛盾和困难中发展的辩证唯物主义思想，它所寻求解决的，绝不是学院式的问题，使它关注的是波兰社会沿着社会主义道路发展中的迫切问题。现实主义理论以最紧密的方式跟共产主义建设的实际任务联系在一起，因此，"现实主义问题在波兰的艺术文化中依然是活生生的、现实的问题，它要求进行进一步的理论探讨"〔24，第107页〕。

战后的第二个和第三个十年使波兰的马克思主义美学思想取得重大的成就，特别是在方法论领域。波兰的马克思主义美学家们搞了一系列研究，以批判美学中的现象学流派。这种批判在大多数场合下是建设性的，并带有辩证否定的性质，也就是说保留了其中积极的因素。马克思主义美学家们分析了尹加尔敦的理论及其最重要的方面，并十分注意这位学者美学思想中强有力的方面〔参看15〕。尹加尔敦的最重要的思想依然是进一步研究的对象。属于这类思想的有：这位波兰现象学家制定的艺术创作的多层次性观念，审美感受理论的某些因素，尹加尔敦引进文学的不确定性（неопредедённость）概念和具体化概念，等等。这些思想常常在马克思主义的研究工作中被利用。当直接利用尹加尔敦的思想不可能的时候，当需要对这位思想家的哲学立场进行坚决修正的时候，他的著作便被看成"提出重要问题"的一个学派〔14〕，这些问题的解决已经是沿着与尹加尔敦相反的方向进行的了（例如，审美价值理论就是这样的，在现象学美学的框框内不可能对它进行论证）。

马克思主义与现象学对垒——这只是波兰马克思主义美学家所特有的方法论研究（штудия）的一个方面。对当代其他美学流派代表人物的方法论立场进行分析也同样重要。这种分析在波兰学者集体编写的两卷本著作《艺术与社会》中得到了反映〔16〕。第一卷分析了现代资产阶级美学著名代表人物——Г. 李德、Г. 齐尔德美尔、К. Г. 勇格、М. 杜夫林、Э. 苏里奥等人的思想。应当指出，对于批判地分析所有现代美学思想，波兰的关注要比其他国家多得多，而且，这种分析一向是在高度哲学水平上进行的。例如，C. 莫拉夫斯基的再版了多次的专题论著《绝对与形式》就是如此，该书考察了 A. 马尔罗的存在主义艺术理论〔12〕。

波兰美学领域马克思主义思想的特点是研究美学传统范畴的兴趣减小了。多年来波兰学者总共只发表了几篇有关这个题目的作品，而且还是分散出现的，用 C. 克舍敏的话说，"对于它们能否对审美领域做贴切的论述，似乎已经没有信心"〔25，第27页〕。A. 库琴斯卡亚关于美的范畴的著作〔3〕，Б. 捷米多克和 Л. 图列克关于悲（трагизм）的范畴的著作，Б. 杰米多克关于滑稽范畴的著作〔1〕，是为数不多的几个例外。在这方面，值得注意的是杰米多克就"净化"范畴的解释所做的研究，这是一篇有独到见解的作品，发表在《美学研究》年鉴上。该文分析了二十世纪美学家、社会学家和人类学家对于艺术对人的影响问题的看法。这个题目的意义是无可怀疑的：它跟广泛的、使公众很感兴趣的问题联系在一起。作者提出了关于艺术有补偿职能和关于这种职能的社会作用的假说〔5〕。

把美学知识数学化的倾向，即力图运用精确的研究方法，在波兰美学专家当中也不太受欢迎；而在其他国家，例如，在罗马尼亚则很受重视。在为数不多的有关这个题目的著作当中，可以指出，Я. 斯拉文斯基的著作〔17〕，力图把文学作品的研究跟征候学与社会学联系起来。早在 1962 年，M. 波列姆斯基就企图把信息论运用于美学，但他的意图没有人支持。

社会学传统在现代波兰美学中也不太发达，尽管在两次大战之间的二十多年里曾有人维护过这种传统。维托尔德·加林诺夫斯基曾对这种传统进行过分析〔6〕。他以 C. 奥索夫斯基、Ю. 克莱涅尔、И. 费克等人的著作为例，表明了波兰学者在对艺术进行社会学研究方面所作出的贡献。艺术社会学在波兰的发展，跟美学保持有一定的距离，就像文化学领域那样。社会主义国家文化政策的需要在某种程度上促进了艺术社会学的发展。社会学跟美学、哲学、社会心理学、征候学的相互作用，需要进行专门的研究。

所谓波兹南方法论专家小组的活动在波兰现代马克思主义美学中占有特殊的地位。在波兹南大学工作的学者们的这个小组由于一个共同的目的而结合在一起，那就是：力图研究人文科学马克思主义方法论的统一的公设（постулаты）。E. 克米塔、T. 科斯特尔科、B. 拉甫尼恰克、T. 兹古尔卡的著作由于探索了研究文化与艺术现象的方法而引起人们的注意。克米塔和波兹南的其他学者根据历史唯物主义思想，考察了对精神文化的种种事实（其中包括艺术创作）的解释问题，深入研究了关于文化和艺术评论的各门科学的概念工具。把这些研究工作者结合在一起的首先是对美学的逻辑方法论问题的兴趣，他们力图弄清用来思考艺术作品的存在并确定其价值状况的那些术语和概念的科学性状况。由 E. 克米塔主编，于 1975 年出版的论文集《价值、作品、意义》〔20〕就是这样的。

如果没有各类艺术的理论家和各类艺术的历史学家的著作，波兰马克思主义美学思想的发展是根本不可想象的。正像已经说过的，早在树立马克思主义思想的早期阶段，正是他们的著作给美学带来了重要的思想，并以成熟性和深刻性著称。持马克思主义立场的艺术学家，把具体门类的艺术创作的历史与理论的研究，跟具有普遍性质的哲学美学问题的研究结合在一起。属于这类情况的有：Г. 马尔开维奇关于文艺学的理论与方法论的著作，特别是他的出了三版的《文艺学的主要问题》〔10〕一书；文艺学家 M. 格洛文斯基和 M. 雅尼昂的文章和书；研究历代艺术家观点的 Я. 比亚洛斯托茨基的美学史作品。在音乐学领域对马克思列宁主义美学的发展作出重大贡献的是左非亚·李莎。她的著作的特点是表现得很明显的、对广泛的哲学和社会学概括的爱好。李莎依据辩证唯物主义的方法论，在研究像音乐这样复杂的现象时也使用了心理学、社会学、结构征候学研究中的概念与方法。

在波兰，也像在其他社会主义国家那样，有成效地研究了审美教育的理论（C. 舒曼、Б. 苏赫多里斯科伊、И. 沃伊纳尔）。这些作家以及其他一些作家的著作形成一条独特的"教育美学"路线。譬如，伊林纳·沃伊纳尔在其大量著作——《美学与教育》（1964 年）、《美育理论》（1976 年）等书中，就详尽探讨了"借助于艺术进行教育"的问题。她在自己的著作中提倡人民群众要积极地接触艺术，并号召利用艺术的极其丰富的可能性来培育现代社会的全面发展的人。

波兰学者的论著在国外的出版是波兰马克思列宁主义美学学术威望的指标。C. 莫拉夫斯基有关马克思列宁主义美学史的一系列著作已在美国、意大利、墨西哥、法国、罗马尼亚出版。他编的文选《马克思恩格斯论艺术》具有特殊的意义，该书已在美国出了两版。И. 沃伊纳尔关于美育理论的著作也获得了国际声望。Б. 杰米多克、A. 库琴斯卡亚、3. 李莎、C. 莫拉夫斯基的学术著作已在苏联出版多次。

第二节　捷克斯洛伐克的马克思主义美学

二十年代初，在国内革命高涨的形势下，在十月革命的强大影响下，从捷克人和斯洛伐克人当中涌现出一批年青的新秀，他们开始掌握马克思主义辩证法，并热情满怀地关注民族文化与艺术沿着社会主义道路发展。在他们当中有贝德尔日赫·瓦茨拉维克、库尔特·康拉德、尤利乌斯·伏契克、拉吉斯拉夫·施陶尔、拉曹·诺沃美斯基、艾多瓦尔德·乌尔克斯。在他们的活动中理论与实践不可分割地联系在一起。可以肯定地说，在美学领域，马克思主义思想跟党的政论工作和新闻工作是如此有机地融合在一起，而这些工作又是充满了对二十年代马克思主义思想的美好科学前景和实践意义的强烈信念，这在任何一个东欧国家中都是未曾有过的。

在这种工作中，捷克斯洛伐克的理论家和政论家们依据的是本国的进步科学传统，其中包括 O. 高斯秦斯基和 Φ. 莎尔达的传统（后者是所谓"科学评论"的创始人，"科学评论"在考察艺术作品时把社会学、美学和心理学的原则结合在一起）。在二十世纪捷克的美学中，最大的人物是奥塔卡尔·吉赫。他不是马克思主义者，但他的一些最重要的著作——《话剧艺术的美学》（1931 年）、《论诗的典型》（1924 年）、《音乐的审美感受》（1910年）——对本国人民的美学思维产生了重大影响。斯杰涅克·涅耶德勒是高斯秦斯基和捷克斯洛伐克马克思主义美学之间的连接环节，主编《瓦尔》（*Bap*）杂志，他在自己的言论中毫不含糊地承认他对共产主义者和当代进步思想持同情态度。

在二十年代，捷克斯洛伐克共产党组织出版了马克思、恩格斯、列宁著作的捷克文本。捷克的评论家和理论家们比东欧其他国家更早地知道了列宁的反映论，这一理论成了进步美学家学术活动中的方法论方针。把列宁的《唯物主义与经验批判主义》一书译成捷克文的刘得维格·斯沃博达常为《社会学评论》杂志写文章，在该杂志当编辑的是贝德尔日赫·瓦茨拉维克，他后来成了捷克马克思主义美学和文学评论的创始人之一。1928 年出版了列宁论托尔斯泰的文章的捷克文译本。二十五岁的尤·伏契克为该书写了序言〔7〕。在捷克理论家和评论家的著作中往往直接引证卢那察尔斯基、高尔基的话以及苏共文件。1930 年在哈尔科夫召开的革命作家国际会议和 1934 年召开的第一届全苏作家代表大会，对捷克斯洛伐克美学中马克思主义流派的发展产生了重大影响。捷克和斯洛伐克的文艺活动家们参加了这两次会晤，了解了苏联文化建设的经验，这一切为确定他们在文化发展的许多重要问题上的立场起了决定性的作用。

最著名的文化活动家们——作家、导演、作曲家、画家——积极参加了新美学的创建工作。他们在进行这项工作时依靠了本民族的古典艺术作品，考虑到了捷克斯洛伐克各族人民文化发展的所有特点。要是没有直接创造这种艺术的人们的出动，要是没有约瑟夫·高拉、伊尔日·沃尔凯尔、拉曹·诺沃美斯基、斯坦尼斯拉夫·涅伊曼等人的文章，社会主义艺术的理论是不可想象的。

捷克斯洛伐克的马克思主义者们提出了关于社会主义现实主义的国际意义的重要理论思想，他们为论证新艺术的理论原则进行了积极的斗争，从而反击了那些认为社会主义现实主义似乎只是苏联特有的现象，并不适用于其他国家的评论家们。K. 康拉德、Б. 瓦茨拉维克、C. K. 涅伊曼捍卫了关于新艺术产生的客观性质，关于新艺术跟现实主义类型的艺术有必然内在联系的思想。

二十至三十年代捷克斯洛伐克马克思主义者关于文学、美学问题的讨论不仅仅具有历史意义。现代的研究工作者有理由说，他们为世界马克思主义美学思想宝库作出了一定的贡献。那些年的著作中在评价艺术作品时首先强调的是社会阶级标准、世界观标准。所以，可以说，捷克斯洛伐克的理论家们提出的思想，跟那些在苏联受到高尔基和卢那察尔斯基维护，在德国受到布莱希特、塞格斯、艾斯勒维护，在法国受到阿拉贡维护的，关于社会主义现实主义艺术风格的非标准性的论点，有共同之处。沃尔凯尔、高拉、涅伊曼、瓦茨拉维克的重大功绩就在于：他们把关于新艺术的内容问题跟艺术创作的特点联系起来，反对对倾向性做外在的理解。沃尔凯尔说道："我们并不把倾向性理解为表述几条政治口号。在我们看来，倾向并不是漂亮的外表，而是世界观和内心的感受。"〔2，第53页〕

在那些对沃尔凯尔的观点提出异议的人当中，特别有威信的是建筑学与应用艺术的评论家与理论家卡列尔·泰伊格。作为先锋派的信徒，他提出一个否定无产阶级文化的纲领。他成了获得"诗人主义"（"лоэтизм"）称号的一个新流派的主要理论家。这个纲领中最易受打击之点是把艺术与政治斗争跟世界观截然分开，是宣布这样一个口号：艺术是"奇异的嘉年华会，情感与表象的滑稽喜剧"〔19，第124页〕。

在贝德尔日赫·瓦茨拉维克开始评论活动的时候，可以看出，他对艺术与社会存在的联系做了简单化的解释，在某种程度上对庸俗社会学有所迁就。看来，这跟下述情况有关：在那个时期，二十世纪初叶的德国马克思主义者（卢·默滕、威廉·豪森施泰因）的思想对瓦茨拉维克及其伙伴们产生了不小的影响，这些人在某种程度上都是直不愣登地解决艺术的社会根源问题的。在瓦茨拉维克的《张皇失措的诗学》（1930年）一书中，庸俗的社会学观点跟对人的个性的唯心主义解释的一些因素结合在一起。由于 Э. 乌尔克斯和 Л. 施陶尔[①]的批评，也由于去苏联参加了革命作家会议，在这双重影响下，瓦茨拉维克重新修订了自己的观点，并放弃了许多简单化并且根本是错误的看法。在《为马克思主义美学而奋斗》（1931年）一文中，他勇敢地写道："在撰写拙著的时候，我几乎不知道苏联有关艺术的马克思主义文献，可以说我当时正处在'前苏维埃'阶段上。由于这种缘故，也就产生了我犯的那些错误。"〔2，第98页〕

在三十年代初，当捷克斯洛伐克的国内外形势由于法西斯分子在德国上台执政而趋于严峻的时候，捷克斯洛伐克的共产主义报刊在把多方面的政治积极性与理论积极性跟社会发展的迫切问题结合起来方面树立了榜样。1934年左翼阵线（三十年代产生的一个组织）组织了两次广泛的讨论，在讨论中坚持了对待当代

---

① 施陶尔在批评瓦茨拉维克时提出了一个新的，对当时的美学很重要的、理论性的理由——注意社会心理学。

极复杂的文化现象的马克思主义观点。这是关于对待超现实主义的态度和关于社会主义现实主义的两次讨论。

拉吉斯拉夫·施陶尔在讨论会上作的报告中，然后是在《谈谈浪漫主义的社会学》（1934 年）一文中，树立了从列宁反映论立场出发，对超现实主义进行符合党性的、有高度原则性的，同时又很具体的批判的榜样。施陶尔以及其他马克思主义的评论家们，为争取真正有才能的艺术家进行了斗争。他们考虑到了涅兹瓦尔政治立场的积极性质，证明：如果遵行 A. 布列敦的哲学美学思想，这位独具风格的诗人的天才在规模与可能性方面就会受到严格的限制。

关于社会主义现实主义的讨论是马克思主义美学思想发展中的一个重要阶段。根据这次讨论会的材料出版的《社会主义现实主义》论文集（1934 年）是欧洲有关社会主义艺术创作方法的理论文献的第一批出版物之一。库尔特·康拉德在自己的著作中十分有力、非常令人信服地表明了作为革命艺术的方法、作为世界艺术过程发展中的必要环节的社会主义现实主义的重要意义。他在讨论会上的报告具有信念深刻有力的特点。作为著名历史学家和新闻工作者的康拉德，其言论和著作是捷克斯洛伐克马克思主义美学思想发展的顶峰之一。在哲学深度与热情方面可与之相媲美的是 Б. 瓦茨拉维克的晚期优秀作品，以及斯洛伐克理论家Э. 乌尔克斯的言论。

在一系列文章中，以及在《二十世纪的捷克文学》（1935 年）一书中，瓦茨拉维克制定了一种观念，这个观念可以作为马克思主义思想的大胆创造精神的范例。在瓦茨拉维克那里，既明确要求新艺术有思想基础，又主张表现手段与形式的广泛性，同时又理解到表现手段与形式的独特性。瓦茨拉维克断言："**社会主义现实主义的最重要特征是它以形形色色、多种多样的人为对象，是它以具有丰富多彩的前途的、社会的人为对象。**"与此同时，他也强调指出了艺术的形象性质。他写道："这里说的不是科学，而是文学与艺术。因此，这个领域的定义不仅是认识的方法论问题，而且也是美学问题。"〔2，第 214、215 页〕

捷克斯洛伐克马克思主义美学思想发展的最特殊现象之一，是从理论上揭穿了形式主义及其方法论，特别是结构主义的种种极端。捷克的结构主义是作为美学的方法论方针——以研究文学作品的艺术形式与结构为宗旨——而产生的。这种方针的产生和艺术作品分析方面相应观点的出现有其客观的根据和某种认识上的必然性。美学界的布拉格学派成了捷克文艺学结构主义和美学结构主义的根源，在该学派中格尔巴托夫的形式主义和诗歌语言研究协会的传统的影响十分强大。艺术学的唯心主义前提和形式主义传统在很大程度上使得艺术分析领域可能有的发现变得一钱不值。诗歌语言研究协会和捷克结构主义之间的特殊媒介，是 1926 年在 B. 马泰吉乌斯倡议下成立的布拉格语言学小组。它的成员不仅有捷克学者，还有一些俄国研究工作者——Ⅱ. 包加特列夫、H. 特鲁别茨考依、P. 雅科布森，这些人后来成了著名的语言科学工作者。跟布拉格语言学小组有联系的还有一些苏联学者——Б. 托马舍夫斯基、Ю. 特尼亚诺夫。捷克结构主义者从语言学借用了关于艺术作品是一种结构的观念，并将其搬用于文学作品领域。马克思主义的学者们批判了结构主义方法论的几种极端，因为它们低估了历史主义原则在认识艺术作品方面的作用。这成了捷克斯洛伐克和其他国家中开展的、反对结构主义的论战的主题。同时，马克思主义评论界也感到了结构主义信徒的著作中的实际认识问题。

结构与结构分析两个概念的提出促进了对艺术特点的研究的深入，对于这方面的问题，马克思主义的理论家们是不可能漠不关心的。毫无疑问，跟结构主义进行斗争并不能勾销结构方法在研究文化与艺术方面的作用问题。这也就说明为什么研究工作者对结构分析问题、对艺术作品本文的征候学问题那么感兴趣（参看 Φ. 米柯、A. 波波维奇〔14〕的著作）。此外，对艺术作品结构与职能的研究也促使人认识到综合的、跨学科的研究方法的必要。马克思主义的评论细心地把文艺学结构主义的具体科学成就跟错误的哲学美学立场分离开来。K. 康拉德写道："必须把分析跟认识论严格地分开"〔2，第 232 页〕。

杨·穆卡尔若夫斯基的创造性发展对于科学来说具有重大意义。此人在四十年代末叶之前就已经是捷克结构主义的主要人物了。著名生理学家、文艺学家、布拉格卡尔大学美学教授穆卡尔若夫斯基发生了一个转变：从语言学结构主义思想进步到掌握马克思主义的方法论。三十年代中期，当马克思列宁主义评论界与结构主义理论之间的争论特别炽烈的时候，穆卡尔若夫斯基撰写了几部有重大意义的美学著作。他明白，在 B. 什克洛夫斯的著作中，有一些思想"会使正统的格尔巴托夫派形式主义者心里高兴"〔3，第 29 页〕。穆卡尔若夫斯基在跟形式主义者提出的、对艺术作品进行内在考察的各项原则进行论辩时，作出一个在理论上有良好作用的结论——对于结构法研究来说，不仅作品的内在组织可以了解，而且就是作品的社会联系也是可以了解的。这样，这位理论家便得出文学作品与"非文学"结构的关系这个重要的问题。

在 1936 年出版的《作为征候学事实的艺术》〔11〕和《作为社会事实的审美职能、标准和价值》〔5〕两本书中，对以前在分析方法论方面的观点进行了重要的修正。这些观点有：第一，关系到对艺术现象进行社会考察的深入；第二，关系到对艺术及其与社会生活的联系做动态理解的动态观的发展；第三，关系到对艺术及其与社会生活的联系做辩证理解的辩证观的发展。这位学者表述了对艺术作品进行征候学考察的基本思想。穆卡尔若夫斯基在承认艺术是一种思想交流时，认为艺术作品是作者与读者的关系中起中介作用的符号（знак）。这位学者把艺术作品区分为两种因素：一种是以物质表现出来的有涵义的东西（象征——символ），另一种是审美对象——作品符号（произведение-знак）。这时他引进了"集体意识"概念，在集体意识中进行着把符号固定下来的过程。这样就实现了向社会过程、向历史主义的"突破"。

穆卡尔若夫斯基从内在结构向着历史主义的演进，以及他关于结构与过程统一的主张具有基本理论的意义，并表明形式主义的方法论是站不住脚的，因为，"与历史相脱离的结构法会产生结构主义的方法论这种形而上学的与进化主义相反的东西"〔24，第115页〕。这位著名学者的思想向着马克思主义方面的演进实现了康拉德就已说过的那句话："在通往辩证唯物主义的道路上跨进了一步"〔2，第245页〕。

1966年出版了 Л. 施陶尔的《论语言艺术中的形式与结构》一书，其副标题是：《谈谈俄国"形式主义学派"与布拉格文艺学结构主义的方法论与世界观前提》〔17〕。在该书中，对捷克结构主义及其当代继承者的方法论进行了详尽的剖析。在这当中，施陶尔证明，形式主义方法论的弱点之一就在于：艺术家的个性从理论分析中消失了，最后就连穆卡尔若夫斯基自己也承认了这一点〔参看3〕。

捷克斯洛伐克从法西斯主义下解放出来后，美学科学陷于困难境地。它最优秀的力量、坚强不屈的思想战士——Б. 瓦茨拉维克、К. 康拉德、Э. 乌尔克斯、Ю. 伏契克——在同法西斯主义战斗中牺牲了。

1948年2月劳动人民对资产阶级的胜利开始了为社会主义文化而斗争的新阶段。在第一届捷克斯洛伐克作家代表大会（1949年）上，提出了确立社会主义现实主义原则的口号。

这个时期写出了反映捷克民族与斯洛伐克民族历史命运的珍贵作品。然而，反动分子们利用五十年代发生的把社会主义现实主义方法庸俗化的势头，促成了艺术工作者错误思想方针的树立。在捷克斯洛伐克的美学与艺术学中，虚无主义倾向逐步得到加强，西方现代主义流派的影响日益扩大。被科学扔掉的陈腐图式在理论中又死灰复燃了。这表现在一系列学者局部地重新回到结构主义的立场。开始流露出这样的思想，如：民族的独特性，在捷克斯洛伐克的条件下利用苏联经验和其他社会主义国家经验的不可能性，重新考虑马克思主义关于社会与人的学说的"适合时宜性"。这一切在六十年代的捷克斯洛伐克哲学中引起了严重的意识形态困难。在美学思想领域开始暴露出对不久以前的革命传统估计不足。一些错误的观念，其中包括存在主义人本主义理论，在捷克斯洛伐克理论家当中广为流传，有的人道出了存在主义与马克思主义有可能"趋同"的论点。妄想为超现实主义立场恢复名誉的企图导致在社会主义现实主义问题上的局部性的"败退"（B. 道斯塔尔语）〔1，第298页〕。

这些错误倾向在最近若干年的著作中成功地得到克服。捷克斯洛伐克的马克思主义学者们已经撰写出不少重要著作，这些书都对当时出现的反科学的论点进行了批判。在这些著作当中，最出色的是 Л. 施陶尔的《艺术与思想斗争》（1972 年）〔18，以及 1〕、《论语言艺术中的形式与结构》、《个性与社会主义》（1974 年）等书，以及 C. 莎博乌克的著作，如《艺术、体系、反映》（1973 年）〔8〕。

近年来，捷克斯洛伐克的学者们研究了马克思主义的价值理论问题，其中包括审美价值与艺术价值问题。B. 布洛日克、M. 瓦罗什、T. 库克林科娃、Э. 什姆涅克、M. 尤兹勒等人饶有趣味的著作已经问世。对艺术反映的价值说方面和征候学方面的注意，使人有可能以新的方式来说明现实主义这个老问题。有一位研究工作者承认，现实主义依然是现代艺术理论的关键性概念

〔22，第149页〕。斯洛伐克学者 M. 瓦罗什——一本论述造型艺术中的现实主义的专题论著〔21〕的作者——在反对"泛现实主义"的极端时认为：要把现实主义与整个艺术价值混为一谈是不可能的。他，也像其他社会主义国家的研究工作者那样，从两个角度来看现实主义：一是从狭隘的角度把现实主义看作艺术中的一个具体流派，二是从广泛的角度把现实主义看作历史上不断发展的、客体与主体、本质与现象、一般与个别、概念性因素与感性因素的联系的方式〔22，第163页〕。

美学问题在一些具体艺术的理论中也得到积极的探讨。实用艺术理论（米罗斯拉夫·克里瓦尔的，杜尚·申杰拉尔日的）领域的著作特别有意思，内容也特别广博。在捷克斯洛伐克，音乐美学科学在马克思主义美学思想的形成与发展中起了特别重要的作用。在这个国家中，正像《美学史讲义》（第3卷）所指出的，美学从一开始就是在同音乐史科学的紧密联系中，在争取独具一格的民族音乐艺术的斗争中发展起来的。例如，涅耶德勒主要是在研究音乐学问题〔参看27〕的过程中走向马克思主义。他是现实主义艺术的确信不疑的拥护者。正是由于他始终不渝地维护艺术中的现实主义，正是由于他把现实主义广泛地理解为既与文学有关，又与话剧有关，也与音乐有关的普遍艺术方法，才使得这位学者走上了马克思主义美学的道路。涅耶德勒在他的一篇早期论文《美学的危机》（1913年）中，就已经与马克思学说的基本思想有着惊人的共同之处，而这些思想他当时是不可能知道的〔参看17，第14页〕。他写《论真现实主义与假现实主义》（1948

年）一书时，已经是处在成熟时期了。在这本书里他提出了社会主义现实主义是现实主义艺术的高级类型的思想。斯杰涅克·涅耶德勒写道：为社会主义现实主义而斗争——这不仅从政治角度看是必要的，而且就是"从纯艺术角度看"也是必要的〔6，第336页〕。

斯杰涅克·涅耶德勒的追随者 A. 西赫拉、Я. 伊拉涅克等人依据音乐艺术的材料，对现实之艺术反映的特点进行了深入的研究，他们不仅对音乐学的发展，而且也对美学思想的发展都各自作出了自己的贡献。

捷克斯洛伐克的现代美学处在不断发展的过程中，它正在摆脱公式化主义，积极地投入对现代社会主义文化迫切问题的研究。

第三节　罗马尼亚马克思主义美学的发展

在现代的罗马尼亚，马克思主义美学并不是在空地上出现的。早在十九世纪最后的几十年里，K. 多布洛贾奴·格里亚就已经开始了以历史唯物主义思想为指针的、罗马尼亚马克思主义的文艺评论了。他在大量评论文章（这些文章于 1967 年在布加勒斯特出版，总标题是《评论文集》〔9〕）中阐述的美学观点〔参看 36〕跟他的社会与哲学观点紧密地联系在一起。格里亚作为社会学家和思想家，研究了经济决定论，此外，他还宣传了马克思主义思想，是十九世纪末至二十世纪初罗马尼亚一位积极的社会主义运动活动家。他论证了决定论在艺术中的作用，其论证之循循有序、合情合理使他在罗马尼亚美学史上占有特殊的地位。格里亚，作为艺术理论家，作为他所领导的于1881—1891年出版的《现代人》（*Contemporanul*）杂志的精神导师，把著名的诗人、作家、具有反对派色彩的文学评论家都团结在自己的周围，从而使人们把他们作为多布洛贾奴·格里亚美学学派① 来谈论。

这位理论家没有给自己提出这样的任务：阐明什么是艺术作品。使他感兴趣的是艺术现象的性质本身，以及艺术的接受者。譬如，T. 迈约勒斯库〔参看35，第167—169页〕，如果说，他认为艺术作品首先是创作才能活动的结果，这样一来他就把艺术的自主性原则和艺术家不依社会历史环境为转移的独立性原则给绝对化了，那么，格里亚则是倒向另一个极端，凡是艺术家能够塞入自己作品的东西，统统被他从艺术创作中排除了。格里亚在《艺术中的倾向性与思想性》一文中写道："如果我们有时候没法找到社会环境、自然环境与艺术创作之间的真实因果联系，那是由于科学目前在这方面还不够发达。艺术家给予我们的只是他所得到的，他不可能给予我们他所没有得到的东西。"〔9，第114—115页〕在这种情况下，艺术家便成了现实与作品之间一个简单的过滤器，艺术家的作用被归结为模仿职能。

---

① 甚至他的思想敌人——如 Э. 洛维涅斯库——都承认：格里亚是那个以马克思主义为指针的真正美学学派的领袖。

在格里亚的学生当中，在罗马尼亚美学史上留下最深刻印迹的是 P. 伊奥涅斯库·里昂、A. 巴卡尔巴莎、X. 萨涅列维奇，特别是加拉具特·伊布莱梁努。这些人都发展了格里亚的思想，通过对艺术家个性的社会心理学分析丰富了他的学说，并强调了艺术的民族特点的意义。伊布莱梁努由于是雅斯基办的杂志《罗马尼亚生活》的灵魂，因而在两次世界大战间的作家们当中享有很高的声誉。他的继承者米哈依·拉里亚——评论家和论说文作家——整个来说持的是马克思主义立场，他对诸如柏格森主义、格式塔心理学、弗洛伊德主义这样一些现代思想现象进行了深刻的分析。

在两次世界大战之间这段时期里，我们看到一些作家、艺术家和评论家在自己的著作中都采取了马克思主义的立场，他们的创作跟受罗马尼亚共产党（1921 年建立）直接影响的出版物有关。这些文化活动家形成一支有列宁素养的评论家、文学家和艺术家的优秀队伍。其中有：加尔·加波尔，拉杜·波别斯库，Дж·马可维斯库（现在是罗马尼亚作家协会主席），米赫尼亚·格奥尔吉乌（现在是罗马尼亚共产党中央所属社会政治科学院院长），Ал. 巴拉奇，Э. 斯克列鲁，这些人就是在 1944 年 8 月罗马尼亚从法西斯主义下解放出来后，也在继续成功地进行写作。

不言而喻，在罗马尼亚历史上的这个时期，马克思主义不可能成为美学中的主流。正像 M. 布里亚祖所认为的那样，在国家精神生活的所有领域，这时占主导地位的是理性主义〔38，第 417 页；同时也可参看 34，第 174 页〕。战前，出版了像 Э. 洛维涅斯库、М. 拉里亚、Т. 维阿奴、Дж. 开利涅斯库、别尔别西奇乌斯、Ш. 巧库列斯库这样一些坚持美学自主原则的著名美学家和评论家的理论文章和专题论著。虽说他们当中的许多人受的是格里亚学派的传统教育，虽说他们持的无疑是人道主义和民主主义的立场，然而他们并不认为自己是多布洛贾奴·格里亚的追随者，而认为自己是 Т. 迈约勒斯库的追随者。何况，正像 О. 克劳赫迈尔尼恰奴所写的那样，"在迈约勒斯库的理论旗帜下，在安托涅斯库专政的黑暗岁月，产生了反对那种支持法西斯侵略罪行的文学倾向的反抗运动……。战后，美学独立论享有反法西斯主义的盛名"。

两次世界大战之间非马克思主义的传统之所以占据优势，是由种种客观原因造成的。在这些原因当中，具有重大意义的是这样一个原因：从 1924 年起，罗马尼亚共产党处于极端秘密的地下状态，由于这种缘故，人民根本看不到科学共产主义创始人的著作。1944 年后，上述美学家当中的许多人在各个大学里顺利地从事理论与教学工作（例如，Т. 维阿奴、Дж. 开利涅斯库、Ш. 巧库列斯库在布加勒斯特；Aл. 吉马、М. 拉里亚在雅西和布加勒斯特；Л. 鲁苏在克罗什）。他们拥有渊博的哲学知识和无可置疑的艺术鉴赏力，他们以这样或那样的方式逐步向马克思主义方法论靠近或者完全转到马克思主义立场上来。他们在理论领域或在培育新一代文艺评论家、美学家、作家、语言艺术家方面，为罗马尼亚美学的发展作出了重要贡献。这个流派的代表人物的美学观点虽说有待研究工作者进行具体的评价，但是如果不掌握、不利用他们所作出的全部成果，罗马尼亚的现代美学思想史是不可想象的。

新的社会主义环境、新的现实以及译成罗马尼亚文的历史唯物主义创始人的著作《列宁论文学》于 1948 年的出版，《马克思恩格斯论艺术与文学》于 1953 年的出版，以及后来他们的许多其他著作的出版，在造就新一代美学家方面、在促使老一代学者转到马克思主义立场方面（这种情况总是多年研究摸索和内心斗争的结果）起了特殊的作用。这些著作的出版使进行创作活动的知识分子有可能了解到马克思主义思想。俄国革命民主主义者 B. Г. 别林斯基、H. Г. 车尔尼雪夫斯基、H. A. 杜勃罗留波夫、A. И. 赫尔岑，俄国和欧洲马克思主义者 Г. B. 普列汉诺夫、B. B. 沃罗夫斯基、A. B. 卢那察尔斯基、Ф. 梅林、A. 格拉姆西等人著作的问世，以及苏联美学家著作的问世，对于罗马尼亚美学思想的发展来说，具有同样重要的意义。

罗马尼亚美学思想的特点是：一方面，它是从文学理论和文学评论发展出来的，同时上升到对艺术和整个文化进行广泛概括的高度（也就是说，它继承了格里亚和迈约勒斯库学派的传统）；另一方面，美学问题之提出又是跟建立社会学文化（其中包括建立新社会的艺术）的具体任务相联系的。也正是由于这种缘故，使六十年代的美学家们感兴趣的是现实主义问题、艺术职能问题以及艺术家在社会建设中的地位问题。

从法西斯主义下解放出来后最初几十年的美学思想反映了国家发展中新的历史阶段的特点，它特别注意创作与艺术的社会意义。因此，多布洛贾奴·格里亚学派成了国家精神生活中最有影响的学派，而美学自主论的维护者则受到尖锐批判。与此同时，这种批判并不总是以应有的高度进行的。譬如，对现实主义概念，当时就是以庸俗社会学的态度作了狭隘的解释，并将它归结为对现实的直截了当的反映。"这就不可避免地导致把现实主义贬低到纯粹命题的水平"〔33，第18页〕。

1964 年至 1967 年的讨论，以及 1971 年罗共中央全会后就改进文化领域的思想工作在报刊上展开的讨论，大大促进了罗马尼亚美学思想在马克思列宁主义基础上的发展，并有助于弄清楚过去的错误。

1964 年的讨论触及现实主义问题，参加讨论的人都力图使现实主义摆脱开教条主义的羁绊。"无边现实主义"论出现在他们面前，然而在争论过程中，学者们却得出一致的意见：没有边的现实主义会变成一个摇摆不定的公式，这样的公式不可能促进创作活动。连续好几年罗马尼亚就批评问题展开了争论。打的幌子是维护 T. 迈约勒斯库的思想，实质上矛头是冲着 Дж. 开利涅斯库的理论来的。不过在辩论中发觉，把两位学者的理论对立起来的做法从一开始就是错误的。与此同时，参加讨论的人再次强调指出旧日文化、继承性在建设新社会的创造过程中的作用；此外，罗马尼亚文学与美学思想的最大代表人物——И. 艾里阿杰·列杜列斯库、T. 迈约勒斯库、H. 约耳加、T. 阿尔盖吉、Л. 布拉加、Э. 巴尔布、Э. 洛维涅斯库等人的创作也得到应有的评价。

多次讨论表明，新美学必须依靠马克思列宁主义理论的基本原理。在讨论过程中制定了"指导批评"的原则，稳固了把美学问题跟文学与文化理论联系起来的现有传统，即从前代人继承下来的那个传统。

现在，罗马尼亚美学思想正发展成好几个流派。其中一个流派是哲学美学，它是在布加勒斯特大学的《哲学杂志》和《美学年鉴》两家刊物上以及最近十五年的专题论著中得到发展的。在这个流派的范围内深入研究了马克思主义美学的范畴和艺术的职能。例如，M. 布里亚祖的著作《艺术认识》（1960 年）就是这样的。在涉及艺术的对象、艺术认识的道德性、审美价值、艺术思想和艺术的人民性等问题时，作者依据辩证唯物主义哲学原理，运用罗马尼亚与全世界古典与现代艺术的大量例证，对艺术认识过程的内容、普遍特点、艺术的特征与职能进行了考察。M. 布里亚祖的其他著作——《现实主义与现代》〔6〕、《科学思想与艺术思想》〔1〕——也是循着这个路子写成的。

И. 雅诺什表现出对研究美学范畴很有兴趣。他研究的面很广，不仅研究美学范畴体系问题（美、悲剧）、艺术价值问题（例如，在《辩证法与美学》〔12〕一书中），而且也研究俄国文化（其中包括文学）对罗马尼亚文学的形成所产生的影响。他的《小说巨著与二十世纪》一书〔14〕专门分析了俄国与苏维埃艺术中最伟大的作品，如：列·托尔斯泰的历史性长篇小说《战争与和平》，马·高尔基的《克里姆·萨姆金的一生》，米·肖洛霍夫的《静静的顿河》。雅诺什的专题论著《陀思妥耶夫斯基》〔13〕研究了这位俄国作家在道德、哲学方面的探索以及这些探索对西欧文学的影响。《谈谈两个不相识的人物——陀思妥耶夫斯基和托尔斯泰》一文〔15〕则专门研究了这两位伟大俄国语言艺术家的相互关系。

最近十年来的许多著作证明：这些书的作者们都锐意研究美学范畴。例如，И. 帕斯卡笛的《理想与审美价值》〔25〕和《审美水平》〔26〕、Гр. 斯迈乌的《罗马尼亚美学中美的含义》〔31〕和《罗马尼亚农村中的审美原则》〔30〕、Т. 莫卡奴的《论崇高》〔22〕、Д. 马太的《艺术中的传统与革新》〔21〕、Л. 鲁苏的《美的逻辑》〔27〕等就是这样的。这些著作多半都总结了多年来有关马克思列宁主义美学迫切问题的争论，作者们与众不同的特点是：他们都真诚地力求摆脱对待马克思主义美学的迫切问题与基本原理的教条主义态度。

现在罗马尼亚正积极研究国外美学家捷·卢卡奇、贝·克罗齐、罗·尹加尔敦、让·保·萨特、М. 杜夫林等人的美学观点，并研究资产阶级哲学与美学思想的各种流派——存在主义、结构主义、现象学、信息美学。罗马尼亚的美学家们在依据马克思列宁主义的方法论对国外作家的理论进行分析时，经常注意审美价值的特殊性、艺术语言的特色、美学上的趣味，从而避开了可能发生的把审美领域跟其他社会意识形式混为一谈的弊病。

除哲学美学外，**具体美学**在罗马尼亚也得到顺利的发展。这种美学的任务是就文化建设的各种问题提出估价与建议。在这个流派范围内写出的著作如下：И. 阿吉姆的《工业美学导论》〔3〕，Г. 阿吉采的《新的审美价值与现代装饰物品》〔4〕，等等。诸如此类的研究不仅促进了罗马尼亚文化建设任务的实现，而且也促进了新型人物的形成。属于这类研究成果的有：关于科学技术革命对艺术的影响的学术著作，关于各种形式的大众文化对创作、对艺术作品欣赏能力的影响的学术著作；以及这样一些著作，即其作者试图将控制论、信息论、数学这样一些具体科学的方法运用于研究艺术。这里可以指出 B. E. 马塞克的著作《数学与美学》〔20〕、《艺术与数学》〔17〕、《信息美学导论》〔18〕以及 C. 马尔库斯的著作《数学诗学》〔16；也可参看 11〕。

1968 年出版的第一本马克思列宁主义美学教科书和 1972 年出版的《美学辞典》〔8〕，证明罗马尼亚美学科学的发展已达到高级水平。此外，在全国许多高等院校里还就该校或该系科的专业特点开设了这门哲学课程。罗马尼亚社会主义共和国精神生活中的一个重大事件，是 1972 年在布加勒斯特举行了第七届国际美学会议。

今天的罗马尼亚美学是一个在对祖国科学的种种任务有着日益深刻了解，对国外马克思主义美学思想的各项成就有着日益深刻认识的基础上进行孜孜不倦的探求的领域。罗马尼亚的马克思主义美学支持基于人道主义原则的艺术。在这种艺术中，人，具有种种欲望与疑难、种种希望与失望的人，是社会主义新社会的创造者，并以现代化的形式和恰当的艺术手段被表现出来。

罗马尼亚马克思主义美学的发展证明：它有能力评价昔日文化的成就，有能力从各种新思想中吸取其合理的颗粒，如果其中真理与谬误混杂在一起的话。

第十二章

——

资本主义国家中的马克思主义
与美学思想的发展

——

第一节　资本主义国家中马克思主义
美学发展的一般性与特殊性

二十世纪的马克思主义理论是在无产阶级革命、伟大的十月社会主义革命在俄国取得胜利、帝国主义陷于普遍危机的时代发展的。由于这种缘故，在社会主义取得胜利的国家里，诸如社会主义艺术与文化的相互关系等许多问题，都从理论研讨的领域转到具体实践的范围。在资本主义国家中，共产党和工人党政治观点的日臻成熟、日益巩固和影响日增，使得争取社会主义艺术的斗争成了目前大家关注的问题，这场斗争是未来社会体制下文化的基础。在这些国家里，马克思主义美学的发展是在复杂的情况下进行的。这种发展取决于各国经济与政治生活的性质，取决于工人运动的特点和马克思主义传播的情况。但是，马克思主义的美学思想，法国和意大利的也好，德国和奥地利的也好，英国和美国的也好，不管各有哪些特殊因素，无不到处表露出这样一些一般性的特点，如：对资产阶级思想的不可调和性，对修正主义者进行批判，坚持无产阶级艺术的原则和理论，批判现代主义，等等，这就使人有理由把它叫作工人阶级及其先锋队——共产党的美学。

马克思列宁主义美学理论的发展在不同的国家里是不平衡的，它的某些方面发展得也不平衡。这些或那些问题的迫切性是由时代注定的。譬如，二十世纪头几十年，最重要的任务是论证对待艺术的唯物主义态度。唯心主义把艺术解释为纯精神活动，与此相反，当时出现了这样的必要：必须表明艺术的社会性、阶级性和明确的政治方向。过分夸大这些因素的作用则往往导致把美学跟艺术社会学混为一谈。这是二十年代各国马克思主义美学思想的共同特点。在二十年代末的苏联美学中，对艺术的社会基础——人民性——作为更广泛理解的观点取代了把艺术解释为阶级意识形态现象的观点，美学在列宁反映论的基础上牢固地树立起来。这时，在国外的马克思主义美学中，也可看到类似的过程。促成这一点的是：历史唯物主义创始人的先前不为人知的著作这时翻译出版了，这种翻译出版工作基本上是在三十年代开始的。此外，也由于见识了苏联学者的著作。

当然，并不是在所有国家中这个过程都是以同样的速度发展的。在那些年里，提到日程上来的主要问题是反法西斯主义的斗争。各国共产党的工作条件差别很大。实行了法西斯专政的国家的共产党处于极端秘密的地下状态；在建立了人民阵线的、像法国这样的国家中，领导广大劳动群众民主主义运动的共产党人促进了美学思想对明确政治目标的选定；在英国和美国，反对国内外法西斯主义的斗争，反对政治界和文化界所有反动势力的斗争，成了共产党人活动中主要的纲领性的东西。三十年代的经济危机引起的罢工浪潮，工人运动的壮大，这一切使得二十世纪伟大现实主义作家创作中的社会题材深刻化了。在此"红色"年代（资产阶级文艺学中通常都是这么叫的），社会主义现实主义在无产阶级艺术的实践与理论中逐步树立起来。最优秀的马克思主义美学代表人物认为，为了保护精神珍品不受法西斯主义摧残，他们必须直接投入政治斗争。其中有很多人在这场斗争中献出了自己的生命。

资本主义国家马克思主义美学思想的发展，在战后年代也是在复杂的情况下进行的。旨在镇压共产党人的、各种反民主的运动、各种查禁和迫害，都未能动摇共产党人捍卫政治与文化领域进步理想的决心。马克思主义者的活动是多种多样的。它包括：参加政治运动，在党和工会的代表大会上、在群众集会上发言，报刊的批判、评论工作，组建自己的出版社，翻译和出版马克思列宁主义经典作家的著作，以及对辩证唯物主义理论有所发展的现代学者的著作。在某些场合，由于工人阶级的顽强斗争，马克思主义者获准到大学教研室工作。

从四十年代开始，文化问题便成了美学和共产党实践活动的中心问题。这个问题既包括对过去文化遗产的研究，也包括对今天资产阶级文化的态度。在资本主义国家中，民主主义的文化被资产阶级的"大众文化"紧紧地包围起来，处在现代主义艺术、所谓的亚文化（субкультура）——一种以左倾情绪为特点的青年文化、各个少数民族的文化等等的包围之中。在这里，美学问题与社会政治问题紧密地交织在一起，为了解决这些问题，马克思主义者运用了阶级斗争的理论经验和实践经验。

艺术评论领域是跟资产阶级意识形态进行激烈斗争的另一地段。在西方，马克思主义者以爱护的心情支持社会主义现实主义的年青力量，随时准备着向那些继承了批判现实主义的人道主义传统的艺术家伸出援助之手。为捍卫民主主义的艺术，马克思主义者同唯心主义美学进行了斗争，这种美学是资产阶级艺术评论的方法论基础。如果说，在二十至三十年代，马克思主义的作家与美学家们不得不同直觉主义与非理性主义进行斗争的话，那么，在第二次世界大战后，存在主义、心理分析、结构主义则成了马克思主义的主要敌人。马克思主义者的活动并不限于跟资产阶级理论家进行论战。他们对马克思列宁主义美学理论的正面发展乃是对美学领域资产阶级唯心主义理论的最好驳斥。

第二节 法国马克思主义者著作中的美学问题

二十世纪法国马克思主义美学的主要特点是：它是在同艺术文化问题的紧密联系中、在争取进步艺术的斗争中发展的。进行这种斗争的是法国共产党，它从 1920 年成立时便在这个国家举起了马克思主义的旗帜。法国共产党人为了捍卫马克思主义理论不受机会主义者和修正主义者玷污，力图依靠苏联文化革命的经验和社会主义现实主义艺术的发展，将革命理论的基本原理付诸实现，他们在理论活动中捍卫了辩证唯物主义的艺术观、艺术与社会的联系以及对艺术活动的具体研究中的马克思主义方法论。法国共产党第二十次代表大会在总结几十年来的这项工作时指出："共产党在继承和发扬跟文化生活有着紧密联系的工人运动和民主运动的传统时，并且作为一个以解决切身问题为宗旨的政党，曾竭尽其力地对文化问题给以坚持不懈的关注。我党的全部历史就是以杰出文化活动家的名字为标志的"〔9，第 221 页〕。在这些人当中，可以指出 П. 瓦扬·库蒂利耶、A. 巴尔比斯、A. 弗朗斯、П. 艾吕雅、Л. 阿拉贡、П. 毕卡索、Ф. 约里奥·居里、П. 朗之万、Ж. 波里采尔、A. 瓦龙、Ж. P. 布洛克。

在这个国家里，由于资产阶级有一个炮制社会思想的发达的系统，马克思主义思想体系的宣传遇到困难。在这样一个国家中，精练的马克思主义艺术评论，从法共代表大会和临时性会议的讲坛上对美学问题进行讨论，以及进步文化工作者的出面发言，都是宣传进步艺术观点的良好手段。在战前时期，法国能够深入研究马克思主义思想的专家确实为数不多，不过，一些重大的理论研究成果在三十年代就已经开始出现了〔3〕。加强对理论的注意是战后时期的特点，当时马克思主义在法国的影响已经大大增长。造成这种情况的主要原因是社会主义的历史性胜利，这些胜利证明了马克思、恩格斯、列宁的革命学说的正确。法共在抗战时期为争取民族独立所进行的英勇斗争，在四十年代末与五十年代为消除战争后果所进行的英勇斗争，也具有重大意义。马克思主义日益增长的威信被哲学家们巩固了下来，在同资产阶级思想家们进行的极其尖锐的论战中，他们捍卫了辩证唯物主义世界观的最重要原理〔参看4〕。就是在后来，法共也继续鼓励理论探索。譬如，在1959年成立了专门的马克思主义研究中心。在他们的宣传工作中起了并正在起着重要作用的，有法共的这样一些出版物，如：《共产主义手册》(*Cahiers du communisme*)、《新闻评论》(*Nouvelle critique*)、《思想》(*Penst' ee*)，此外还有《社会》(*Editions soeiales*)的出版工作。

马克思主义美学是在法国共产党成立时期作为实践美学——艺术评论——形成的。这一点在反动势力恰恰把持着评论领域的情况下显得特别重要。此外，艺术评论无疑也有助于对艺术活动的实践产生影响，并促使其成果在广大读者群众中间广为流传。艺术评论是在 Π.В.瓦扬·库蒂利耶的积极参与下创立的，M.多列士曾把他称作"法国文化革新运动的鼓舞者"。艺术评论所依据的是像 A.巴尔比斯和 P.罗兰这样一些杰出的法国艺术家的活动，他们的活动丰富多彩，有创作活动、写作活动以及新闻记者的活动。

为吸引创作界知识分子参加伟大无产阶级解放运动而进行的多年工作，是同 A.巴尔比斯的名字联系在一起的。1925年他给阿·瓦·卢那察尔斯基写信说，要进行这项工作必须创办一家刊物。巴尔比斯善于使许多国家的进步文化工作者对之感兴趣，由于他的积极努力，这家刊物终于办起来了，并于1928年开始出版，取名为《世界》(Monde)。在头几期上发表文章的有：П. 瓦扬·库蒂利耶、Д. 李维拉、Р. 泰戈尔、Д. 尼赫鲁、Ф. 列热、Э. 辛克莱、Г. 曼、Л. 穆西纳克、М. 柯里曹夫、阿·瓦·卢那察尔斯基。虽说后来该刊物由于巴尔比斯本人的错误政治立场和所登文章的折中主义而在某些时间内丧失了真正进步刊物的声誉，但是，正像苏联研究工作者 B. C. 索柯洛夫所指出的，"在二十年代末至三十年代初，《世界》乃是法国唯一的'革命文化周刊'"〔19，第26页〕。

宣传马克思主义艺术观点的机关刊物，在二十年代是《人道报》(Humanité)，该报从1923年起成为共产党人的中央机关报。早在1920年，党的最大活动家 М. 卡申就在该报上旗帜鲜明地发表了一系列文章。他是从俄国回去的，并就艺术由于无产阶级的胜利所面临的前景发表了自己的看法。领导《人道报》文艺专栏的，是1923年加入法国共产党的 А. 巴尔比斯。1926年，П. 瓦扬·库蒂利耶成了主编。一批共产党员艺术评论家的出现是跟该报有联系的。很有意义的是，这第一批在自己的领域中享有声望的专家们都跟当时最年轻的艺术之一——电影艺术有关联，列宁曾把电影艺术称作最大众化的艺术。

在电影研究工作者当中，列昂·穆西纳克是最认真的人之一。《人道报》上的有关专栏就是他主持的。他的年轻同事若尔日·萨杜尔发表的言论在这个领域中是很重要的，此人于1927年加入法国共产党，并从1930年起出任《人道报》编辑。苏联读者都知道他是《电影艺术史》

一书的作者（俄译本于 1957 年出版），这本书他写了二十多年。与广告性报刊、"黄色"新闻工作者不同，马克思主义评论家发表的言论揭穿了关于电影艺术的种种奇谈与谬论，密切结合着资本主义商业、书刊检察机关的压制、财政概算、政治保险等体制考察了电影艺术。他们同各种各样的形式主义流派进行了论辩，证明了早期电影院跟民间木版画、跟民间剧场、戏园上演的节目的联系。萨杜尔认为，电影与其他艺术之间并没有一道不可逾越的帷幕隔开，电影与戏剧、文学、绘画是互相作用的。

在三十年代经济危机时期，人们对马克思主义经典作家的理论原理的兴趣急剧增长起来，因此，当时开始出版他们的著作的法文译本。保·拉法格的《文学评论》一书的问世也是一件重要的事情。该书收入了论述法国文学史、论述左拉与雨果作品的文章。在这本书的前言中，理论家、作家、法共著名活动家 Ж. 弗莱维尔描写了拉法格善于把文学评论纳入当代社会斗争的本领，并强调指出：不知晓这位有血性的马克思主义思想宣传家的著作，科学的艺术评论是不可想象的。拉法格发表的许多思想显然经受住了时代的检验。譬如，他对自然主义的评价，他对把社会达尔文主义搬进艺术的做法的反对，至今仍保有现实的意义。在三十年代的法国，知识分子醉心于心理分析、醉心于在心理分析基础上发展起来的超现实主义的情况十分严重，超现实主义是二十世纪头三十余年资产阶级艺术的一个有势力的流派。

这时，旨在反对唯心主义哲学的马克思主义学术著作开始出现。在这种论著当中，应该指出 Ж. 波里采尔的著作。他论述的题目有：辩证唯物主义问题，柏格森的哲学与心理学观点，心理学的危机。当时这位马克思主义研究工作者断言：法国资产阶级心理学的基础本身就有缺陷，因为它歪曲了关于人的真实观念。正如 Л. 谢夫所指出的，"波里采尔能够预见到：关于人的科学不能依靠任何把人的本质加以心理学化的办法，而应该把历史唯物主义与政治经济学作为自身的基础"〔3，第 435 页〕。

1928—1929 年波里采尔曾著文反对把人仅只局限于意识的"内心生活"〔8〕，他这种见解是跟 P. 罗兰在 1935 年谈到他的同时代人时所说的话互相呼应的。P. 罗兰写道："谁也不会反对任何一位真正的艺术家有权利，甚至有义务聚精会神地进入自己的内心世界……。但是，问题在于这个世界不可能是作者永远的家……。只有当人们从幽居深思中得到重新行动的新的力量时，幽居深思的生活才能被人谅解。西方大多数艺术家都千方百计利用各种借口力图避开这一点。"〔2，第 571 页〕

如果回忆一下〔参看《美学史讲义》第 32 讲〕，在那些年的资产阶级美学中占优势的观点是：艺术被解释为形式，这形式虽说以物质要素为凭借，但毕竟与生活无联系，而创作活动则仅被看作善于掌握、运用材料的高超技艺，而与社会价值完全割离；如果回忆一下这一切，那么，发表上述言论的及时性也就一目了然了。美学科学中的这些倾向曾在维克托·菲尔德曼的《法国现代美学》（1936 年）一书中受到批判。

使这本书与众不同的，是三十年代的青年马克思主义者所特有的那种先提出方法论问题，再对资产阶级学术资料进行批判性评价的意图。菲尔德曼把美学看作哲学科学，因此，对于与他同时代的资产阶级美学家的观点，他从其方法论基础方面进行了分析。菲尔德曼在继续对资产阶级哲学的唯心主义原则进行马克思主义的批判时，以 A. 柏格森与 B. 巴什为例子，表明他二人对艺术与创作过程的主观唯心主义的理解具有非理性主义的意图。此外，他还指出了像阿朗、A. 德拉克鲁瓦、Ш. 拉洛这样一些享有盛名的研究工作者的著作中的实证主义因素。在这位青年研究工作者心目中，Э. 苏里奥、A. 弗西翁、P. 贝叶的著作所提出的美学成了独特的"第三种力量"。菲尔德曼正确地指出了这几位理论家对艺术的现实方面的向往。但是，思量了"现实美学"的更为一般的论据，他能够理解到：这种美学的意图的基础依然是形式主义。

关于艺术必须同生活保持密切联系的论题，法国马克思主义者企图用吸引文化工作者积极参加社会生活的办法来实现。现实本身也要求这样做，因为法西斯主义已经在德国、奥地利和意大利上台执政，法西斯主义的威胁日益增大。1935 年，在很大程度上是由于法国共产党的斗争，建立了统一的左翼政党人民阵线。这样就有可能为法国劳动人民进行文化革命的具体行动纲领奠定基础。在这些年里，工人的俱乐部、活动小组、学校、图书馆大大增加，形成网络。M. 多列士在评论人民对知识、艺术的向往时指出："我们的无产者和青年农民是多么渴望知识啊！做粗活的工人和做时装的女工具有多么好的艺术鉴赏力啊！"〔1,

第 216 页〕。我们发现，苏联进行文化革命的经验是这项工作的长时期的方向标。

法国共产党人探索了吸引知识分子参加这项新工作的有效形式。当时起了重大作用的有这样一些杂志，如：1923 年由 A. 巴尔比斯和 P. 罗兰创办的《欧洲》(*Europe*)、《公社》(*Commune*)，这两家杂志 1937 年时曾由 P. 罗兰与 Л. 阿拉贡编辑；以及《思想》(*La pens'ee*)，这家杂志于 1939 年开始出版，参加编辑工作的有 П. 朗之万、Л. 阿拉贡、Ж. 刘尔萨、Л. 穆西纳克、Э. 特里奥列〔详见 16；18〕。雅克·杜克洛的报告《知识分子的权利》专门论述了在知识分子面前展开的远景，这些知识分子把自己的命运不仅跟反法西斯主义的进步斗争，而且也跟工人阶级的命运联系在一起。为知识分子、为使他们积极参加反法西斯主义的搏斗而进行的斗争，在很大程度上决定了法国文化工作者在抗战年代所采取的那种公民应有的立场。

为国家解放而斗争的时期以及战后最初几年，国内的特点是左派民主力量的迅猛增长，这些力量对确定法国新的宪法原则产生了决定性的影响。在这种迅猛增长中法共起了重大作用。左派民主力量的这种高涨所产生的良好影响不能不在艺术的发展上表现出来。这种新思潮在诗歌作品中表现得特别明显（例如在 П. 艾吕雅和 Л. 阿拉贡的创作中），诗歌作品"直到那时为止都是复杂化了的、书斋里的东西，只面向范围非常狭小的一部分人，而现在则充满了崇高的爱国主义的热情，并且广大人民群众都可以读懂"〔12，第 10—14 页，第 25 页〕。П. 艾吕雅在描绘这一过程时指出，发生了一场从"一人境域到大众境域"的运动。

还必须指出造型艺术领域的变革。在造型艺术中现实主义的和民主主义的倾向加强了。艺术家们开始更深入地审视生活、分析生活，触及尖锐的社会问题。当时发现法国艺术家们对宏伟的形式有一种特殊的爱好〔参看15〕。这时（1948年），Ж. 昂布拉尔在巴黎近郊的市政厅（圣德尼）做成了他那幅以法国游击队（马基——Maqúis）斗争为题材的著名壁画。依进步艺术家们看，宏伟形式的发展、实用艺术的复兴，乃是引导艺术走向人民的道路。共产主义艺术家 Ф. 列热曾幻想为公共建筑制作大幅陶制复墙画，他在这些年里画了著名的油画《休息》《建设者》，这些画都充满了对劳动人民的深刻敬意。在战争年代加入法国共产党的 П. 毕卡索为在法国南部恢复制陶业花费了许多精力。Ж. 刘尔萨也是共产党员，苏联人都很熟悉他的作品，他是一位热心恢复装饰用糊墙纸艺术的画家，他认为这种艺术是宏伟宣传的手段之一。

党的报刊上的马克思主义评论广泛地阐明了进步的艺术生活中的事件，确立了乐观主义的创作观念，这种观念跟存在主义和人格主义所建议的个人主义的决定是根本相对立的〔参看《美学史讲义》第32讲〕。这些言论的发表继续了人民阵线时代的传统，根据这种传统，进步艺术中的任何一个重大事件都不应逃脱开党的注意。

法国精神生活的内在过程反映了战后欧洲生活中巨大的民主主义的变化。在同德国和日本法西斯主义的残酷搏斗中证明了自身的不可战胜性和进步性的社会主义，不仅成了苏联社会发展的目标，而且也成了欧洲和亚洲一系列其他国家社会发展的目标。马克思列宁主义学说对于许多左派知识分子来说具有一种吸引人的力量——这一点已不再有人怀疑。它对资产阶级哲学的影响在法国马克思主义者的著作中得到分析〔3〕。在五十年代，马克思主义者就辩证法、异化、自由、人道主义、认识论等问题发表见解当时成了引人注目的事态〔关于这一点，请参看4；11；17〕。这些见解就是对于美学也具有重大的普遍性的哲学意义。对于美学来说，同样重要的是关于马克思主义与民族文化的联系问题的讨论，这次讨论在这个时期具有尖锐意识形态斗争的性质。这时出版了勒·笛卡儿和弗·拉伯雷深刻唯物主义的学术著作；阐明了马克思主义跟启蒙运动学者与空想社会主义者的哲学的联系；揭穿了那些力图推崇非理性主义与宗教学说的资产阶级学者的伪造行径。

　　正是在那个时候进行了阐述马克思主义美学原理的尝试。这是 A. 列菲伏尔在他的《美学引论》一书（1953 年）中实现的。诚然，他后来转上了敌视马克思主义的立场，但他这本书，整个来说是符合时代要求的，因为它把矛头指向形式主义艺术，此外还阐明了社会主义现实主义的部分理论问题。关于人的问题当时是个尖锐问题，资产阶级报刊上曾展开激烈争论。列菲伏尔在考察这个问题时表明：马克思和恩格斯提出的社会实践概念是辩证唯物主义对人、对人的历史的解释的出发点。审美需要是在劳动过程中人的感觉不断丰富、发展的基础上产生的。在阐述这些问题时，列菲伏尔揭穿了唯心主义对艺术创作和艺术史的解释。一位苏联研究工作者在该书俄译本序言中写道:"不过也不可忽视列菲伏尔在叙述马克思主义美学的哲学基础时有严重的疏漏。作者把注意力仅只集中于描述马克思主义艺术观的那个跟历史唯物主义原则相联系的方面……。可是,马克思主义的艺术观要求把形象作为现实的特殊反映形式加以分析。"〔18,第8页〕该书的这个缺点并不是偶然的。时间证明:列菲伏尔对主体与客体的辩证法做了不正确的理解,在他的解释下,客体的物质性的意义化为乌有了〔关于这一点,请参看4〕。

诸如此类的错误证明:对唯物主义哲学的一条极为重要的原理如何应用于美学,研究得不够。忽视这条原理或对它做简单化的理解,导致这样的结果:当时被视为马克思主义者的罗·加洛迪的《论没有边际的现实主义》一书的问世很快便成为可能的了。加洛迪在评价现代艺术现象时立场的毫无根据表现在他拒绝对艺术形象做深入的了解。这样,任何艺术反映形式便都能取得"现实主义的形式"这种称号了。在强调创作艺术作品的创造性时,加洛迪勾销了艺术创作的社会本质与社会意义。这跟他错误地理解人有关,他把人仅仅看作单独的个体〔3〕。这位修正主义者还否认艺术的认识职能。加洛迪在把艺术创作跟反映现实的认识过程对立起来时,宣布艺术作品是神话。这样就再一次巩固了创作的那种极端个人主义的、"发自内部"的性质,创作既具有这种性质,自然也就勾销了创作的思想意义与社会意义问题。

修正主义在美学问题上表现得特别锋芒毕露。在这个事实中有一定的规律性。正像 A. Я. 季斯所说的,当资产阶级哲学在人的问题上表现得特别积极的时候，"美学……便成了一种独特的试酸纸，这种纸不仅能显示出这些或那些作者、这些或那些流派的艺术立场，而且能显示出他们的思想政治立场"〔13，第418页〕。

1966年，意识形态与艺术问题成了讨论的课题。讨论起初是在法共理论刊物《新闻评论》（*Nouvelle critique*）上展开的，然后是在法共中央阿尔让特伊会议上，该次会议讨论了评价艺术作品和创作界知识分子劳动的标准。当时通过的一项决议中写道："党珍视并支持创作工作者在自由发挥其想象力、审美趣味和特点的情况下对人类进步事业作出的各种形式的贡献。党希望他们能赞同并支持工人阶级的意识形态与政治立场"〔5，第279页〕。法国共产党人在吸引艺术家与全体文化工作者参加争取实现进步社会理想的积极斗争时，提出了保护创作界知识分子在工业化资产阶级艺术与大众性交往手段体系中的权利的建设性建议。

现在，法国马克思主义者赋予文化观以重大意义。他们批判了 A. 马尔罗的文化理论。后者认为文化是一种陈腐的东西，它只能归结为这样一种艺术创作，这种艺术创作给灵魂提供某种补偿，以弥补现实生活的丑陋〔9〕。法国共产党人在他们党的第二十次代表大会上声明：在他们看来，文化不是奢侈，不是商品，不是补偿，而是人的不断增长的迫切需要。资产阶级手中的大众性交往手段鼓励偏见，甚至往往鼓励低级本能，压缩观众的理性活动范围。马克思主义者在揭穿这些交往手段的反动作用时，对筹建新的人民的讲堂赋予重大的意义，这种讲堂的建立会成为民族文化繁荣昌盛的条件。他们把这个问题跟争取增加劳动者自由时间、争取合理利用自由时间、争取教育民主化的斗争联系起来，这是十分公正的。

共产党人用来与形式主义艺术理论相对抗的，是把美学问题作为法国未来发展问题、法国文化繁荣问题的一部分创造性地从实际上加以解决。法国共产党人也反对统治集团所支持的关于文化"中立"的命题，并坚决批驳了把文化加以"超政治化"的企图，认为这是"反文化"的表现之一。马克思主义者维护艺术对世界的反映的丰富多彩性，认为把艺术创作仅仅归结为一种（政治）尺度就会使艺术失去其特点，而把政治解释为情绪洋溢的心境则会引导劳动人民脱离争取一定社会地位的自觉斗争。由于整个资产阶级文化危机日益加深，文化问题现在在法国具有特别尖锐的性质〔9〕。

第三节　意大利的马克思主义美学

马克思主义在西欧任何一个国家里都不像在战后的意大利那么流行。反抗把各个社会阶层联合在一起，深刻的民主改革开始有了可能。那些年发表的、意大利共产党创始人 A. 格拉姆西的著作，是制定争取新文化斗争纲领的理论基础。

五十年代中期工业生产的大跃进把意大利变成一个发达的工业强国。当时意大利生活方式的主要特征是传统的地方风尚与超现代化思潮奇异的结合。随着岁月的流逝，与消费社会的反差倒日益增大了。这种新的现实在文化领域产生大量新的问题，并在马克思主义者面前提出了新的任务。

著名评论家（К. 萨林纳里、Ч. 鲁波里尼、М. 斯宾奈里、А. 德尔·格维尔乔）、意共领导成员（П. 陶里亚蒂、М. 阿里卡特、Дж. 纳波里塔诺）在共产主义报刊上发表文章，就意共中央全会与代表大会的各项决议进行宣传，组织讨论会、展览会与联欢节——这就是意大利共产党人意识形态工作的多种多样的形式。意共认为，吸引广泛社会阶层参加讨论是党的文化政策的最重要事情，但这种讨论不是耽溺于抽象的定义，而是涉及当时的迫切问题。

研究美学问题的意大利杰出马克思主义者的理论遗产是对马克思主义文化理论的重要贡献，现代科学还远没有充分掌握它。我们指的是安东尼奥·格拉姆西、安东尼奥·班菲、卡尔瓦诺·德拉·沃尔培的著作。

A. 格拉姆西在法西斯主义在政治上专政、克罗齐在自由派知识分子头脑中"专政"的时期，写了他的《狱中札记》。由于他认为撰写这本书是深入研究马克思主义美学的前提条件，因而他的札记也就成了"反克罗齐"的。格拉姆西详细分析了克罗齐的哲学，表明了克罗齐对马克思主义的批判的站不住脚，表明了他的理论的独断性质。所以，他的在战争结束后才问世的著作《历史唯物主义与克罗齐哲学》《文学与民族生活》，虽说是很早以前撰写的，却是十分现代化的。当然，与克罗齐论战就是在推翻法西斯主义专政后也仍然有其迫切性，可是格拉姆西的著作就其意义来说已远远超出与克罗齐论战的范围。格拉姆西在同这位唯心主义哲学家的争论中，勾画出了未来马克思主义美学的轮廓，而且他的观点既摆脱了社会学观点的极端，也摆脱了片面的认识论立场。

格拉姆西从理论上表述了并在实践中实现了从**全部文化的来龙去脉来考察每一个文化现象**的要求，也就是说，不能单从华贵文化着眼，也不单纯是"从广泛历史背景"来看，而是要追踪意识形态的各不同阶段与社会经济基础之间的全部联系。马克思主义被他理解为"绝对历史主义"，因而，他认为，"把烦琐哲学的武断原理从口袋里全部倒出来，并以各种知识充实头脑"乃是当务之急〔2，第2卷，第234页〕。

在谈到艺术时，格拉姆西认为，无论是用政治标准或用任何其他标准来代替审美标准都是不当的。这种观点绝不是抽象地表述的关于艺术自主性的某种公设的产物，也不是承认在此情况下制定的"差别的辩证法"（克罗齐）的结果，格拉姆西的这种立场乃是无条件的历史主义在美学领域的要求的具体化。

引自克罗齐的关于艺术的教育职能的话是他的论断的出发点。克罗齐指出，艺术在何种程度上是艺术，方能在何种程度上教育人，艺术并不是"教育性的"艺术，大多数有关艺术作品的否定评价所判决的并不是艺术，而是艺术所提供的那个"道德现实"。"想在镜子中看到一张漂亮面孔，而不是一张丑陋面孔的人并不希望有另一面镜子，而是希望有另一副面孔"〔转引自3，第54页〕。往下，克罗齐提出了这样的思想：艺术中的新东西是由于改造了人类活动的所有形式而产生的。关于这一点，格拉姆西说道："这种观察结果历史唯物主义也可以利用。文学并不产生文学，意识形态并不创生意识形态，上层建筑并不产生上层建筑，例外是那些因怠惰和消极被动而被继承下来的东西。它们[1]并不是经由'单性生殖'产生的，而是由于'阳性本原'——历史、革命活动——的干预，革命活动、历史创造'新人'，即新的社会关系。"〔3，第55页〕

在格拉姆西的理解中，艺术的自主性也就是艺术在该社会中受历史制约的作用，在该社会中艺术独特地自成一种活动。如果说，克罗齐设定了一系列的同一性（形式与内容、直觉与表现），一下子消除了传统美学的所有困难，那么，格拉姆西则是讲艺术中形式与内容的统一性，讲这种历史的具体的统一性的本然性。格拉姆西在把辩证地联系在一起的两极——形式与内容——单独划分出来时，千方百计地强调：艺术作品的价值不能由题材、思想或情节预先决定，也就是说，不能由那种作为随后艺术实现的材料的东西预先决定。"两位作家可以表现同一个社会因素，但其中的一位可能是艺术家，另一位则不过是个胡涂乱抹的工匠而已。局限于查明两位作家在社会方面所表明或所表现的东西……那就意味着根本不触及艺术问题"〔3，第48页〕。格拉姆西指出："迄今为止，所谓捍卫'内容'派都比他们的对手——法国高蹈派诗人更加民主"〔3，第104页〕，他认为可以讲内容

---

① 指文学、意识形态、上层建筑——译者。

具有优先地位，"只是要牢记：艺术作品是个统一整体，内容的变化也就是形式的变化。"〔3，第 104 页〕

格拉姆西克服了抽象地提出的艺术形式与内容问题在认识论上的局限性，克服的办法是他从社会学方面同时考察了这个问题。艺术的综合在这种情况下成了这些或那些观众评价、接受或不接受某一艺术作品的一个因素："当读者把内容与形式的统一作为诗的世界与情感世界的统一的前提而予以接受时，读者与作者之间的必然联系便确立了。"〔3，第 67 页〕

这样，格拉姆西便得出结论："争取新艺术的斗争既不可能是形式的改造，也不可能是内容的更新，它首先是争取新文化的斗争，也就是说，是争取新道德生活的斗争"〔3，第 53 页〕。所以，当某一政治活动家把自己的观念强加于艺术，以便"迫使艺术家表现一定的道德世界时——这种行为乃是政治行为，而不是艺术批评的表现。如果为之进行斗争的道德是一种生气勃勃、不可避免的事业，它追求发展的渴望将是不可遏止的，而且它本身将产生艺术家。如果说，尽管有压力，仍看不到这样的过程，那么，这就意味着，所谓的道德乃是虚假的道德、伪造的道德。"〔3，第 57 页〕

一是要把艺术看作意识形态的组成部分，以经济发展的具体阶段所决定的全部社会关系的总和为转移；二是必须弄清艺术活动不同于其他上层建筑现象的特点。这两点是格拉姆西美学观点的基础，并给意大利马克思主义者提供了进一步开展工作的辩证唯物主义的方法论。

意共中央委员安东尼奥·班菲的美学最叫人没法给它下个含义单一的断语了。有些人把他算作新康德主义派，另一些人认为他是意大利美学中现象学派的创始人，还有一些人则说他是马克思主义者。班菲的理论遗产的性质本身产生相当困难：除了班菲隐匿了自己立场的、论述哲学史问题的出版物（其中最重要的是他论述康德、黑格尔、菲德列尔和齐美尔的著作）以外，组成他的理论遗产的还有札记草稿、发言摘要、报告提纲，等等。这些文件由迪诺·弗尔马佐搜集并以《艺术哲学》作为总标题出版，收进该书的还有弗洛拉·泰德斯基整理的这位思想家的讲课笔记。但是，最能引起争论的大概是这一情况，即班菲的观点确实有所变化，而且，如果说他思想演变的最后一个阶段无疑是马克思主义的，那么对于他活动的以前几个阶段则不能这样说。关于他自己，这位著名学者声明："在另一种环境中（即在意大利新唯心主义〔克罗齐－金蒂雷。——A. 波果尼伊洛注〕氛围中）受教育的我，早就从黑格尔与马克思那里找到了自己的方向，这两个人不需要别人引证他们的话，因为他们就在我们的思想里，并经常使我们的思想充满生气。"〔4，第88 页〕因此，他的著作就具有尤其重大的意义。

在活动的第一个时期，班菲受到齐美尔哲学和新康德主义马尔堡学派的有力影响。一方面，哲学之所以为他所珍爱，是由于他试图"概括现实事物的活生生的复杂性，以代替把人间事物多种多样的表现归结为抽象的简单公式"〔4，第356—357 页〕；另一方面，他对康德的批判方法极为敏感。此后不久，班菲就说："……康德第一次在先验方法的基础上确定了真正哲学的真正美学的含义和问题范围。因为，这里问题已不在于把那些能说明艺术的规律性确定为审美的客观性，也不在于借助心理分析去描写审美的主观性，而毋宁说在于找出那个原则、那个先验法则——它使得审美性（астетичность）成为可能，确定它的范围并决定它的一些局部性的方面。"〔4，第 357 页〕

这样班菲就逐渐形成关于"审美性观念"的见解，这个观念不会企图揭明审美的实体性本质，但会是个"基本的"法则；这个观念不会是研究的目的，但会是个工作时的工具，它使人能够鉴别审美经验，并从其全部生动的丰富多彩性对它加以描述。班菲思想演变的第二阶段就是以表达出这一法则而告完成的。

最后，在他理论活动的第三阶段上，这位哲学家借助制定出来的概念勾画出了从不同方面——艺术史、美学、评论等——对真正审美经验进行描述的蓝图。同时"审美性观念"社会主义化了，艺术与社会问题成了中心问题。

对审美经验的两点鉴定，班菲认为所有的理论家都必然会承认，这两点鉴定就是审美经验的直接性和自主性。虽说审美经验以长期训练为前提，它却根本不同于所有其他形式的经验。不同之处是："它虽是被给予的，却是被直接给予的"〔4，第 364 页〕。对审美经验基本特点的另一个鉴定——自主性，是从这种经验的独特的主观－客观本性中得出的。如果说，文化史就是人与世界经常不断的相互适应，就是"人跟现实的纠纷"，那么，在审美情感中这种对抗转瞬之间便消除了，"我们作为理解审美经验之原则来探索的那个二律背反，在这里似乎表现了出来：审美在理论方面可以被确定为*自我*的经验与世界这两个基本的对立的极之直接的二律背反式的综合"〔4，第 366 页〕。

班菲的"审美性观念"截然不同于"能够说明一切的"唯心主义公

式，因为它带有调节观念（регулятивная идея）的性质，这种调节观念使人能够从经验中分离出审美的方面；它根本无意取代其他研究计划，"其中每一种计划都有自己的理论电荷、经验范围和方法"（4，第114页）。自我与世界的一致这一点并不意味着逃避现实、遁入想象世界，虽说正像班菲所指出的那样，在某些情况下有可能蜕变为唯美主义，如果审美关系在一定类型文化的范围内被承认为基本关系的话。

在班菲的美学中，经验的审美方面从其直接性上被解释为感受（sensibilita——感性）。在实际方面，他提出了价值观念。他观点中最重要、最有意思的，是他精细描绘的、发自内心的感受和制作艺术作品的全然间接的方式这两者之间的辩证法："感性并不是某种预先规定的、不变的东西……。无疑，每一个社会，而且往往是各个不同的社会阶层，都不仅具有自己的空间和时间界限，而且具有自己的视听形象的世界（atmosfera pittorica esonora）"〔4，第119页〕。依这位哲学家看，"自然而然的东西"与约定的东西的相互转化决定艺术作品价值的"连续性"，艺术作品作为艺术作品就是一种审美价值，但这种价值并不是由于作品的某一个方面而永远固定了的。班菲通过这种经验来解决艺术中的典型问题，这个问题跟弄清某一具体文化类型的社会历史基础是不可分的："阿喀琉斯或安提戈涅的典型性，法林娜塔或奥赛罗的典型性，堂吉诃德或答尔丢夫的典型性，高里奥神甫或安德烈公爵的典型性，都植根于社会意识之中……。这些形象的通俗性，或者更正确些说，它们活生生的人情味儿，就是从这里来的"〔4，第123页〕。

班菲认为现代艺术是危机艺术，因为它跟资本主义社会的总危机联系在一起。在这种艺术中，"传统上的真实价值为概念组成的价值所代替……。这一切被宣布为艺术自由，但实际上是创作的孤寂和间接表现出来的性质"〔4，第 124 页〕。班菲认为能够恢复艺术生命力的因素是正在复活的、对艺术的社会伦理意义的坚定信念。他把这种立场叫作"社会现实主义"，关于这种主义，他写道："必须强调指出，一方面，社会现实主义表现了对现代生活进行艺术上的解释的要求……而另一方面，它不是、也不可能是、也不希望是某种法规，而只是有着丰富的问题可研究、有探索、有创新的一个流派……。这里指的是：希望能把艺术家作为人重新摆到活生生的现实中去，从这种观点看，这是一个具有最大限度的自由和重要性的公式。"〔4，第 126 页〕

试图全面弄清审美经验与别种经验之间的联系，揭明艺术作品的价值性质并确定它不能归结为审美价值，承认美学观念的变易性——对所有这些问题的深入研究，使得班菲的美学成了马克思主义思想的重要成就。详尽研究他的理论遗产是马克思主义美学的一项刻不容缓的任务。

整个意大利马克思主义美学的特点是力图把民族文化从"美学唯灵论"下解放出来。美学唯灵论是大多数资产阶级美学理论所固有的，这些理论把艺术形象的神秘的普泛性摆在首位。卡尔瓦诺·德拉·沃尔培认为，人的抽象能力就其本性来说，无论是在诗的综合中或在逻辑的综合中都是一样的。依他看，给诗歌行文的特点下定义，而不是去引证直觉，应该是对这样一个问题的回答：究竟是什么使艺术抽象"在技术上"不同于科学抽象？德拉·沃尔培在回答这个问题时，详尽研究了诗歌行文"在语义学上的固有性"[①] 这个概念。科学的行文不是自足的,它的特点是所谓"语义学上的非固有性"。相反地,诗歌行文的语文符号的"固有性"则使它摆脱了外在的控制。德拉·沃尔培的理论跟克罗齐与金蒂雷的追随者们当中流行的那种半半拉拉的尝试是相对立的,他们试图"统计"现代语言学的成就,但是艺术形象作为"绝对语言的言词"却不能动用。

争取意大利民主文化的斗争在美学中表现为反对各种思辨的、教条式的关于美的学说的斗争。意大利马克思主义美学产生的具体条件决定了它的基本特征之一,那就是:它具有论战的尖锐性,不愿意"磨去棱角",并从原则上提出那些"最为重要、最为迫切而又难于解决的"问题。如果说作出的解决并不总是毫无问题的,并往往引起争论,那么,这只是证明所讨论的问题的迫切性。

---

① 固有性原文为 органчность,指在个体机体中或社会机体中深深扎根的性质,或完整的、合乎规律的、非偶然的性质。——译者

第十三章
—

资本主义国家中的马克思主义
与美学思想的发展
（续）
—

第一节　英国马克思主义美学思想的发展

　　三十年代英国马克思主义美学的产生是由当时这个国家中存在的强大的社会主义思想传统、二十年代规模广泛的工人运动以及社会主义现实主义艺术作品的出现等条件做了准备的。此外，英国共产党从它创立的时候起便对艺术文化问题给予深切的关注。

　　英国马克思主义的美学和评论由拉尔夫·福克斯的著作首开其端〔21〕。记者、作家、社会活动家、反法西斯主义的战士福克斯曾积极参与英国共产党出版机关的撰稿工作。他论述文学史的文章、分析评论现代作品的文章、评论政治问题的政论文章，经常出现在《工人日报》（*Daily Worker*）、共产党的理论刊物《共产主义者评论》（*Communist Review*）杂志，以及反法西斯主义统一战线的机关刊物《左派评论》（*Left Review*）月刊上。这些文章为福克斯的主要著作《小说与人民》做了准备，该书是在作者死后，即 1937 年在西班牙英勇牺牲后出版的。

福克斯把小说叫作新时代的史诗，古代史诗和中世纪英雄诗歌的继承者。他在细心探索小说的社会根源时多次强调指出，在印刷机与个人主义时代，在社会生活中史诗若采取古希腊罗马时代的形式是不可能存在的。福克斯提出这个思想时依据的是马克思的意思，马克思曾说随着社会的发展某些艺术形式将会逐渐消失〔19，第 121 页〕。

福克斯对现代文学状况所做的社会学分析以极端细腻著称，不过，是面向过去的。他有时也讲些鸡零狗碎，这些东西获得庸俗社会学观点的名称。福克斯认为，从十八世纪下半叶起，小说的发展便暂时停顿了，而在下一个世纪当资本主义进入它的退化时期时，文学中也出现了衰落。福克斯在批判他那个时代的现代主义艺术方面是正确的，但是在对待十九世纪英国现实主义作家方面便不是一贯公平的了。他认为，他们沾染了资产阶级偏见，是社会幻想、感伤情绪的鼓吹者。他在他们的创作中看不出马克思和恩格斯从他们那里所看到的那种真实的力量〔19，第 483 页〕。

与此同时，虽说有庸俗社会学观点的复发，福克斯的著作毕竟还是"为英国马克思主义美学与进步艺术的进一步发展奠定了基础"〔23，第 11 页〕。这位理论家确实提出了马克思主义美学的最为重要的问题，如：世界观在作家创作中的作用，艺术的党性，社会主义现实主义。福克斯写道："……英国小说的未来……正在于马克思主义及其公式——艺术中的'社会主义现实主义'，这个公式将把文学界的左翼力量联合起来，并给他们注入新的生命。"〔6，第56页〕

三十年代马克思主义美学的另一位大理论家是克里斯托弗尔·斯普里格。他的笔名叫考德韦尔。像福克斯一样，考德韦尔于1937年在西班牙牺牲，当时还不到三十岁。他持续进行文学与社会活动的时间虽说这么短促，但作出的成就仍然是非常之多。他的工作是记者——马克思主义宣传家、作家、学者。他出众的地方是从事人文科学、自然科学与技术科学的才能。他是航空、物理学、心理学方面的专家。他写诗、写短篇小说、写长篇侦探小说，写文化史方面的专著。他的著作《幻想与现实》《垂死文化之研究》《垂死文化再研究》对于马克思主义美学来说具有重大意义。考德韦尔是个复杂而又矛盾的人物，在英国马克思主义美学的发展中留下了深深印迹。他就艺术创作的本性所发表的见解并不都是毫无疑问的。

考德韦尔的思想是：艺术，其中包括诗，作为外部世界与内心世界之间的中介，是人们所需要的。这位理论家接受了弗洛伊德的下述原理：以享乐的本能为动力的人的内心世界跟那个要求与之相适应的外部现实世界是发生冲突的。考德韦尔问道："文学创作的基础何在呢？什么东西构成它的内部矛盾并且是它发展的促进因素？很明显，能够促进它发展的只能是那种引起普遍社会运动的特种形式的矛盾，只能是本能与周围环境之间的矛盾，是我们称作生活的、人与自然之间无穷尽的斗争。"〔3，第172页〕在每一个人身上以梦幻形式产生，而在人类的集体经验中以神话形式产生的各种幻想有助于减缓这两个世界的冲突。随着文明的发展，诗取代了神话。

由于考德韦尔的许多论点都带有值得讨论的地方，结果，五十年代初围绕着对待他的美学遗产的态度问题，在英国马克思主义者的理论刊物《现代季刊》（*Modern Quarterly*）上展开了热烈的争论。揭开这次辩论序幕的是著名哲学家 M. 康福思。他一方面保持对考德韦尔的尊敬，把他看作力图开阔马克思主义美学领域的一位勇敢的研究工作者；另一方面又宣布考德韦尔的思想基本上是错误的，因为他的思想受了唯心主义理论，其中包括弗洛伊德主义心理学的影响。英国著名马克思主义学者、研究古希腊罗马文化的专家乔治·汤姆森对康福思做了严厉的回答。他表示赞同考德韦尔的所有基本思想。如果回忆一下汤姆森本人在考德韦尔影响下撰写的那部学术论著《马克思主义与诗》（1945年），那么，汤姆森的立场也就不言自明了。

在探究原始社会中诗的起源时，汤姆森提出了这样的思想：存在着两种类型的言语，它们跟两种类型的经验——集体型经验与个体型经验相适应。集体经验更为古老。它在有节律的舞蹈、诗作中反映出来后，就是当原始集体主义崩溃时也仍然在精神领域生存下来。取代集体主义的是制造工具的个体劳动以及与之相适应的新的个体交往形式。汤姆森说道："譬如，在任何一种语言中，我们都可以找到两种言语，一种是日常的言语，个体用以进行日常的交往；另一种是诗的言语，这种交往手段更适合于具有宗教仪式性、神奇玄妙性、魔法性、节律性的集体行动。"〔16，第9页〕

依汤姆森看，在文明社会中诗的职能依然不变。这种职能就是"像往常一样地把意识从外部印象世界搬进"跟梦境相似的"幻想世界"。在梦境中"基本的冲动和欲望是所有的人所共同的，他们在有意识的生活中受社会压抑，于是便开始进行自由的游戏"。最后汤姆森作出结论："诗——这就是梦幻世界的形式"〔16，第23页〕。

关于考德韦尔的争论持续了两年。许多著名的马克思主义理论家都参加了。其中大多数人都在发言中否定了考德韦尔的下述做法：把思维与情感、科学与诗对立起来。依考德韦尔看，这样做的根据是：思维与科学是面向外部世界的，而情感与诗则是无意识的东西（本能）的表现。蒙塔古·斯莱特指出："诗人不能用自己的梦幻跟社会隔开，诗人不能陷于梦境。要是真像考德韦尔所认为的那样，我们就可以用心理分析法来释梦以代替文学评论了。"〔14，第265页〕情感跟思想一样，也以外部世界为转移，因而诗首先乃是社会生活的映像——马戈·海因曼这样断言道。"考德韦尔炮制出来的是一种狭隘的、颓废派的'纯诗'观。考德韦尔理论中许多东西之所以不能令人满意，是由于他力图把所有的诗——原始宗教仪式、劳动歌曲、麻醉性的谵语以及莎士比亚的十四行诗——统统纳入一个形式之中"〔14，第342页〕。ДЖ·伯纳尔指出，"确实，考德韦尔出色地严厉批判了资产阶级学者的哲学立场，但是他在这样做以前，他已经使他们的方法大量侵入他自己的思维了"〔15，第46页〕。

阿里克·韦斯特对考德韦尔的活动做了最为全面的、不同情况区别对待的评价。他对于考德韦尔在理论上的失误并不是隐讳不提，但他注意的是考德韦尔试图把马克思主义推广应用于那些一向被视为资产阶级思想世袭领地的领域——推广应用于人的内心经验，其中也包括审美体验〔15，第266页〕。根据韦斯特的看法，考德韦尔的主要成就是：他把诗看作"人们的理论与实践活动的一部分，借助于它，人们认识并解决那可能发生并必然发生的东西，并把幻想变为现实"〔15，第268页〕。

　　阿里克·韦斯特在其全部社会活动与理论活动中，以对艺术文化现象抱有最深刻、最全面的见解而著称。当三十年代许多马克思主义评论家断言文艺作品直接以政治为转移的时候，他就能在这个问题上采取独立自主的立场。用美国马克思主义美学史学家 Д. 马戈利斯的话说，韦斯特不把艺术作品的创作过程跟发挥职能的过程割离开来。他把文学既看作社会条件的产物，同时又看作影响社会的手段〔22，第121页〕。在1937年出版的《危机与评论》一书中，韦斯特在分析资产阶级艺术并捍卫马克思主义时，同时也提出了将庸俗化作风从美学中清除出去的任务。他强调指出："社会的经济基础，这并不是自动起作用的机器，而是一群活人……"〔17，第134页〕。在考察三十年代欧洲形成政治危机时期马克思主义美学的任务时，韦斯特写道："文学与之相联系的社会机体，这乃是向着社会主义运动的人类。评论的职能就在于：把文学、文学的内容与形式作为这个运动的一部分加以评价。评论只要站在全世界的工人方面参加这一运动，就能完成自己的职能。只有到了那个时候，美学才会变得活跃起来，而不是死水一潭。"〔17，第140页〕

　　二十年后，韦斯特写了一本书〔18〕，就这个问题再次发表意见。在这本书里，他捍卫了马克思主义的文学分析法，反对著名资产阶级文艺学家 Φ. 利维斯对这种方法的粗鲁态度。从利维斯的观点看，马克思主义硬让经济来决定全部精神文化现象，而这样一来，也就使它们丧失了精神价值与个性。为证明这种论点的荒谬，韦斯特分析了分属于不同时代的六位英国作家，六位大名鼎鼎的英国文学巨擘的作品。这六位作家是：约·班扬、丹·笛福、瓦·佩特、奥·王尔德、约·普里斯特利、杰·林赛。韦斯特把共产党员作家林赛写进六大伟人之列，意思是想说：人类文化是连续不断的，已经积累起来的精神价值将是下一个时代的财富，而未来是属于共产主义的。

英国马克思主义者对文化问题的关注在战后年代特别殷切。他们在继续批判现代主义时，完全克服了在对待文化遗产方面的虚无主义。马克思主义者也从现代文化中寻找和挑选那些能够成为无产阶级财富的艺术价值。在这方面可以作为典型的是 A. 莫尔顿的《从马洛礼到艾略特》一书（1970 年），该书副标题是《活文化之研究》。正像 Д. 乌尔诺夫指出的，他选择这样的书名可能含有这样的意思：跟考德韦尔的《垂死文化之研究》进行暗中论战〔23，第 24 页〕。莫尔顿从传统和现代文化中寻找活的因素，甚至现代主义诗作与评论的中坚人物 T. 艾略特，他也不是采取一棍子打死的态度。

通过用同一种题材写的著作，譬如用小说史这种英国文艺学界的传统题材写的著作，我们可以清楚地看出在分析艺术时所使用的方法论各有千秋。试把 A. 凯特尔的《英国小说史概论》（1966年）跟福克斯的书比较一下，我们就可以在这部马克思主义学术著作中看到一些新的特点。凯特尔给自己提出的任务是：把社会学分析跟美学分析结合起来。研究工作的任何一个阶段或任何一种方法都不应该排挤掉另一个阶段或另一种方法。"虽说我们应该把任何一部小说都看作历史的一部分，并根据它对争取人类自由的事业所做的贡献来确定它的价值，但是重要的是要记住：我们评价的是作品本身，而不是产生它的思想……"〔1，第27页〕。与福克斯不同，凯特尔不把社会的衰落跟文学衰落的必然性联系在一起。相反地，危机时期民主运动，特别是工人运动的高涨会给文学注入新的力量。凯特尔在另一部著作中写道："资产阶级时代的艺术家们能够克服资产阶级对生活的看法，如果他们持一贯到底的、现实主义的立场的话……。我们知道，这种立场会逐渐成为工人阶级的立场，成为阶级自觉的一个方面"〔2，第271页〕。

现在英国共产党正密切注视着文化领域的理论与政治工作。在《今日马克思主义》（*Marxism Today*）月刊上，以及共产党人的其出版物上，都经常刊登文章论述青年运动及其文化问题〔9〕、研究艺术史的方法论问题〔11〕、讨论创作过程〔12〕以及社会主义现实主义问题〔10〕，并对资产阶级的现代主义艺术进行批判〔13〕。

第二节　美国的马克思主义美学

美国马克思主义美学经历了一条漫长而艰难的发展道路。它发端于具有民主思想的文学评论与美学，其杰出的代表人物之一是杰克·伦敦〔参看 18，第 5 页〕。从 1919 年美国共产党成立的时候起，它便跟美洲工人运动的发展，跟它的兴衰，跟反对资产阶级思想和反对修正主义的积极斗争，跟克服内部组织上与理论上的分歧紧密地联系在一起。

美国马克思主义评论与美学的鼻祖是约翰·里德。哈佛大学毕业后，他当上了与社会主义者合作共事的记者。社会主义者的主要机关刊物在二十世纪初是 *Massis*① 杂志。在这家杂志上，里德发表了关于墨西哥革命、关于第一次世界大战期间欧洲状况的短篇小说、论文和通讯。里德在彼得格勒迎接了伟大的十月社会主义革命后，成了年轻的苏维埃共和国的捍卫者并为它献出了自己的全部精神力量与物质力量。这位美国记者认为，他的任务是向世界各国人民报道有关苏维埃俄国的真实情况。他在其《震撼世界的十天》（1919 年）一书中实现了这一愿望。里德在美国出版了此书后，便回到俄国，以便以实际行动帮助新制度的建立。1920 年他过早的去世并没有中止他的思想和人品对美国广大读者群众日益增长的影响。"约翰·里德之友"俱乐部陆续产生，它们在传播马克思主义方面起了重大作用。

俄国作家伊·谢·屠格涅夫的长篇小说《烟》的英译本中有约·里德写的一篇论述屠格涅夫著作的序言〔16〕。这篇文章对于美学史来说具有重大意义，可以把它看作美国马克思主义评论发展中的一个转折

---

① 这里可能原文有误，疑为 *Masses*，即《群众》杂志。——译者

点。如果说，发表在 *Massis* 杂志上的文章在分析艺术作品时犯有庸俗社会学观点的错误，对现实主义作家和整个古典文学的作用估计不足，那么，在分析《烟》时，里德则把对作品的深刻文学评论跟阐明它问世时的社会条件出色地结合在一起，并着重指出了它的社会政治意义。在许多美国读者心目中，围绕着屠格涅夫的名字有一层浪漫主义的雾霭，以为他是俄国大自然、地主生活方式、细腻入微的内心活动的讴歌者。里德指明了这位作家的创作跟俄国解放运动的联系，从而吹散了这层雾霭。里德还指出了过去的艺术作品跟当代生活的联系，并提到苏联政府对宣传古典遗产的关注。

可以说，在评价约翰·里德的活动对美国马克思主义美学发展的意义时，"他实质上开始了对社会主义现实主义问题的分析，对艺术创作与艺术评论中新创作方法的确认"〔18，第6页〕。

在二十年代，美国马克思主义的出版物有以下几种报刊：《工人日报》(*Daily Worker*)，《解放者》杂志(*Liberator*)，《工人月刊》(*Workers Monthly*)。从1926年起，开始出版《新群众》杂志(*New Masses*)。在二十多年的时间里，该杂志一直是党主要的理论刊物。1948年它跟1947年出版的《主流》(*Mainstream*)杂志合并。这个新的机关刊物取名为《群众与主流》(*Masses and Mainstream*)〔参看18〕。在这些刊物上，美国和世界无产阶级文学的基本问题以及带有理论性质的问题，都得到了阐述。参加撰稿工作的有许多有才华的新闻记者和马克思主义评论家，其中最出色的是麦克尔·高尔德和西德尼·芬克尔斯坦，他们二人发展了马克思主义的美学理论。

在二十至三十年代经济危机期间和继之而来的工人运动高涨时期,《新群众》杂志陆续发表了美国伟大民主主义作家 T. 德莱塞、E. 海明威、Л. 休斯、Y. 萨罗扬的文章。这促使马克思主义者重新考虑对待所谓"同路人"的态度问题。在此以前的十年里,他们对同路人采取一种不必要的毫不妥协的态度(高尔德二十年代的文章就可以作为这方面的一个例证)。到了三十年代中期,对待古典遗产与资产阶级民主派作家的态度问题得到真正的解决。不过,马克思主义的评论家们清楚地看到无产阶级文学与资产阶级民主派文学在创作方法上的不同。从三十年代中期开始使用的"社会主义现实主义"一词开始成为重要概念,它把无产阶级文学中描写生活的各种方法的特点联成一体。

但是,在三十年代末至四十年代初,美国马克思主义美学中开始显露出修正主义思想的影响,这些思想是从钻进党的领导层的机会主义者布劳德那里来的。这种情况带来的后果是:使资产阶级民主主义世界观与马克思主义世界观、社会主义现实主义与批判现实主义的区别变得模糊不清。在像阿伯特·马尔兹这样一位著名美国无产阶级作家的文章(《我们向作家要求什么》,1946 年)中,也表现出修正主义的影响,他在该文中宣布作家的创作方法是不依他的世界观为转移的。美共主席威廉·福斯特在克服布劳德主义方面起了重要作用。布劳德主义的克服,马尔兹的文章发表后共产党报刊上立即就此文展开的讨论,帮助这位作家又回到马克思主义的正确立场上来,并使得马克思列宁主义美学的原则得到恢复。

美国马克思主义者西德尼·芬克尔斯坦于四十年代开始活动。他的主要兴趣是在钻研现实主义问题、艺术的民族性问题以及对资产阶级艺术文化进行批判等方面〔9；10；11；14；15；17〕。他于1947年出版的第一本著作《艺术与社会》尚带有那种在分析艺术作品时没有得到克服的社会学观点的印迹。对这本书的讨论帮助这位哲学家在以后的著作中不再犯他在从事学术活动之初所犯的那些错误。在《艺术中的现实主义》（1956年）一书中，芬克尔斯坦讲，艺术作品有能力提供真实的生活情景，这样就能使艺术作品永垂不朽。在该书中他下了这样的定义："现实主义艺术——这并不单纯是描摹人物性格与事物的艺术。它既揭示一个人的个性，也揭示他与芸芸众生的相似……。它激发人们对自然美以及人类美的理解。现实主义艺术反映人们处于其中的那些社会关系……。因此，可以说，现实主义艺术反映它那个时代的历史"〔10，第21页〕。

在以后的著作《作曲家与民族》（1960年）、《美国文学中的存在主义与异化问题》（1965年）、《谁需要莎士比亚？》（1973年）等书中，芬克尔斯坦在确定艺术跟产生作品的一定方法与风格的社会条件、跟包括哲学在内的其他社会意识形式的联系时，达到了分析事物细腻入微的境界。在回答他自己提出的《谁需要莎士比亚？》这个问题时，芬克尔斯坦写道："他为我们大家所需要。但不是神秘地把他作为一位具有神奇天赋，然后其秘密便消失了的作家……不，他之所以为我们所需要，是因为作为这样一位艺术家，他在资本主义刚刚产生的早期进行创作时，就能抓住行将到来的变化，并把人的价值摆在最重要的地位……。现在，当资本主义在自身陷于危机和瓦解的时代变得日益惨无人道的时候，当社会主义向它提出挑战的时候，我们需要莎士比亚的人道主义，以期更加鲜明地阐明这些问题，并确证：它们依然具有先前的那种重要性，并且这些问题的解决将开辟走向人类幸福的道路。"〔9，第207—208页〕

美国共产党一些最大的活动家有关文化问题的言论，对于美国马克思主义美学的发展具有重大意义。他们促进了1946年和1956年修正主义影响的克服。威·福斯特于1946年在《新群众》杂志上发表的文章《人民文化政策要旨》，党的理论刊物《政治事务》（*Political Affairs*）的主编维克托·杰罗姆于1947年在马克思主义者代表会议上作的报告《变化中的世界中的文化》〔3〕，武装了进步的艺术与文学工作者去进行纲领性斗争，以反对那些年出现的与"冷战"原则、与麦卡锡主义的猖獗相联系的反动潮流。

美国共产党总书记海斯·霍尔在1975年举行的文化问题会议上的发言，提出了马克思主义者、文化工作者必须解决的新课题。海斯·霍尔强调指出："文化运动是争取社会主义斗争的最重要的组成部分"〔13，第11页〕。在美共第二十一次代表大会上（1975年），通过了关于出版专门论述文化问题的杂志的决定。

在七十年代中期，美国马克思主义美学把范围广泛的问题都包括了进去。对它的发展作出贡献的，既有政治活动家，也有作家、评论家、新闻记者和学者〔20〕。社会主义现实主义问题在美国作家菲利普·波诺斯基的文章〔1〕和坦普尔大学教授盖洛德·勒鲁瓦的文章〔4〕中得到详尽的探讨；艺术分析的方法（首先是根据舞台艺术的材料）在著名剧作家和电影剧本作家约翰·霍华德·洛森的著作中〔5；6〕得到详尽的探讨；新闻记者沃尔特·洛温费尔斯和约翰·霍华德·洛森的著作〔7；8；17〕则专门研究了社会对作家与文学的影响的社会学机制。指导这些人行动的，是争取建立科学的、精练的、接近实际需要的美学理论的激情。

第三节　德意志联邦共和国的马克思列宁主义美学

德意志联邦共和国马克思列宁主义美学的发展，是一个跟国家精神生活中在资本主义制度及其资产阶级思想体系总危机影响下所发生的深刻变化联系在一起的过程。资产阶级美学已不能对艺术与艺术文化的最重要问题作出真正科学的分析，在资产阶级美学中出现了种种颓废现象，在这种历史背景下，马克思主义美学成了唯一可供选择的、用以对抗资产阶级理论的替换物。而资产阶级哲学从它自身来说，倒也确实想利用马克思主义日益增长的威望，把它溶化在与它格格不入的自发势力中，并对辩证唯物主义与历史唯物主义的基本原理按照自己的心愿加以解释。因此，批判资产阶级对马克思主义的歪曲便成了西德马克思主义者一项极端重要的任务。

德意志联邦共和国马克思主义美学科学的形成在长时间里遭遇到重大的困难。在这个国家里共产党长期受到查禁。就是现在，反动集团也以违反宪法的关于极端分子的法律为根据，力图阻碍共产党扩大对广大工人和知识分子的影响。德意志联邦共和国许多大学的教研室把共产党员哲学家与美学家排斥在大门之外。这自然就使得辩证唯物主义世界观的宣传复杂化起来。不过，尽管如此，对这种世界观的兴趣还是与日俱增。

德国共产党赋予文化艺术领域的政策以重大意义。1971 年在纽伦堡召开的"德国共产党文化政策座谈会"〔参看 12〕的材料就说明了这一点。党认为现在主要的任务是：深刻地、有科学依据地分析资产阶级文化的状况与矛盾，并深入研究德国共产党在自己的实践活动中所应遵循的文化政策的原则。共产党把艺术看作对工人阶级和知识分子进行教育的最重要手段之一，它所指靠的是马克思列宁主义美学的传统，是社会主义艺术的理论与实践。跟资产阶级上流社会艺术相对抗，跟现代主义的怪诞形式相对抗，始终不渝地坚持社会主义现实主义——这一切决定了德意志联邦共和国马克思主义美学的特点，决定了它的主要流派——社会学派和跟美学有着广阔通道的艺术学派。

六十年代末以前，捷·卢卡奇的思想在德意志联邦共和国的马克思主义美学中有着强烈的影响〔参看本书第 10 章〕，但是现在，他对艺术的片面认识论的解释已经让位给对艺术活动性质的一种更加广泛的看法。促进这一点的是苏联哲学家和德意志民主共和国美学家的著作在联邦德国的出版。譬如，共产党的达姆尼兹出版社就出版了 M. C. 卡冈的《马克思列宁主义美学讲义》。在这本书里，作者捍卫了美学问题上系统的辩证唯物主义观点，并根据从改造、认识、价值观与交往等方面对艺术的分析，从艺术活动的结构归结出艺术活动的特点〔参看 6〕。德意志民主共和国美学家 B. 米吞茨韦的著作也具有重大意义，他把卢卡奇的"大现实主义"论跟贝·布莱希特对社会主义现实主义的观点对立起来。

德意志联邦共和国的马克思主义美学家们在《倾向》《南瓜心》《论据》等杂志上发表的文章证明他们的工作效果卓著，触及美学思想的许多方面。这里特别值得提出的是李夏德·希佩的书和文章。希佩在他的《手中的小鸽子》（1976 年）与《新阶级的艺术》（1973 年）两本书中，详尽分析了德意志联邦共和国现代资产阶级艺术中所发生的种种过程。作者从这些过程中区分出两种倾向，它们是平行的，但是常常互相渗透，这是由晚期资本主义资产阶级文化的状况引起的。一方面是现代主义的上流社会艺术，另一方面是"大众文化"艺术生产的产品。现代主义艺术家认为，艺术的独立自主、社会孤立主义是保持真正的人性不受侵犯的最后一点希望，是"摆脱开专政的最后一块自由的绿洲"。可是实际上，上流社会艺术的这种幻想的自由在资产阶级专政条件下，只不过是对自由的讽刺而已〔9，第 95 页〕。

希佩根据马克思关于资本主义生产敌视艺术的论点说道：资产阶级关系的逻辑使得艺术活动的产品成为多余的，因为这种产品几乎不能带来任何利润。因此，在资本主义制度下，艺术就全部世界史来说是第一次"跟普遍的生产方式发生了不可消除的矛盾"〔9，第 94 页〕。艺术作品作为个人创作活动的结果，却仅仅在"高度分工的范围内"才能给自己在其他商品当中找到一席位置。在这里，艺术脱离开"自身的基础，即作为人道主义化劳动的模型的个体活动，而被移植到享有特权的职业劳动的高级领域"。在这里，它或者变成奢侈品，或者成为"占统治地位的资产阶级意识形态的点缀"〔9，第 94 页〕。

资产阶级社会中艺术状况的另一方面是吸引艺术家投入"大众文化"品批量生产的过程。希佩指出，德意志联邦共和国的艺术家们只有极少数人（占总数的 3%）能够保持自身的独立性，既不加入资本主义产生的文化工业的过程，也不厕身于机器生产制品的大批设计师与装饰师的行列之中。在"大众文化"领域，使用的是"第三等级的生产者，也就是待售的生产者"的劳动。从这里也就产生出水平极低的，用作补偿手段、用作麻醉剂的那类艺术，这种麻醉剂使人暂时忘掉人间的沉重负担。这类艺术用假想的问题来代替现实中真正的问题。"大众文化"工业生产出无数粗陋的、公式化的侦探小说、连环画册、描写成英雄人物的强盗，把具有新法西斯主义内容的书籍大量投放市场，使摄影艺术降低到只记录"大众文化"所崇拜的人物的耸人听闻的生活细节的水平。

资产阶级社会"价值"的生产在人们的意识中培植占统治地位的阶级的思想意识。这种生产从社会心理学方面说，是对资本主义社会普通成员思想与心理的操纵。左派美学家 B. 豪格把这一过程定义为"借助于语言手段和美学手段对群众意识与行为的非恐怖主义的控制"〔7，第 140 页〕。希佩指出，上流社会艺术与"大众文化"并没有被一条不可逾越的鸿沟隔开。从前现代主义严加禁止的东西，现在也渗进该派的艺术。例如，在冯德利希与扬森的绘画中，海淫的照相主义（фотографизм）由于神秘莫测而被圣洁化了，有人似乎对它做了这样的译解，以一种超现实主义的方法赋予它以某种不可理解的非理性的意义〔9，第 42 页〕。

希佩在自己的著作中批判了包括 Π. 高尔森在内的法兰克福学派信徒们的美学理论，并揭露了某些"新左派"的企图——企图取消艺术活动的传统种类，即绘画与版画，而"代之以文化工业生产的复制品与残渣、淫秽作品与照相主义"〔8，第 158 页〕。这种激进主义可以说是上层资产阶级艺术发展的结果，因为，既然绘画、版画和雕塑培养资产阶级的审美意识，所以，就必须像"新左派"所认为的那样，干脆消灭并用别的某种东西替代这两类艺术。这种假革命的理论所根据的，是对艺术创作的种类与形式的形成过程的庸俗社会学的理解，艺术创作的种类与形式被机械地直接归并于资本主义条件下的经济关系；这种假革命的理论在社会学思想中和无产阶级文化协会的实践中，在 T. 阿道尔诺和 Г. 马尔库兹的美学中，都可以找到其根源；这种假革命的理论在很多方面是跟资产阶级理论家的意图相吻合的，资产阶级的理论家们力图证明建立一种符合工业社会的人们需要的新艺术的必要性。

马克思列宁主义美学史包含着一个很重要的任务，那就是对这门科学的最重要范畴的形成进行分析，不这样，就不可能科学地阐明人对现实的审美把握与艺术把握的实际过程，以及这种过程跟革命实践、跟工人阶级改造社会的活动的有机联系。西德研究工作者 Д. 福尔特在他的《弗·梅林的文学理论及其对社会主义现实主义的意义》（1972 年）一书中所试图完成的正是这项任务。

七十年代给德意志联邦共和国的马克思主义美学史带来许多新东西。我们亲眼看到：它更加深刻地分析了人对世界的审美把握与艺术把握，更加锐利、更加辩证地考察了艺术的社会职能、艺术在文化中的地位问题。现在可以说有这样一种趋势：在这个国家里正在形成一门完整的马克思列宁主义的美学科学，它力图把美学问题的广阔光谱囊括于自身之中。

В. Ф. 豪格的一些饶有趣味的著作，包括他的《商品美学批判》（1970 年）一书，专门分析了"后期资本主义"社会中艺术的社会职能。在这些著作中，消费社会呈现为人的意识、人的审美情感的操纵者，它企图制造社会一体化的错觉、主体的可能性无穷无尽的错觉。表现为商品的事物的职能就在于：它们应该成为符号交往的手段、独特的言语、象征的系统，这些象征在人的意识中形成各个主体互相联系的体系，并在意识中建立一些一定的点，以决定感性世界。可能性已经穷尽的社会企图把自己装扮成一个不断发展的有机体，通过商品的日新月异的美学形式重新制造出具有意识形态能力的外观。

Б. 欣茨在他的论述法西斯主义造型艺术〔10〕的专著里部分地利用了豪格的方法论原则。他这本书在当时的情况下是部极端重要的著作。当时的情况是：新法西斯主义对劳动人民的民主成果不断进行威胁，伪造历史，不仅力图为最反动的资产阶级专政的头目们进行辩白，还力图把纳粹思想的产物说成是某种深奥莫测的、不可理解的、从民族精神深处产生的、具有审美价值的东西。

欣茨在分析这种备受法西斯头子们赏识的"艺术"时指出，它没有任何艺术价值，形式十分简陋，它是仇恨人类的种族主义思想的赤裸裸的表现，这种种族主义思想裹着一层神话般的或假现实主义的外衣，外加蛊惑性的社会煽动。希特勒分子准备世界大战的活动要求大大增加军事生产，这种增长是靠对劳动人民进行残酷剥削、对他们进行经济掠夺来实现的。如果不对人们头脑进行全面的改造，要做到这一点那简直不可思议。而对人们头脑进行全面改造的办法是：不仅使用大众信息的手段直接宣传纳粹主义思想，还要借助法西斯主义的"艺术"。描写人民对元首的忠诚，以假现实主义的手法在艺术中反映劳动题材以博取劳动人民的欢心；把法西斯的大兵们的丑恶行为与闲暇时间加以美化，培植种族主义的"美的理想"；把蒙昧主义学者头脑中产生的全球性气质神秘主义加以神话般的、象征性的描绘——这一切成为使人脱离现实生活问题的手段，成为把人变成极权主义恐怖主义的法西斯国家机器上的一个螺丝钉的工具，而法西斯国家的目的就是要发动掠夺性战争，奴役和消灭整个整个的民族。这种消灭人类尊严、为希特勒主义的罪恶行径做辩护的"艺术"，其存在本身就是对人类犯罪。

不过，欣茨的著作也并不是没有重大缺点。许多马克思主义者已经指出过这些缺点，如：他赋予经济因素之一——消费商品的减缩以过分重大的意义，希特勒主义必须用意识形态方面的办法对这种减缩加以补偿。他的分析没有把垄断资本进行操纵的所有形式包括进去，对无产阶级艺术与民主主义艺术在反法西斯斗争中的作用阐述得不够充分。

T. 梅切尔的著作《美学与反映论》（1972 年）应该认为是一

部重要的理论著作。梅切尔的出发点是以唯物主义的精神重新认识黑格尔的美学。历史过程的规律性——这就是黑格尔"理念"的唯物主义的摘要,黑格尔的"理念"必须理解为经验世界中的基本概念,而审美形式则决定于实际历史过程中不断变化的具体实物,决定于社会形态的客观的辩证法。

在 X. Й. 赞德居勒的《实践与历史意识》(1973 年)一书中,我们看到他试图建立一种解释原文的、唯物主义的理论。在整个二十世纪的岁月里,生活哲学、现象学与存在主义发展出一种唯心主义的释义学,这是一种钻研与把握深深铭印在原文中的、受历史制约的各种意识结构的基本方法。与这种唯心主义的释义学相反,赞德居勒力图依据马克思列宁主义经典作家的著作,从认识论与历史唯物主义的、受社会实践决定的内在统一性出发,来论证一种对原文进行理解的理论。

德意志联邦共和国马克思主义美学的形成,是跟该国民主力量的结合、跟认识工人阶级及其利益表达者——共产党的作用联系在一起的,因为,只有在这条道路上,才有可能建立能够成功地跟资产阶级美学相对抗的深刻美学理论〔24,第157—158 页〕。

第四节　马克思主义对奥地利美学思想的影响

奥地利的马克思主义美学在理论方面遇到了与德意志联邦共和国的美学所遇到的同样的问题。在五十年代,《纪事》杂志

（*Тагебух*）在奥地利的精神生活中起了显著的作用。在该杂志当编辑的学者们从共产主义党性的立场出发，讨论了现代艺术的各种问题，阐明了社会主义现实主义艺术实践的意义。

在这个时期，当时站在马克思主义立场上的恩斯特·菲舍尔的著作具有广泛的影响。菲舍尔既是文艺评论家和艺术学家，又是理论家。在他看来，重要的是，在理解艺术发展的规律性时，不仅要从分析艺术作品的语言、结构与内容出发，而且要从把艺术看作与人类其他活动形式并列的一种独特活动的观点出发。这两种用意具体体现在他的《论艺术的必然性》（1959 年）一书中。

要从理论上阐明艺术在社会生活中的地位，首先必须对艺术创作的起源问题有一个历史发生学的态度。这种态度使人能够揭明艺术在人类最古老的集体形式——原始社会形成时期所起的那种独一无二的特殊作用。菲舍尔指出：艺术是这样一种古老的形成物，就像人本身那样。它是一种劳动形式〔4，第 14 页〕。正是在劳动过程的怀抱里，正是在自然产品转变成人们的目的服务的超自然物的过程中，跟劳动有着不可分割的必然联系的原始人艺术也就作为一种新的合乎目的性诞生了。由于劳动而从自然王国挣脱出来的人，作为积极活动的主体而与自然王国相对峙。周围的事物变成人活动的客体，变成劳动的对象和手段；在此基础上产生了主客体的关系，这种关系以离奇的方式反映在原始人的意识中，所采取的形式是跟那种与大自然的物质交换的过程很自然地融合在一起，这种融合使人有可能对周围世界"施以妖术"〔4，第 31 页〕。劳动过程中的魔法是由"意识到自身的强大，同时又意识到自身的软弱无力"而引起的，这种魔法，随同"对自然的制服和对自然的恐惧"一起产生后，菲舍尔认为，也就是"艺术的根源和实质"〔4，第 31 页〕。

但是，艺术的基础并不仅仅是魔法。艺术创作也是诸种关系的极端复杂的综合体产生的。原始人对周围世界的所有感觉和知觉都对艺术产生影响，不过，菲舍尔认为，艺术中的决定性因素是主体、原始集体的活动中带有改造性质的方面，是原始集体对自然的支配的实现，是人类集体的加强与巩固。"艺术任何时候也不会完全失去它的集体性质，甚至当最初的集体早已崩溃并从它产生出阶级与个体的社会的时候"〔4，第 35 页〕。

我们所分析的菲舍尔的这本书是马克思主义美学中令人注意的现象，尽管其中包含着一些错误的论点，例如，他夸大了魔法在艺术起源方面的作用。但整个来说，菲舍尔遵循的是马克思列宁主义的方法论，维护了艺术创作问题上的阶级立场，同时又描述了许多艺术活动过程。有很多问题在《论艺术的必然性》一书中只是草草地加以解决，其实，他结合着系统而辩证的综合分析来使用的历史发生法，在研究这些问题时本来是可以取得良好效果的。可是，事情并不是这样。

从六十年代初开始，菲舍尔逐步转上修正主义立场。他堕落入机会主义阵营的原因是：不相信现实的社会主义的发展前景，不愿意理解苏联共产党和其他社会主义国家共产党的活动的意义，用小资产阶级的、空想的、抽象的、超阶级的人道主义理论暗中偷换阶级的、党性的立场。菲舍尔从根本上重新审查了像共产主义党性和社会主义现实主义这样一些马克思列宁主义美学范畴，从这里他开始了对马克思主义的修正。

在《艺术与共处》（1966 年）一书中，他错误地解释了列宁的党性原则，指出这个原则跟艺术创作没有关系，只是对党的政论作品来说才有意义。这种立场终于使他的世界观失掉了科学依据。在五十年代的著作里，菲舍尔明确地断定在现代艺术中有两种倾向。他说，现实向艺术家提出进行抉择的问题：或者表现为走投无路，表现在这个总是把人视为异己力量的世界面前的胆战心惊，指明"一掬尘埃的恐惧"（艾略特语）；或者像布莱希特那样，在跟邪恶势力的斗争中预见到未来的胜利，通过自己的创作给人带来解放的希望。而在六十年代，菲舍尔却声明拥护加洛迪，力图勾销现代主义与现实主义之间的区别。菲舍尔奉行 T. 阿道尔诺与 Γ. 马尔库兹的全面异化说，认为异化作为内在特性，不仅是资本主义的现实所固有，而且也是现代的社会主义所固有的。

菲舍尔修正了列宁的反映论，这使他在自己的理论中复活了全部唯心主义的谬误——从在主观唯心主义基础上抹杀认识论中主体与客体的明显对立，直到以新康德主义的方式（卡西勒的变种）把现实的形象理解为只有主体的意识才能创造的符号。艺术不再是现实的反映，它变成了经常不断的神话创作。菲舍尔把任何一种思想体系都看作"虚假的意识"，他千方百计地力图把艺术跟思想体系分开，在他的新理论中，艺术是"造思想体系的反"的。这不可避免地导致：确认艺术的独立自主性，并企图败坏社会主义艺术的名誉。A. 科仁格和 Ю. И. 苏洛夫采夫的著作〔21；22〕对菲舍尔的修正主义观点进行了深刻的、令人信服的分析。这里我们只补充一句：六十至七十年代的菲舍尔已经不再属于马克思列宁主义美学史的范畴了。他这个时期的著作已经属于修正主义和背叛行为的历史。菲舍尔反对社会主义各国共产党以及反对奥地利共产党的积极斗争是他思想演变的完成。1969 年，他被清除出奥地利共产党〔参看 23；25；28〕。

奥地利著名诗人、翻译家胡戈·胡佩特的文章，可以说是现代马克思主义文艺评论的优秀样板。他经常把对诗歌表现手段和诗歌内容的具体分析跟现代文化的各种进程联系起来。西德文艺学家胡戈·弗里德里希在他的著作《现代抒情诗结构》一书中把现代主义的诗学绝对化了，并把二十世纪抒情诗的全部发展归结为："诗歌想成为自我满足的东西……组成它的内容的是对理性前阶层发生暗示性影响的种种绝对力量之紧张的错综纠结，这些力量能使概念的神秘地带发生震荡"。胡佩特在同此人论战时指出：诗歌正是通过它的这种性质将"自己的富有诗意的人道主义"贡献给非理性者〔11，第 20 页〕。这位诗人认为，抒情诗是表现感觉、心绪、情感与沉思并使之具体化的最直接的形式。它是"文学中能从概括方面发生最有力影响的一种"〔11，第 21 页〕。我们这个时代的伟大社会运动向它提出了新的任务，并促使人们去揭明它所包含的尚未被人发现的表现能力，为它的发展创造了全新的、十分理想的前提。社会主义革命结束了异化，后者曾经像注定的命运那样，把人与人之间的关系变成物与物之间的关系。社会主义革命使抒情诗充满了革命豪情，同时也为描绘各种感受开拓了广阔的可能性。

在谈到抒情诗方面的现实主义问题时，胡佩特见解独到地解释了亚里士多德的模仿概念。他把它解释为内在形式，这种内在形式是"材料、感性内容与意义内容之间"的联系环节，"从而成了深刻的现实主义的灵魂"〔11，第 169 页〕。

结束语

在结束了对美学长期发展进程的研究时，让我们对所做的分析做几个结论，并考虑一下我们这门科学进一步发展的前景。

1.研究美学思想史使人能够看出美学思想在科学知识体系中的地位和在社会精神生活中的声望的经常变化。这些变化不是偶然的，它们反映了文化史上发生的各种过程。

在宗教世界观称王称霸、哲学与艺术成为"神学婢女"的时代，美学完全受神学支配，它的文化意义是不大的。后来，到了这样的时期，那时自然科学知识与技术创造开始在人类生活中起重要作用，但就是在这样的时刻，美学思想也是被排挤到文化的"后院"，而哲学则完全埋头于本体论与认识论问题的研究，对美学思想不予任何认真的关注。

但是，十八世纪下半叶人本身及其命运之被积极地提到社会认识的中心，却引起这样一种情况的出现：科学开始完整地看人——不仅按照卡·林耐的定义把人看作 Homo Sapiens（人类），也不仅按照本·富兰克林的定义把人看作"制造工具的动物"，还把人看作有各种各样兴趣的、以极复杂方式组织起来的活物。它既有实践生活，同时又有精神生活；既有理智生活，同时又有情感生活。指导它的既有实用性的利益，同时也有无私的审美方面的利益。它既珍视科学，也珍视技术，也珍视艺术。它带着或多或少的自觉性努力追求完整的、不是被分割成碎块的、全面的、和谐完满的生活。

哥·莱布尼茨正是在这种文化历史背景下才有可能分出人的灵魂的三种主要能力——理性、意志和感觉。根据这三种能力，A. 鲍姆嘉敦分出了跟逻辑学、伦理学并列的美学，作为哲学知识的一个独立领域。正是在这个时候，卢梭的感觉论表明了笛卡儿的唯理论的局限性，因为这种唯理论不能完整地说明人、文化与艺术；正是在这个时候，康德明确地认识到必须研究人的精神活动的第三领域——人的"判断力"（力求达到目的的和审美的能力），以补充对"纯粹"理性与"实践"理性的分析，因为，没有判断力就不可能有人类精神生活的完满性、完整性与和谐性。从康德的这个理论中，弗·席勒也就引申出关于审美教育的学说。他把拯救社会的主要希望寄托在审美教育上，因为，资产阶级革命的实践辜负了启蒙运动者的期望，也没有在人们面前打开通往"自由、平等、博爱"王国的大门。

美学理论的意义与声望的这种急剧的增长，由于德国古典哲学和十九世纪中叶俄国古典哲学的进一步发展进程而得到加强。这种急剧的增长是由资产阶级文明的无法解决的深刻矛盾造成的，资产阶级文明经常挑起反科学主义和反理性主义的反叛行为以反对它亲自培植的狭隘实用主义和片面理性主义。资产阶级文化把这种形而上学的、在立场上必须二者择一的局面一直传到我们这个时代——在这个时代，人们已十分清楚地看到：在人们的社会生存条件实现革命变革以前，关于人的全面和谐发展的思想始终不过是个乌托邦式的空想而已，而从理论上对它的论证则无非是企图驳倒唯物主义学说的、一种天真的唯心主义的图谋。

社会的社会主义改造使得克服人的发展的局部性和片面性的工作既有了可能，也有了必要。它引起了社会上对个人审美教育的需要，并把个人的审美教育看作个人全面综合教育的一个必要方面。所以，苏联宪法第二十七条做了这样的记载：社会主义"国家为了对苏联人进行道德的和审美的教育，而关注精神价值的保护、大量增加和广泛利用"。马克思一度提出的关于完整的、全面的、和谐发展的人的理想，在共产主义建设进程中正在逐步变为现实。同时，艺术——这个完整地造就个性的得力工具——的社会意义也在无可比拟地提高。我国宪法的同一条条文明确地谈到了这一点："在苏联，竭尽一切可能地鼓励职业艺术和民间艺术创作的发展。"

在这种条件下，美学科学开始在社会实践生活和理论生活中起着它在任何时候、任何时代都未曾起过、也不可能起的那种作用。在社会主义大家庭各国，美学正逐步成为国家在各种领域组织的多种多样活动的科学理论指南，这些领域包括：教学领域（审美教育）、生产领域（技术美学）、日常生活领域（共产主义生活方式的美学安排）、运动领域（体育活动的美学），当然还有艺术文化领域。

社会主义各国的美学思想史表明：美学思想的社会意义是在如何不断地逐日增长着。在我们这个时代，其表现是：美学教学已被公认为培养各种艺术领域的艺术家以及文艺学家、艺术学家与艺术评论家的中等与高等院校教学大纲中的一个必要环节；美学在那些培养对学校儿童进行审美教育的未来教师的师范院校中也在逐步变成必修科目；美学已被纳入共产党员党内政治学习的教学体系，在那些接收艺术文化工作者学习的马克思列宁主义大学的系科中也在讲授美学；美学日益广泛地进入民办文化与艺术大学的教学大纲。专业的和通俗的美学书籍的印行表明：社会主义国家也为人民在美学方面进行自我教育、自我学习创造必要的条件。

随着社会主义社会向共产主义的阔步前进，将美学知识运用于生活的过程以及美学科学本身在理论上进一步发展的过程将会日益蓬勃地展开。这就是展现在未来马克思列宁主义美学面前的光明前景。

2. 由于这种缘故，也就出现了马克思主义美学与资产阶级美学的相互关系问题。现代美学中这种在立场上一分为二的现象（当然，正如前面已经表明的，也存在着各种各样的中间理论）反映了时代的渗透一切的基本的意识形态冲突，这是由于在对世界、对社会历史过程、对人的看法上存在着两种对立的观点。因此，妄想克服资产阶级美学与马克思主义美学根本对立的任何企图，过去是、现在是、将来也永远是不切实际的幻想，不管他们所由以出发的理由是什么——是想站在修正主义立场上背离马克思主义，还是想汲取马克思主义科学的某些原理以壮大这种或那种唯心主义理论。

现代资产阶级美学思想的发展是自相矛盾的，它的一些原则就思想方面，特别是就学术方面来说，常常是彼此不能相容的。资产阶级美学的反动方针，它对上流社会唯美主义的那种不可遏制的向往（对于这种唯美主义来说，唯一的抉择是庸俗的实用主义的功利主义，这种功利主义在理论上支持所谓的"大众文化"），不可避免地产生一些虚妄的观念，这些观念歪曲地解释人的审美积极性和艺术积极性的规律性，从而跟马克思主义美学所取得的客观而又科学的资料发生不可调和的矛盾。这使我们有根据断定：未来是属于马克思列宁主义美学科学的，马克思列宁主义美学科学从辩证唯物主义的原则出发，反映人对世界的审美把握和人的艺术活动的真正规律。

不过，我们美学的意识形态立场——与科学的客观性相一致的共产主义党性，并不允许马克思主义科学以资产阶级美学在意识形态上跟马克思主义不能相容为理由而抛弃、勾销它所做成的一切。像这样的否定乃是把马克思主义美学的基本方法论立场庸俗化，并且是同列宁的立场根本相矛盾的。列宁的立场是：不相信资产阶级学者的总的理论体系，但善于细心地从他们的著作中分离出科学真理的颗粒。① 苏联心理科学对待弗洛伊德主义的态度就是这样的，我们的哲学对待存在主义的立场就是这样的，我们的美学对二十世纪资产阶级美学思想各种各样流派的评价也应该是这样的。

所以，要想使马克思主义美学得到卓有成效的发展，就需要

---

① 参看列宁：《唯物主义和经验批判主义》，人民出版社 1970 年版，第 344 页。

仔细研究并批判地了解世界美学思想、古典东西与现代东西的全部经验，就要求不仅跟思想上的志同道合者，而且也跟思想上的对手进行日益广泛的对话。正是在理论的争辩中，马克思列宁主义美学应该在表明自己有能力解决在唯心主义与形而上学思想范围内没法解决的问题时，显示出自己在学术上的优越性。

3. 还有一种重要的理论对话，美学思想发展的前景是与之联系在一起的。那就是西方与东方、欧洲与非洲的对话，这种对话能导致真正世界性的美学思想的形成。

在本课程的绪论性的第一讲中已经说明：为什么本课程对美学史的阐述只限于考察欧洲的美学学说并充实以对十九至二十世纪美国美学的分析。令人遗憾的是，在从十九世纪以来的这段时间里，近东和远东国家、拉丁美洲和非洲国家关于美学思想的知识实质上并没有得到丰富，因而要编写世界美学史就是在今天也依然是做不到的事。然而，包括艺术文化与美学思想在内的人类文化的实际发展过程却在进行着，不仅在欧洲和美国进行着，而且也在地球上的其他大陆上进行着。其他大陆上的文化跟欧洲文明的成就日益频繁、日益积极地互相接触、互相交配，有时候则融合在一起，并在我们的眼前形成一个日益密切地互相联系在一起，可以称作全人类文化的、国际性的统一体。各种不同的文化在美学理论的土壤上的接触，可能是为了人类文化的普遍进步事业建立它们的相互理解、相互接近和相互协作的最有效方式之一。在这里起决定性作用的是马克思主义美学思想的代表人物，他们的活动跟真正的最彻底的国际主义是分不开的。把代表各民族美学思想的学者们在理论上的努力统一起来——这一目标在苏联已经达到，在整个社会主义大家庭内也正在越来越积极地予以实现。这一目标或迟或早也必将在地球的全体居民当中得到贯彻。加速世界美学思想的这个"明天"的到来，是马克思主义美学家最崇高的目标。

4. 今天展现在马克思列宁主义美学面前的有重大意义的远景，要求它进一步完善，要求学者们以自我批评的精神和冷静的态度对待已经取得的知识，要求加深和扩大他们的研究与探讨。必须常记不忘马克思主义经典作家的话：他们的学说并不是某种一成不变的东西，它必须随着生活、社会实践、科学知识水平的变化而变化。这话也完全适用于马克思主义美学。马克思主义美学在自己的历史进程中总是战胜错误，战胜自身发展的每一个具体阶段上观点的不可避免的局限性而坚定不移地前进的。

不管它的成就是多么出色、多么牢靠，马克思主义美学始终是活的、不断运动、不断前进、不断完善的理论，对于在现代文化中——在它所研究的艺术实践中，在它与之发生相互作用的邻近科学中，在那以自身的发展从方法论上使美学研究变得富有成效的哲学中——所产生的一切新鲜事物的总结，这种理论是敞开大门的。

5. 有一种表现得日益频繁的趋向，那就是克服对马克思主义美学所研究的种种现象所持的各种各样的片面性观点，如："自然派"与"社会派"对审美价值所持的观点，在研究艺术活动方面的片面社会学观点、片面认识论观点、片面心理学观点、片面符号学观点、片面审美观点，等等，在艺术史问题上所持的纯经济观点、纯意识形态观点、纯文化学观点、狭隘内在论观点。可以认为，克服这些片面观点的趋向是马克思列宁主义美学史的一条普遍规律。不过，与此同时，我们的科学也不能满足于以资产阶级科学中流行的"一体化"折中主义的精神，用多元论的机械的方法将这些观点结合起来。

所研究的现象作为系统看的方法的形成，在这方面给予马克思主义美学很大的帮助。苏联和其他社会主义国家（保加利亚、捷克斯洛伐克、德意志民主中和国）的学者们在本世纪六十至七十年代开始认识到掌握这种方法的必要，并把它看作从理论上阐明人的审美积极性和艺术活动的最有效途径。因为这些现象是有着复杂结构的系统，既是多方面的，同时又是完整的。因而，如果对它们做片面的研究，不管是从哪个方面来研究，如果把研究的各个不同方面机械地结合起来，那就不可能对它们作出恰如其分的解释。而系统法却为完整地理解这些对象展示了前景，马克思列宁主义美学科学进一步发展的关键也正是在这个地方。

由此可见，马克思列宁主义美学的历史发展过程不能认为已经结束，因为活的、好寻根究源的科学思想的运动永远不可能有终止的一天。

参考书目

第一章

原著

1.《马克思恩格斯论艺术》，1933 年，莫斯科。

2.《马克思恩格斯论艺术》，1937 年，莫斯科。

3.《马克思恩格斯论艺术》，1976 年，莫斯科，第 1—2 卷。

4.《列宁论文化与艺术》，1938 年，莫斯科。

5.《列宁论文学》，1929 年，列宁格勒。

6. Конституция (Основной Закон) Союза Советских Социалистических Республик. М., 1977.

7. Материалы XXV съезда КПСС. М., 1976.

8. О партийной и советской печати, радиовещании и телевидении: Сб. документов и материалов. М., 1972.

参阅书目

9. Борьба идей в эстетике: V Гегелевский и V Международный конгрессыпо эстетике. М., 1966.

10. Дискуссия о предмете марксистско-ленинской эстетики: Обзор докладов и выступлений. —Вопросы философии, 1956, № 3.

11. Иезуитов А. Н. Вопросы реализма в эстетике Маркса и Энгельса. Л. ; М., 1963.

12. Из истории советского искусствоведения и эстетической мысли 1930-х годов. М., 1977.

13. Из истории советской эстетической мысли. М., 1967.

14. Искусство и общество: VI Между народный конгресс по эстетике. М., 1972.

15. Исследования по марксистско-ленинской эстетике. —Вопросы философии, 1977, № 2.

16. История эстетики: Памятники мировой эстетической мысли. Т. 5. Эстетическое учение Маркса—Энгельса—Ленина. Эстетические идеи в трудах учеников и последователей Маркс, Энгельса, Ленина. М., 1970

17. Каган М. С. Марксизм и эстетика. —Иностранная литература, 1968, № 5.

18. Кох Г. Марксизм и эстетика: Об эстетической теории К. Маркса, ф. Энгельса и В. И. Ленина. М., 1964.

19. Лифшиц Мих. Вопросы искусства и философии. М., 1935.

20. Лифшиц Мих. Карл Маркс, искусство и общественный идеал. М., 1972.

21. Лукач Г. Литературные теории XIX века и марксизм. М., 1937.

22. Лукин Ю. Ленин и теория социалистического искусства. М., 1973.

23. Мазаев А. И. Концепции《производственного искусства》20-х годов. М., 1975.

24. Материалы VII Международного эстетического конгресса в Бухаресте в 1972 г. М., 1973, вып. 1—2.

25. Маца И. Л. История эстетических учений. М., 1962.

26. Мейлах Б. С. Ленин и проблемы русской литературы конца XIX начала XX века. Л., 1956.

27. Новожилова Л. И. Социология искусства. Л., 1968.

28. Овсянников М. Ф. История эстетической мысли. М., 1978.

29. Овсянников М. Ф., Смирнова 3. В. Очерки истории эстетических учений. М., 1963.

30. Тасалов В. И. Десять лет проблемы《эстетического》(1956—1966). — В кн.: Вопросы эстетики. М., 1971, вып. 9.

31. Трофимов П. С. Очерки истории марксистской эстетики. М., 1963.

32. Фарбштейн А. А. Современная марксистско-ленинская эстетика в социалистических странах Европы. Л., 1975.

33. Фридлендер Г. М. К. Маркс и Ф. Энгельс и вопросы литературы. М., 1962.

34. Шиллер Ф. П. Энгельс как литературный критик. М. ; Л.,

1953.

35. Илиев А. История на естетиката. София, 1958.

36. Славов И. И. Марксовато естетическо наследство: Комплексен проблем. София, 1972.

37. Actes du VII Congres International d^Esthetique. Bucarest, 1976—1977, vol. 1—2.

38. Bayer R. Histoire de l'és thetique. P., 1961.

39. L'Esthetique dans le monde. —Revue d'Esthetique, 1972, N 1—2.

40. Morawski St. Marxism a estetika. Warszawa, 1973.

41. Morawski St. Miedzy tradicj a wizja przyszlosci. Warszawa, 1964.

42. Morpurgo-Tagliabue G. L'Esthetique contemporaine: Une enquete. Milan, 1960.

43. Munro Th. Evolution in the arts and other theories of culture history. New York, s. a.

44. Musolino R. Marxismo ed estetica in Jtalia. Roma. 1971.

其他参考书目

45. Апресян З. Г. Эстетика: Библиография (1956—1960) . М., 1963.

46. Брейтбург С. М. Библиографический справочник. —В кн: Маркс К., Энгельс Ф. Об искусстве. М., 1933, с. 247—278.

47. Голенишева-Кутузова И. В., Гуткина А. М. Ленин и

литературоведение: Труды советских литературоведов, изданных на русском языке(1917—1968). М., 1969.

48. Желтова Н. И. Ленин и наука о литературе ; Библиографический указатель. 1955—1968 гг. Л., 1970.

49. Каган М. С. Библиографический указатель к《Лекциям по марксистсколенинской эстетике》. Л., 1966.

50. Левин Л. Библиография библиографий произв. К. Маркса, Ф. Энгельса, В. И. Ленина. М., 1961.

51. Левин Л. А. К. Маркс, Ф. Энгельс, В. И. Ленин: Указатель библиографических работ. 1961—1972. М., 1973.

52. Луначарский А. В. О литературе и искусстве : Библиографический указатель. 1902—1963 /Сост. К. Д. Муратова. Л., 1964.

53. Петрова Г. А. В. И. Ленин о литературе и искусстве: Темат. сб. работ В. И. Ленина. Книги и ст. советских авторов. 1961—1968. М., 1969.

54. Сахарова Е. Основы марксистско-ленинской эстетики: Рекомендованный указатель. М., 1961.

55. Въпроси на марксистско-ленинската естееика и естетического въепитание: : Ъиблиографски указател. София, 1963.

56. Rost G, Schulze H. Der sozialistische Realismus in Kunst und Literatur:: Eine empfehlende Bibliographic. Leipzig, 1960.

第二章

原著

1.《马克思恩格斯全集》（中文版）。

2.《马克思恩格斯论艺术》1967 年，莫斯科，第 1—2 卷。

3.《马克思恩格斯全集》，1957—1968 年，柏林。

4.《马克思恩格斯列宁论文化、美学与文学》选集，1973 年，莱比锡。

参阅书目

5. Дымшиц А. К. Маркс и Ф. Энгельс и немецкая литература. М., 1973.

6. Иезуитов А. Н. Вопросы реализма в эстетике Маркса и Энгельса. Л., М., 1963.

7. Каган М. С. Лекции по марксистско-ленинской эстетике. Иэд. 2-е. л., 1971.

8. Каган М. С. Марксизм и эстетика. -Иностранная литература, 1968, № 5.

9. Кох Г. Марксизм и эстетика: Об эстетической теории К. Маркса, Ф. Энгельса и В. И. Ленина. М., 1964

10. Лифщиц М. Карл Маркс: Искусство и общественный идеал. М., 1972.

11. Лукач Г. Литературные теоии XIX века и марксизм. М., 1937.

12. Столович Л. Н. Природа эстетической ценности. М., 1972.

13. Фридлендер Г. М. К. Маркс и Ф. Энгельс и вопросы литературы. М., 1962.

14. Шиллер Ф. П. Энгельс как литературный критик. М; Л., 1933.

15. Träger Cl. Zur Stellung des Realismusgedankens bei Marx und Engels. —In: Studien zur Realismustheorie und Methodologie der Literaturwissenschaft. Leipzig, 1972.

第三章

第一节
原著

1. Каутский К. К столетнему юбилею Шиллера. Пг., 1919.

2. Каутский К. Размножение и развитие в природе и обшестве. —В кн.: История эстетики: Памятники мировой эстетической мысли в 5-ти т. М., 1962—1970, т. 5.

3. Каутский К. Что хочет и может дать материалистическое понимание истории. —В кн: Исторический материализм / Сост/ С. Семковский. 5-е изд. М., б. г.

4. Либкнехт К. Мысли об искусстве: Трактат, статън, речи, письма. М., 1971.

5. Люксембург Р. О литературе. М., 1961.

6. Меринг Ф. Литературно-критические статьи. М. Л., 1934, т. 2.

7. Меринг Ф. Литературно-критические статьи. М; Л., 1964.

8. Цеткин К. О литературе и искусстве. М., 1958.

9. Mehring F. Gesammelte Schriften. Berlin, 1960—1966, Bd. 11, 14—16.

10. Zetkin C. Ausgewahlte Reden und Schrif ten. Berlin, 1060. B. 1—3.

参阅书目

11. Ленин В. И. Наши упразднители. —Поли. собр. соч., т. 20.

12. История европейского искусствознания. Вторая половина XIX века—начало XX века. М., 1969, т. 1.

13. История немецкой литературы в 5-ти т. М., 1962—1976., т. 4.

14. Кораллов М. Об эстетических взглядах Карла Либкнехта. —В кн.:Вопросы эстетики. М., 1960, вып. 3.

15. Фридлендер Г. Франц Меринг —критик и теоретик литературы. —В кн.: Меринг Ф. Литературно-критические статьи. М.; Л, 1964.

16. Koch H. Franz Mehrings Beitrag zur marxistischen Literaturtheorie. Berlin, 1959.

第二节

原著

1. Лафарг П. Соч. М. ; Л, 1931, т. 3.

2. Лафарг П. У истоков романтизма: Критический этюд об эпохе революции. —В кн.: История эстетики: Памятники мировой эстетической мысли. М., 1970, т. 5.

3. Lafargue P. Critiques littéraire. Paris, 1936.

参阅书目

4. Маркс К. Тебрия прибавочной стоимости. —Маркс К., Энгельс Ф. Соч. 2-е иэд., т. 26, ч. 1.

5. Ленин В. И. Речь произнесенная от имени РСДРП на похоронах Поля и Лауры Лафарг, 20 ноября (3 декабря) 1911 г. —Поли. собр. соч., Т. 20.

6. Ленин В. И. Материализм и эмпириокритицизм. —Полн. собр. соч., т. 18.

7. Андреев Л. Г. Французская социалистическая эстетика на рубеже XIX — XX веков: По страницам социалистической прессы. —В кн.: Проблемы социалистического реалиэмз. М., 1975.

8. Гоффеншефер В. Из истории марксистской критики: Поль Лафарг и борьба за реализм. М., 1967.

9. История Франции. М., 1973, т. 2.

10. Протасенко 3. М. Вопросы исторического материализма в трудах Поля Лафарга. Л., 1962.

11. Fréville J. Introduction. —In. Lafareue P. Critiaue littéraire. Paris, 1936.

12. Morawski S. II marxismo e l'esthetica. Roma, 1973.

第三节

原著

1. Литературное наследие Г. В. Плеханова. М., 1934—1939, сб.

1—7.

2. Плеханов Г. В. Искусство и литература. М., 1948.

3. Плеханов Г. В. Собр. соч., в 24-х т. М. ; л., 1923—1927.

参阅书目

4. Ленин В. И. Еще раз о профсоюзах. —Поли. собр. соч., т. 42.

5. Андруэский А. Я. Эстетика Г. В. Плеханова. М., Л, 1929.

6. Асмус В. Ф. Вопросы эстетики в работах Г. В. Плеханова. — Под знаменем марксизма, 19 43, № 6.

7. Астахов В. Г. Г. В. Плеханов и Н. Г. Чернышевский. Душанбе, 1961.

8. Водолазов Г. Г. От Чернышевского к Плеханову. М., 1969.

9. Луначарский А. В. Критика и критики. М., 1938.

10. Николаев П. А. Эстетика и литературные теории Г. В. Плеханова. М., 1968.

11. Новожилова Л. И. Социология искусства. Л., 1968.

12. Розенталь М. М. Вопросы эстетики Г. В. Плеханова. М., 1939.

第四章

原著

1. 列宁:《党的组织和党的文学》,《列宁全集》,第 10 卷。

2. 列宁:《纪念葛伊甸伯爵》,《列宁全集》,第 13 卷。

3. 列宁:《列甫·托尔斯泰是俄国革命的镜子》,《列宁全集》,第 15 卷。

4. 列宁：《政论家的短评》,《列宁全集》, 第 16 卷。

5. 列宁：《论"路标"》,《列宁全集》, 第 16 卷。

6. 列宁：《"保留"的英雄们》,《列宁全集》, 第 16 卷。

7. 列宁：《列·尼·托尔斯泰》,《列宁全集》, 第 16 卷。

8. 列宁：《列·尼·托尔斯泰和现代工人运动》,《列宁全集》, 第 16 卷。

9. 列宁：《托尔斯泰和无产阶级斗争》,《列宁全集》, 第 16 卷。

10. 列宁：《欧仁·鲍狄埃》,《列宁选集》, 第 2 卷。

11. 列宁：《德国工人合唱队的发展》,《列宁全集》俄文第五版, 第 22 卷。

12. 列宁：《论自由主义和马克思主义的阶级斗争概念》,《列宁全集》, 第 19 卷。

13. 列宁：《关于民族问题的批评意见》,《列宁全集》, 第 20 卷。

14. 列宁：《给阿·马·高尔基（1908 年 2 月）》,《列宁全集》, 第 34 卷。

15. 列宁：《给阿·马·高尔基（1913 年 2 月）》,《列宁全集》, 第 35 卷。

16. 列宁：《打着别人的旗帜》,《列宁全集》, 第 21 卷。

17. 列宁：《民族问题提纲》,《列宁全集》, 第 19 卷。

18. 列宁：《哲学笔记》。

19. Воровский В. В. Эстетика; Литература; Искусство. М., 1975.

20. Дооктябрьская 《Правда》 о литературее искусстве. М., 1937.

21. Крупская Н. К. О Ленине: Сб. статей и выступлений. М.,

1965.

22. Луначарский А. В. Собр. соч. в 8-ми т. М., 1963—1967.

23. Ольминский М. С. О печати. Л., 1926.

24. Ольминский М. С. По литературным вопросам. М. ;Л., 1932.

25. Ольминский М. С. Статьи о Салтыкове-Щедрине. М., 1959.

26. Цеткин К. Воспоминания о Ленине. М., 1955.

27. Шаумян С. Г. Избр. произв. в 2-х т. М., 1957.

28. Шаумян С. Г., Спандарян С., Мясникян А. О культуре, искусстве и литературе. Ереван, 1975.

参阅书目

29. Вайчук Р. Г. В борьбе за марксистскую эстетику: Взгляды В. В. Воровского. Днепропетровск, 1964.

30. Волков П. Д., Ермишкин Н. И. Эстетические взгляды М. С. Ольминского. М., 1975.

31. Воскерчан А. К. Степан Шаумян и вопросы литературы. М., 1959.

32. Каган М. С. Лекции по марксистско-ленинской эстетике. Л., 1971.

33. Каган М. С. Влияние революции 1905 г. на развитие русской эстетической мысли. —Учен. зап. Ленингр. ун-та, 1956, № 220, вып. 26.

34. Лебедев А. Эстетические взгляды А. В. Луначарского:Очерки. М., 1970.

35. Лекции по истории эстетики. Л, 1976, кн. 3, ч . I.

36. Ленин и искусство. М., 1969.

37. Ленин и литература. М., 1963.

38. Ленинская теория отражения и современная наука. —София, 1973, кн. 3.

39. Ленинская теория отражения и современность. М. ; София, 1969.

40. Лукин Ю. А. В. И. Ленин и теория социалистического искусства. М., 1973.

41. Луначарский А. В. Исследования и материалы. Л., 1978.

42. Мейлах Б. С. Ленин и проблемы русской литературы конца XIX—начала XX вв. Л., 1956.

43. Морозова Э. Ф. В. В. Боровский   —критик-марксист, Киев, 1959.

44. Плеханов Г. В. Избр. филос. произв. М., 1957, т. 3.

45. Прямков А. Дооктябрьская《Правда》о литературе. М., 1955.

46. Эстетическое наследие-В. И. Ленина-и-проблемы искусства. М., 1971.

第五章

原著

1. 列宁:《土地问题和"马克思的批评者"》,《列宁全集》, 第 5 卷。

2. 列宁:《党的组织和党的文学》,《列宁全集》, 第 10 卷。

3. 列宁:《唯物主义和经验批判主义》。

4. 列宁:《俄共(布)第八次代表大会》,《列宁全集》, 第 29 卷。

5. 列宁:《苏维埃政权的成就和困难》,《列宁全集》, 第 29 卷。

6. 列宁:《共产主义运动中的'左派'幼稚病》,《列宁全集》, 第 31 卷。

7. 列宁:《青年团的任务》,《列宁全集》, 第 31 卷。

8. 列宁:《关于无产阶级文化的决议草案》,《列宁全集》俄文第五版, 第 41 卷。

9. 列宁:《工会在新经济政策条件下的作用和任务》,《列宁全集》, 第 33 卷。

10. 列宁:《宁肯少些, 但要好些》,《列宁全集》, 第 33 卷。

11. 列宁:《论文学与艺术》, 1976 年, 莫斯科。

12. Богданов А. А. Искусство и рабочий класс. М., 1918.

13. Богданов А. А. Тектология. Берлин; Пг. ; М., 1922, т. 1.

14. Луначарский А. В. Избр. статьи по эстетике. М., 1975.

15. Луначарский А. В. Ленин о монументальной пропаганде. — В кн. Борьба за реализм в изобразительном искусстве 2 0-х годов. М., 1962.

16. Маяковский В. Поли, собр. соч., М., 1955, т. 1.

17. Подольский Б. Вопросы социальной эстетики. Харьков, 1921.

18. Лунин Н. Н. Попытки реставрации. — Искусство коммуны, 1981, № 1.

19. Пунин Н. Н. Пути современного искусства. —Аполлон, 1913, № 9.

20. Чужак Н. К диалектике искусства. От реализма до искусства как одной из производственных форм: Теоретически-полемические статьи. Чита, 1921.

参阅书目

21. 21. Бугаенко П. А. Луначарский и Пролеткульт. —В кн.: Проблемы развития советской литературы 20-х годов. Саратов, 1963.

22. Горбунов В. В. И. Ленин и Пролеткульт. М., 1974.

23. Дементьев А. Г. Ленин и советская литература. М., 1977.

24. Ермаков А. Ф. А. В. Луначарский и политика партии в области искусства. —В кн.: Обогащение метода социалистического реализма и проблема многообразия советского искусства. М., 1967.

25. Каган М. С. Политика КПСС в области искусства в период перехода от капитализма к социализмз. —учен. зап. Ленингр. ун-та, 1955, № 193, вып. 22.

26. Мазаев А. Концепция 《производственного искусства》 20-х годов; Историко-критический очерк. М., 1975.

27. Недошивин Г. Советское изобразительное искусство. —В кн.: Путь советского искусства: Материалы научной конференции. М., 1968.

28. Новожилова Л. И. Социология искусства: Из истории советской эстетики 20-х годов. Д., 1968.

29. Роговин В. Идейно-эстетические дискуссии 20-х годов. —В кн.: Из истории советской эстетической мысли. М., 1967.

30. Черемин Г. От Февраля к Октябрю: Маяковский в 1917 году. —Русская литература, 1960, № 1

第六章

原著

1. 列宁:《论文学与艺术》, 1975 年, 莫斯科。

2. КПСС в Резолюциях и Решениях съездов, конференций и пленумов ЦК. М., 1970, т. 5.

3. О партийной и советской печати: Сб. документов. М., 1954.

4. Арватов Б. Искусство и классы. М. ; Пг., 1923.

5. Арватов Б. Социологическая поэтика. М., 1928.

6. Богданов А. О пролетарской культуре. Л., 1924.

7. Борьба за реализм в искусстве 20-х годов: Материалы, документы, воспоминания. М., 1962.

8. Верцман И. Эстетика в свете социализма. —Под знаменем марксизма, 1930, № 4.

9. Волькенштейн В. Опыт современной эстетики. М. ; Л., 1931.

10. Воронский А. Искусство как познание жизни и современность. Иваново Вознесенск, 1924.

11. Выготский Д. С. Психология искусства. М., 1968.

12. Горький М. О литературе. М., 1955.

13. Гриб В. О принципах построения марксистской эстетики. — Под знаменем марксизма, 1929, № 2—3.

14. Жирмунский В. К вопросу о формалистах. — В кн.: Вальцель О. Проблема художественной формы. Л., 1924.

15. Зивельчинская Л. Нужна ли марксистская эстетика и как ее строить. — Под знаменем марксизма, 1926, № 11.

16. Зивельчинская Л. Опыт марксистского анализа истории эстетики. М., 1929.

17. Иезуитов Н. Конец красоты. — Пролетарская литература, 1931, № 4.

18. Иоффе И. Культура и стиль. Л., 1927.

19. Литературные манифесты: Сб. материалов. М., 1929.

20. Луначарский А. В. Избр. ст. по эстетике. М., 1975.

21. Луначарский А. В. Собр. соч. в 8-ми т. М., 1963—1967.

22. Маяковский В. Поли. собр. соч. в 13-ти т. М., 1955—1961.

23. Мейерхольд В. Э. Статьи, письма, речи, беседы. М., 1968, ч. 1, 2.

24. Переверзев В. Необходимые предпосылки марксистского литературоведения. — В кн.:Литературоведение. М., 1928.

25. Полонский В. На литературные темы. М., 1968.

26. Поэтика:Сб. по теории поэтического языка. Пг., 1919.

27. Против механистического литературоведения: Дискуссия о концепции В. Ф. Переверзева. М., 1930.

28. Фриче В. Очерки социальной истории искусства. М., 1923.

29. Фриче В. Социология искусства. М., Л., 1930.

30. Шмит Ф. Диалектика развития искусства. —Под знаменем марксизма, 1924, № 12.

31. Щмит Ф. Искусство: Его психология, стилистика, его эволюция. Харьков, 1919.

32. 32. Шмит Ф. Искусство: Основные проблемы теории и истории. Л., 1925.

33. Шмит Ф. Предмет и границы социологического искусствоведения. Л., 1928.

34. Эйзенштейн С. Избр. произв. в 6-ти т. М., 1964—1971.

参阅书目

35. Баскевич И. О. О теоретических воззрениях《Перевала》— философские науки, 1965, № 1.

36. Бичу к Л. Я. Методологические проблемы социологии искусства 20-х годов. —Вести. Моек, ун-та. Сер. философия, № 1.

37. Лавыдов Ю. Н. Искусство как социологический феномен: Введение. М., 1968.

38. Из истории советской эстетической мысли. М., 1967.

39. Лебдев А. А. Эстетические взгляды А. В. Луначарского. М., 1970.

40. Лейзеров Н. Л. В поисках и борьбе. М., 1971.

41. Мазаев А. И. Концепция 《производственного искусства》 20-х годов. М., 1975.

42. Новожилова Л. И. Социология искусства: Из истории советской эстетики 20-х годов. Л., 1968.

43. Новожилова Л. И., Н о с о в а И. Л. Театр и зритель: Конкретносоциологические исслеования 20-х годов, В кн.: Наука о театре. Л., 1975.

44. Роговин В. 3. Утверждение принципов реализма в идейно-эстетическойборьбе 20-х годов. —В кн. ; Вопросы эстетики. М., 1965, вып. 7.

45. Селезнева Т. Ф. Киномысль 20-х годов. Л., 1972.

46. Советское литературоведение за 50 лет. Л., 1968.

47. Шешуков С. И. Неистовые ревнители. М., 1971.

第七章

原著

1.《马克思恩格斯论艺术》，1933 年，莫斯科。

2.《马克思恩格斯论艺术》，1937 年，莫斯科、列宁格勒。

3.《马克思恩格斯论文学》（新材料），1933 年，莫斯科。

4. 列宁：《论文学》，1941 年，莫斯科。

5. Искусство и литература в марксистском освещении. М., 1934.

6. О партийной и советской печати ; С6. документов. М., 1954.

7. Адамян А. Статьи об искусстве. М., 1961.

8. Аксенов И. Язык современной драматургии. —Театр и драматургия, 1934, № 6.

9. Асафьев Б. В. Музыкальная форма как процесс. Л., 1971, кн. 1—2.

10. Афиногенов А. В борьбе за социалистический реализм. — Театр и драматургия, 1935, № 3.

11. Балаш Б. Дух фильмы. М., 1935.

12. Брехт Б. Театр. М., 1965, т. 5, ч. 1.

13. Бурсов Б. И. Вопросы реализма в эстетике русских революционных демократов. М., 1953.

14. Виноградов И. Вопросы марксистской поэтики. Л., 1936.

15. Выготский Л. С. Воображение и творчество в детском (школьном) возрасте. М., 1930.

16. Гапошкин В. К вопросу о социалистическом реализме. — Искусство, 1934№ 2.

17. Горелов А. К вопросу о худжественном методе. — Литературный современник, 1933, № 4.

18. Городинский В. К вопросу о социалистическом реализме в музыке. —Советская музыка, 1933, № 1.

19. Горький М. Избр. литературно-критические статьи. М., 1941.

20. Горький М. Несобранные литературно-критические статьи. М., 1941.

21. Горький М. О литературе. М., 1955.

22. Грубер Р. О реализме в музыке. —Советская музыка, 1937, № 6.

23. Дынник М. Основные проблемы марксистской эстетики. — Под знаменем марксизма, 1940, № 6.

24. Жданов А. А. Советская литература —самая идейная, самая передовая литература в мире. М., 1934.

25. Жданов А. А. О журналах《Звезда》и《Ленинград》: Доклад. М., 1946.

26. Иоффе И. Синтетическая история искусств. Л., 1933.

27. Иоффе И. Синтетическое изучение искусства и звуковое кино. Л., 1937.

28. Лафарг П. Литературно-критические статьи. М., 1936.

29. Лифшиц М. Вопросы искусства и философии. М., 1935.

30. Лифшиц М. К вопросу о взглядах Маркса на искусство. М., Л., 1933.

31. Лукач Г. К истории реализма. М., 1939.

32. Лукач Г. Литературные теории XIX века и марксизм., 1937.

33. Луначарский А. В. Критика и критики. М., 1938.

34. Луначарский А. В. О театре и драматургии: Избр. ст. М., 1958, т. 1.

35. Луначарский А. В. Собр. соч. в 8-ми т. М., 1963—1967, т. 8.

36. Луначарский А. В. Статьи об искусстве. М. Л., 1941.

37. Луначарский А. В. Статьи о Горьком. М., 1938.

38. Луначарский А. В. Статьи о театре и драматургии. М. ; Л., 1938.

39. Люксембург Р. Статьи о литературе. М. ; Л., 1934.

40. Маца И. Теоретические вопросы изобразительного искусства. М., 1933.

41. Медведев П. Н. В лаборатории писателя. Л., 1933.

42. Мейлах Б. С. Философская дискуссия и вопросы изучения эстетики. Л., 1948.

43. Меринг Ф. Литературно-критические статьи. М., 1934, т. 1—2.

44. Недошивин Г. А. Очерки теории искусства. М., 1953.

45. Некоторые вопросы марксистско-ленинской эстетики. М., 1954.

46. Ольминский М. По литературным вопросам. М. ; Л., 1932.

47. Плеханов Г. В. —литературный критик: Новые материалы. М., 1933.

48. Плеханов Г. В. Литературное наследство в 4-х т. Л. ; М., 1934—1937.

49. Полонский В. Сознание и творчество. Л., 1934.

50. Розенталь М. Мировоззрение и метод в художественном творчестве. —Литературный критик, 1933, № 6.

51. Соболев А. И. Ленинская теория отражения и искусство. М.,

1947.

52. Тамарченко Д. Литература и эстетика. Л., 1936.

53. Фадеев А. За тридцать лет. М., 1957.

54. Шиллер Ф. П. Энгельс как литературный критик. М. ; Л., 1933.

55. Шекотов Н. Правда в искусстве. —Искусство, 1934, № 3.

56. Эйдук Я. Фердинанд Фрейлиграт и Карл Маркс. М. ; Л., 1936.

57. Эйзенштейн С. Избр. произв. в 6-ти т. М., 1962—1966, т. 3.

58. Юзовский Ю. Вопросы социалистической драматургии. М., 1934.

参阅书目

59. Из истории советской искусствоведческой и эстетической мысли 30-х годов. М., 1977.

第八章

1. Конституция (Основной Закон) Союза Советских Социалистических республик. М., 1977.

2. Программа Коммунистической партии Советского Союза. М., 1976.

3. Материалы XXV съезда КПСС. М., 1976.

4. Об идеологической работе КПСС: Сб. документов. М., 1977.

5. Брежнев Л. И. Актуальные вопросы идеологической работы КПСС. М., 1978, т. 11—2.

教学用书

6. Борев Ю. Б. Эстетика. М., 1975.

7. Еоремеев А. Ф. Лекции по марксистско-ленинской эстетике. Свердловск, 1969—1975, ч. 1—4.

8. Зись А. Я. Лекции по марксистско-лениской эстетике. М., 1956—1960, вып. 1—2.

9. Каган М. С. Лекции по марксистско-ленинской эстетике. Л., 1971.

10. Лукин Ю. А. С катершиков В. К. Основы марксистское ленинской эстетики. М., 1977.

11. Марксистско-ленинская эстетик а: Учебное пособие. М., 1966.

12. Марксистско-ленинская эстетика. М., 1973.

13. Основы марксистско-ленинской эстетики. М., 1960.

14. Очерки марксистско-ленинской эстетики. М., 1960.

长期出版的书与丛书

15. Вопросы эстетики. М., 1958—1971, вып. 1—9.

16. О современной буржуазной эстетике. М., 1962—1976, вып. 1—4.

17. Проблемы этики и эстетики. Л., 1973—1977, вып. 1—4.

18. Эстетика и жизнь. М., 1971—1975, вып. 1—4.

19. Эстетик у—в жизнь. Свердловск, 1965—1974, вып. 1—5.

20. Эстетические очерки. М., 1963—1977, вып. 1—4.

21. Этика и эстетика. Киев, 1965—1978, вып. 1—22.

22. Издания Института философии АНСССР в серии 《Эстетика за рубежом》: Буржуазная эстетика сегодня. М., 1970; Искусство и общество. М., 1972 и др.

23. Издания Комиссии комплексного изучения художественного творчества Научного совета по истории мировой культуры АН СССР: Содружество наук и тайны творчества. М., 1968; Художественное восприятие. Л., 1971 и др.

24. Новоев жизни, науке, Технике. Сер. Эстетика. М., 1976—1979.

美学史方面的著作

25. Апресян Г. З. Эстетическая мысль народов Закавказья. М., 1968.

26. Вайткунас Г. Очерк развития эстетической мысли в Литве. М., 1972.

27. История эстетики: Памятники мировой эстетической мысли. М., 1962—1970, т. 1—5.

28. Коннон В. М., Д орошевич Э. К. Очерк истории эстетической мысли Белоруссии. М., 1972.

29. Кулакова Л. И. Очерк истории русской эстетической мысли XVIII вета. Л., 1968.

30. Лекции по истории эстетики. Л., 1973—1977, кн. 1—3.

31. Лосев А. Ф., Шестаков В. П. История эстеических категорий.

М., 1965.

32. Маца И. И. История эстетических учений. М., 1962.

33. Овсянников М. Ф. История эстетической мысли. М., 1978.

34. Очерки развития эстетической мысли в Армении. М., 1976.

35. Соболев П. В. Очерк русской эстетики первой половины XIX века. Л., 1972—1975, ч. 1—2.

36. Сосонкин И. С. Из истории эстетической мысли в Туркменистане. Ашхабад, 1969.

37. Шохин К. В. Очерк истории развития эстетической мысли в России: Древнерусская эстетика XI—XVII веков. М., 1963.

马克思列宁主义美学史书目

38. Иезуитов А. Н. Вопросы реализма в эстетике Маркса и Энгельса. Л; М., 1963.

39. Из истории советского искусствоведения и эстетической мысли 1930-хгодов. М., 1977.

40. Из истории советской эстетической мысли. М., 1967.

41. Лейзеров Н. Л. В поисках и борьбе: Из истории эстеических воззрений и эстетического воспитания в Советской России. М., 1971.

42. Ленин и искусство. М., 1969.

43. Лифшиц М. Карл Маркс: Искусство и общественный идеад. М., 1972.

44. Лукин Ю. А. Ленин и теория социалистического реализма. М.,

1973.

45. Мазаев А. И. Концепция《производственного искусства》20-х годов . М., 1975.

46. Новожилова Л. И. Социология искусства: Из истории советской эстетики 20-х годов. Л., 1968.

47. Трофимов П. С. Очерки истории марксистской эстетики. М., 1963.

有关理论问题的主要著作

48. Адамян А. А. Статьи об искусстве. М., 1961.

49. Асмус В. Ф. Вопросы истории и теории эстетики. М., 1968.

50. Барабаш Ю. Я Вопросы эстетики и поэтики. М., 1977.

51. Бахтин М. М. Вопросы литературы и эстетики. М., 1975.

52. Борев Ю. Б. Основные эстетические катагории. М., 1960.

53. Буров А. И. Эстетическая сущность искусства. М., 1956.

54. Ванслов В. В. Прблема прекрасного. М., 1957.

55. Волков И. Ф. Творческие методы и художественные системы. М., 1978.

56. Выготский Л. С. Психология искусства. М., 1968.

57. Гончаренко Н. В. О прогрессе искусства. Киев, 1968.

58. Гулыга А. В. Искусство в век науки. М., 1978.

59. Давыдов Ю. Н. Труд и свобода. М., 1960.

60. Джибладзе Г. Н. Искусство и действительность. Тбилиси, 1971.

61. Дмитриева Н. А. Вопросы эстетического воспитания. М., 1956.

62. Днепров В. Д. Проблемы реализма. Л., 1960.

63. Долгов К. М. Эстетика и художественная критика. М., 1972.

64. Егоров А. Г. Искусство и обшественная жизнь. М., 1959.

65. Егоров А. Г. Проблемы эстетики. М., 1977.

66. Зеленов Л. А. Процесс эстетического отражения. М., 1969.

67. Зись А. Я. Искусство и эстетика. М., 1975.

68. Иванов В. П. Человеческая деятельность —познание — искусство. Киев, 1977.

69. Иезуитов А. Н. Социалистический реализм в теоретическом освещении. Л., 1975.

70. Илиади А. Н. Природа художественного таланта. М., 1965.

71. Каган М. С. Морфология искусства. Л., 1972.

72. Кантор К. М. Красота и польза. М., 1967.

73. Коган Л. Н. Художественный вкус. М., 1960.

74. Крюковский Н. И. Кибернетика и законы красоты. Минск, 1977.

75. Кубланов Б. В. Гносеологическая природа литературы и искусства. Львов, 1958.

76. Куницын Г. И. Политика и литература. М., 1973.

77. Лосев А. Ф. Проблема символа и реалистическое искусство. М., 1976.

78. Лотман Ю. М. Структура художественного текста. М., 1970.

79. Лутин Ю. А. Художественная культура зрелого социализма. М., 1977.

80. Марков Д. Ф. Проблемы теории социалистического реализма. М., 1978.

81. Марков М. Е. Искусство как процесс. М., 1970.

82. Новикова Л. И. Эстетика и техника: альтернатива или интеграция? М., 1976.

83. Поспелов Г. Н. Эстетическое и художественное. М., 1965.

84. Проблемы реализма в мировой литературе. М., 1959.

85. Проблемы эстетического воспитания и современность. М., 1963.

86. Раппопрт С. Х. Искусство и эмоции. М., 1972.

87. Рунин Б. Вечный поиск. М., 1964.

88. Скатершиков В. К. Эстетическая культура советского человека. М., 1964.

89. Столович Л. Н. Природа эстетической ценности. М., 1972.

90. Столович Л. Н. Эстетическое в действительности и в искусстве. М., 1969.

91. Толстых В. И. Искусство и мораль. М., 1973.

92. Тугаринов В. П. О ценностях жизни и культуры. Л., 1960.

93. Хачикян Я. И. Абстракционизм и художественное познание. Ереван, 1966.

94. Храпченко М. Б. Художественное творчество, действительность, чело-век. М., 1977.

95. Чавчавадзе Н. 3. О некоторых особенностях художественного отра-жения действительности. Тбилиси, 1955.

96. Эстетическое. М., 1964.

97. Яковлев Е. Г. Искусство и мировые религии. М., 1977.

第九章

第一节

原著

1. Борьба идей в эстетике: Марксистско-ленинская критика реакционных эстетических учений. М., 1974.

2. Кох Г. Марксизм и эстетика: Об эстетической теории К. Маркса, Ф. Энгельса и В. И. Ленина. М., 1969.

3. Ценков Б. Толор Павлов —теоретик на изкуството и литературен критик. София, 1973.

4. John E. Probleme der marxistisch-leninistischen Asthetik. Halle ; Leipzig, 1968.

5. Morawski S. Miedzy tradycja a wizja przyszlosi. Warszawa, 1965.

6. Zur Theorie des sozialistischen Realismus. Berlin, 1974.

参阅书目

7. Энгельс Ф. Люлвиг Фейербах и конец классической немецкой философии. —Маркс К., Энгельс Ф. Соч. 2-е изл., т. 21.

8. Ленин В. И. Детская болезнь《левизны 》в коммунизме. —Поли. собр. соч., т. 41.

9. Ленин В. И. О литературе и искусстве. М., 1976.

10. Брежнев Л. И. Великий Октябрь и прогресс человечества. — Коммунист, 1977, № 16.

11. Актуальные лроблемы социалистического искусства. М., 1978.

12. Марков Д. Ф. Проблемы теории социалистического реализма. М., 1975.

13. Семиотика и художественное творчество. М., 1977.

第二节

原著

1. Бегенау 3. Функция, форма, качество. М., 1962.

2. Бехер И. Любовь моя поэзия. М., 1965.

3. Брехт Б. Театр. В 5-тн т. М., 1965—1966, т. 5, ч. 1—2.

4. Ион Э. Введение в эстетику. М., 1964.

5. Ион Э. Некоторые проблемы теоретические эстетического воспитания. —В кн.: Современная прогрессивная эстетической мысль. М., 1974.

6. Кох Г. Марксизм и эстетика: Об эстетической теории К. Маркса, Ф. Эн. гельса, В. И. Ленина: М., 1964.

7. Кох Г. Проблема исследования социалистического реализма как художественного метода. —-В кн.: Эстеика, искусство, человек:

О судьбах буржуазного искусства. М., 1977.

8. Общество, литература, чтение: Восприятие литературы в теоретическом освещении. М., 1978.

9. Плавиус Г. К истории вопроса о предмете эстетики. —В кн.: Вопросы эстетики. М., 1958, вып. 1.

10. Редекер X. Отражение и действсие: Диалектика реализма в хуложественном творчестве. М., 1971.

11. Эстетические позиции: К марксистской литературной теории в ГДР. М., 1973.

12. Astheik heute. Berlin, 1978.

13. Benjamin W. Lesezeichen: Schriften zur deutschsprachigen, 1970.

14. Besenbrucn W. Zum problem des Typischen in der Kunst: Versuch über den Zusammenhang der Grundkategorien der Ästhtik. Weimar, 1956.

15. Funktion und Wirkrng: Soziologische Untersuchungen zur Literatur und Kunst. Berlin; Weimar, 1978.

16. Gimus W. Zukunftslinien —Überlegungen zur Theorie des sozialistischen Realisnus. —In: ZurKritik der bürgerlichen Idologie. Berlin, 1974, Bd. 44.

17. Heise W. Zu einigen Grundfragen der marxistischen Ästhetik. — Deutsche Zeitschrift fur Philosphie, 1957, Hf. 1.

18. John E. Probleme der marxistisch-leninistischen Asthetik: Ästhetik der Kunst. Halle am Saale, 1967.

19. John E. Probleme der narxistisch-leninistischen Asthetik. Halle am Saale, 1976—1978, Bd. 1—2.

20. John E., Lippold E., Rammler M. Kunst und sozialistische Bewußtseinsbildung. Berlin, 1974.

21. Kulturpolitisches Worterbuch. Berlin, 1970.

22. Lehmann G. Von der Wirklichkeit des Kunstwerkes. —Neue deutsche Literatur, 1965, Hf. 10.

23. Lehmann G. Grundfragen einer narxistischen Soziologie der Kunst. —Deutsche Zeitschrift für, Philosophic, 1965, Hf. 8.

24. Pfeiffer A. Abbild und Leitbld: Biokybernetisch-philosophische Vorlesrngen uber Wahrhert, Moral und Kunst. Berlin, 1973.

25. Philosopyisches Worterbuch. 10. Auflage. Leipzig, 1974.

26. Plavius H. Zwischen Protest und Anpassung. Halle am Saale, 1970.

27. Pracht E. Aktuclle Aufgaben der narxistisch-leninistischen Asthetik in der DDR. —Weimrer Beitrage, 1974, Hf. 3.

28. Redeker H. Geschichte und Gestze des Asthetischen. Berlin, 1960.

29. Senff W. Materialismus rnd Asthetik. Berlin, 1959.

30. Zur Theorie des sozialistischen Realismrs. Berlin, 1974.

参阅书目

31. Басманова Н. И. Взаимодействие эстетики СССР и ГДР. Автореф. канд. дис. Л., 1977.

32. Жагар О. А. Книга о типическом и ее критические оценки. — Вопросыфилософии, 1957, № 6 .

33. Клюев В. Г. Театрально-эстетические взгляды Брехта: Об эстетике Брехта. М., 1966.

34. Фарбщтейн А. А. Современная марксистско-ленинская эстетика в социалистических странах Европы. Л., 1975.

35. Ященькиа Р. Ф. Эстетика Иоганнеса Бехера. Пермь, 1968.

第十章

第一节

原著

1. Антифашизм —наш стиль: Венгерское искусство. Путь к социалистическому реализму. М., 1971.

2. Золтаи Д. Этос и аффект: История философской музыкальной эстетики от зарождения До Гегеля М., 1977.

3. Кун Б. Статьи о литературе. М., 1966.

4. Мароти Я. Реализм: вообще и конкретно. —В кн.: Социалистический реализм и проблемы эстеики. М., 1972.

5. Пути художественного прогресса: Литературно- худжественная критика в ВНР. М., 1978.

6. Сиклаи Л. Возникновение ценности и ее основные формы. — Философские науки, 1968, № 1.

7. Уйфалуши Й. Логика музыкального отражения. -Вопросы

философии, 1968№ 1.

8. Aradi Nora. A szocialista képzomuveszet jelképei. Brdapest, 1974.

9. Aradi Nora. A szocialista képzömüveszet története; Magyarorszag és Europa. Budanest, 1970.

10. Forgács Laszló. József Atilla eszéticaja. Budapest, 1965.

11. József Atilla. Irodalom és szocializmus. Budapest, 1967.

12. Lukács G. Die Eigenart des Asthetischen. Neuwied, 1963, 1—2. Halbbände.

13. Lukács Gy. A különösség mint esztetikai kategoria. udapest. 1957.

14. Lukács G. Probleme des Realism us. Neuwied, 1971.

15. Szigeti Józsf. Bevezetés a marxista-leninista esztétikába. Budapest. 1971.

16. Söter Istvan. The dilemma of literary science. Budapest, 1973.

17. Ujfalussy József. A valóság zenei képe. Budapest, 1962.

18. Ujfalussy József. Entstehungprozess der musikalischen Logik. — In: Asthetische Aufsatze. Budapest, 1966.

19. oltai D. Ethos und Affekt: Geschichte der philosophischen Musidasthetik von den Anfangen bis zum Hegel. Budapest, Berlin, 1970.

参阅书目

20. История эстетики: Памятники мировой эстетической мысли. М., 1962—1970, т. 1—5.

21. Кланицаи Т., Саудер И., Сабольчй М. Краткая история

венгерской литературы. XI—XX вв. Будапешт, 1962.

22. Манн Т. История《Доктора Фаустуса》. —Соόр. соч. в 10-тн т. М., 1959—1961, т. 9.

23. Сенаши Н. В. О некоторых обшетеортических проблемах реализма в современной венгерской эстетческой литературе. —Вести. Моек, ун-та. Сер. философия, 1973, № 6.

24. Фарбщтейн А. А. Музыка и эстеика: философские очерки осовременных дискуссиях вмарксистском музыкознании. Л., 1976.

25. Фарбштейн А. А. О становлении музыкальной логики; О книге Й. Уйфалуши. —Советская музыка, 1970, № 11.

26. Хевеши М. А. Из истории критики философскх догм II Интернационала М., 1977.

27. Шорбан А. К истории марксистской эстетики, в Вентрии. — В кн. Современная прогрессивная Эстетическая мысль. М., 1974.

28. Agŭrdi Póter. Viták, eredmények távlatok. —Magyar filozбfiai szemle, 1976, N 5.

29. Dialog und Kontroverse mit Georg Lukécs. Leipzig, 1975.

30. Hermann I. Die Gedandenwelt bei Ludács. Budapest, 1978.

31. Szerdahelyi István. Amagyar sztètika törtènete: 1945—1975. Budapest, 1976.

第二节

原著

1. Гачев Д. Статьи; Письма; Воспоминания; М., 1975.

2. Горанов К. Содержание и форма в искусстве. М. 1975.

3. Горанов К. Художественный образ и его историческаяжизнь. М, 1970.

4. Димитров Г. О литературе, искусстве и культуре. М., 1972.

5. Лилов А. О лрироде искусства: Критика современных концепций буржуазной эстетики. М., 1977.

6. Натев А. Искусство и общество. М., 1966.

7. Павлов Т. Избр. труды по эстетике. М., 1978.

8. Стойкое А. Критика абстрактного искусства и его теорий. М., 1965.

9. Стойков А. После заката абстракционизма. М., 1974.

10. Эстетика и литература: Статьи болгарских критиков. М., 1966.

11. Аврамов Д. Естетика на модерното изкуство. София, 1969.

12. Ангелов В. Грзното. София, 1964.

13. Ангелов В. Изкуство и комуникативность: Промени в структурата на естетического възприятие. София, 1972.

14. Ангелов К. Основи на музиякалната естеика. София, 1973.

15. Бакалов Г. Литературрните статини изледвания. София, 1973.

16. Благоев Д. Литературно-критически статии. София. 1951.

17. Горанов К. Изкусртво като процес. София, 1977.

18. Горанов К. Изкуство и социален живот: Очерци по естеика и социология на художествения процес. София, 1970.

19. Горанов К. Мироглед, талант и художествен метод. София, 1961.

20. Данчев П. Естетика. София, 1974.

21. Джаджев И. Художествената условност. София, 1972.

22. Естетическото възпитание: Програма, проблеми, перспективи. София, 1976.

23. Коев В. Условност и изкуство: Филос. -естетич. анализ. София, 1976.

24. Натев А. Цел и самоцелност на изкуството: Критични наблюдения върхунеокантинската естетика и нейното влияние в България. София, 1960.

25. Николов Е. Феноменология и естетика: Основни въпроси на феноменологията и феноменологическата естетика. Критичен очерк. София, 1965.

26. Павлов Т. За изкуството. София, 1974.

27. Павлов Т. Обша теория на нзкуството: Основни въпросы на естетиката. София, 1938, ч. 1—3.

28. Паволов Т. Основни въпросн на естетиката. София, 1949, т. I.

29. Павлов Т. Основни въпросн на марксистско-ленинската естетика. София, 1958, т. I.

30. Паси И. Трагичното. София, 1963.

31. Паси И. Смешното. София, 1972.

32. Проблеми на марксистската философия в трудове на Димитър Благоев. София, 1977.

33. Славов И. Кичът: Феноменология, физиономика и прогностика. София, 1977.

34. Славов И. Марксовото естетическо наследство: Комплексен проблем. София, 1972.

35. Художествената културa и развито социалистическо общество. София, 1974.

36. Ценков Б. Мироглед и художествен метод в литературата: Историкотеоретич. изследоване. София, 1974.

参阅书目

37. Пении В. И. Из прошлого рабочей печти в России. — Поли. собр. соч., т. 25.

38. Атанасов. А. Эстетические воззрения Тодора Павлова. — В кн. Современная прогрессивная эстетическая мысль за рубежом. М., 1974.

39. Жечев Т. Литературная наука в Болгарии. — Вопросы литературы, 1975, № 3.

40. Лашев А. Влияние русских революционных демократов на формирование эстетических взглядов Д. Благоева. Автореф. канд. дис. М., 1967.

41. Марков Д. Ф. Проблемы теории социалистического реализа. М., 1975.

42. Одиннадцать веков болгарской философской мыслн. София, 1973.

43. Паскалев Д. Проблема пролетарского искусства в марксистской эстетике Боларии конца XIX-начала XX века. —В кн.: Новаторство и художественное многообразие литературы и искусствэ. М., 1970.

44. Северова О. А. Из истории концепций творческой личности в болгарской эстетике. —Советское славяноведение, 1974, № 4.

45. Генов К. Проблемът за социалистичестия романтизъм всъветското литературознании. —Езнк и литература, 1971, № 2.

46. Драганов М. Социалната психология в България. София, 1971.

47. Философски речник. София, 1977.

48. Ценков Б. Из историята на естетическата мисъл в България: Очерци. София, 1964.

49. Ценков Б. Толор Павлов—теоретик на изкуството и литературен критик. София, 1973.

第十一章

第一节

原著

1. Дземидок Б. О комическом. М., 1974.

2. История эстетики: Памятники мировой стетической мысли. М., 1970, т. 5.

3. Кучиньская А. Прекрасное: Миф и действительность. М., 1977.

4. Мархлевский Ю. Об искусстве: Литература. Классовая борьба. Из литературного наследия. М., 1976.

5. Dziemidok B. Katharsis jako kategoria estityczna. —Studia estetyczne, 1971, t. 8, 1972. t. 9.

6. Kalinowski W. Watki socjologiczne w polskiej estetyce miedzywojennej. Wroclaw, 1973.

7. Lissa Z. Aufsatze zur Musikasthetik. Berlin, 1968.

8. Lissa Z. Nowe szkice z estetyki muzycznej. Warszawa, 1975.

9. Lissa Z. Szkice z estetyki muzycznej. Krakow, 1965.

10. Markiewicz H. Glowne problemy wiedzy o literaturze. Wyd3. Krakow, 1971.

11. Morawski S. Inquiries to the fundamentals of aesthetics. Cambridge, 1974.

12. Morawski S. L'absolu et la forme L'esthétique Andre Malraux. Paris, 1972.

13. Morawski S. Szkice z podstawowych zagadnien estetyki marksistowskiej. Warszawa, 1951.

14. Morawski S. Szkola stawiania pytan. —Studia estetvczne, t. 7, 1970; t. 8, 1971.

15. Roman Ingarden and contemporary Polish aesthetics. Warszawa,

1975.

16. Sztuka ispoleczenstwo. T. 1. Ocalenie przez sztuke. T. 2. Kreatywne funkcji sztuki. Warszawa, 1973, 1976.

17. Slawinski J. Dzielo, jezyk, tradycja. Warszawa, 1974.

18. Tatarkiewicz Wl. Historia estetyki. Warszawa, 1962—1967, t. 1—3.

19. Tatarkiewicz Wl. Dzieje szesciu pojec. Warszawa, 1975.

20. Wartosc, dzielo, sens: Szkice z filozofii kultury artystycznej. Warszawa, 1975.

21. Ziolkiewski S. Kultura literacka: 1918—1932. Wroclaw, 1973.

参阅书目

22. Marx K, E n g e l s F. On literature and arts. New York, 1974.

23. Brodzka A. O kryteriach realizmu w badaniach literackich. Warszawa, 1966.

24. Cesarski W. Klopoty z realismem. —In: Studia o wspolczesnej estetyce polskiej. Warszawa, 1977.

25. Krzemien-Ojak S. Estetika polska po wojnie: Szkic do obrazu. — In: Studia o wspolczesnej estetyce polskeiej. Warszawa, 1977.

26. Stepien M. Ze stanowiska lewicy : Studium jednego z nurtów polskiej krytyki literackiej z lat 1919—1938. Krakow, 1974.

第二节

原著

1. Литература и время: Литературно-художественная критика в ЧССР. М., 1977.

2. Марксистская литературная критика в Чехословакии: 20—30-е годы. М., 1975.

3. Мукаржовский Я. К проблеме личности в современной литературе. —В кн.: Художественный метод и творческая индивидуальность писателя. М., 1964.

4. Мукаржовский Ян. К чешскому переводу《Теории прозы》 Шкловского. —В кн.: Структурализм: за и против. М., 1975.

5. Мукаржовский Ян. Эстетическая Функция, норма и ценность как социальные Факты. —Учен. зап. Тарт. ун-та, 1975, вып. 365. Труды по знаковым системам, 7.

6. Неедлы З. Избр. труды. М., 1960.

7. Фучик Ю. О театре и литературе. И., 1964.

8. Шабоук С. Искусство, система, отражение. М., 1976.

9. Ksocialistickemu umeni: Antologie z ceske marxisticke estetiky. Praha, 1976.

10. Konrad K. Ztvarnete skutecnost. Praha, 1963.

11. Mukarovsky J. Studie z estetiky. Praha, 1966.

12. Nejedlý Z. Otakara Hostinsk6ho estetika. Praha, 1921.

13. Poetismus. Praha, 7.

14. Popovic A. Problemy literarnej metakomunidace: Teoria metatextu. Nitra, 1975.

15. Sbouk S. Brehy realismu. Praha, 1973.

16. Sabouk S. Tri polemicke studie. Praha, 1976.

17. Stoll L. O tvar a strukturu v slovesnem umeni. Praha, 1966.

18. Stoll L. Urpeni a idelolgický boj. Praha, 1972, sv. 1—2.

19. Teige K. Vybor z dila I. Svet stavby a basne. Praha, 1966.

20. Vaclavek B. Tvorba a spolecnost. Praha, 1961.

21. Vaross M. Teoria realizmu vo vytvarnom umění. Bratislava, 1961.

22. Vaross M. Esteticno, umienie a clovek. Bratislava, 1969.

参阅书目

23. Вогданов Ю. Словацкая критика за новую концепцию
национальной литературы: 20—30-е годы. —В кн.:
Формирование марксистской литературной критики в
зарубежных славянских странах. М., 1972.

24. Каган М. С. Системность и историзм. —Философские науки,
1977, № 5.

25. Марков Д. Ф. Генезис социалистического реализма. М., 1975.

26. Первый Всесоюзный съезд советских писателей. 1934.
Стеногр. отчет. М., 1934.

27. Фарбштейн А. А. Ворец за марксистское музыкознание: К
100-летию Зд. Неедлы. —Советская музыка, 1978, № 6.

28. Шерлаимова С. А. Чешская поэзия XX века: 20—30-е годы.
М., 1973.

第三节

原著

1. Брязу М. Научная идея и идея художественная. —В кн.: Проблемы

философии. М., 1960.

2. Виану Т. Исследования по эстетике. Бухарест, 1972.

3. Achim I. Introducere in estetica industriala. Bucuresti, 1968.

4. Achitei Gh. Valorile estetice noi ale obiectelor decorative contemporale. Bucuresti, 1971.

5. Breazu M. Cunoasterea artistica. Bucuresti, I960.

6. Breazu M. Realism si modernitate. Bucuresti, 1973.

7. Calinescu G. Principii de estetica. Craiova, 1974.

8. Dictionar de esteteca generala. Bucuresti, 1972.

9. Dobrogeanu-Gherea C. Studii critice. Bucuresti, 1967.

10. Esteticul in sfera culturii: Studii de estetica si teoria artei. Bucuresti, 1976.

11. Estetică, informatie, programare: Antologie. Bucuresti, 1972.

12. Ianosi I. Dialectica si estetica. Bucuresti, 1972.

13. Ianosi I. Dostoievski. Bucuresti, 1968.

14. Ianosi I. Romanul monumental si secolul XX. Bucuresti, 1963.

15. Ianosi I. Poveste cu doua necunoscute: Dostoievski si Tolstoi. Bucuresti, 1977.

16. Marcus S. Poetica matematica. Bucuresti, 1970.

17. Masec V. E. Arta si matematica. Bucuresti, 1972.

18. Masec V. E. Introducere in estetica informationala. Bucuresti, 1972.

19. Masec V. E. Marturia artei : Eseu despre cunoasterea prin arta.

Bucuresti, 1972.

20. Masec V. E. Matematica si estetica. Bucuresti, 1971.

21. Matei D. Traditie si inova tie In arta. Bucuresti, 1971.

22. Mocanu T. Consideratii despre sublim. Bucuresti, 1970.

23. Pascadi I. Destinul contemporan al artei. Bucuresti, 1974.

24. Pascadi I. Estetica—intre stiinta ci arta. Bucuresti, 1971.

25. Pascadi I. Idealul si valoarea estetică. Bucuresti, 1966.

26. Pascadi I. Nivele estetice: Infra, echi, meta. Bucuresti, 1972.

27. Rusu L. Logica frumosului. Bucuresti, 1968.

28. Smeu Gr. Previzibil si imprevizibil in epica. Bucuresti, 1972.

29. Smeu Gr. Relatia special-autonom in arta. Bucuresti, 1976.

30. Smeu Gr. Repere estetice in satul romanesc. Bucuresti, 1973.

31. Smeu Gr. Sensuri ale frumosului în estetica romanească. Bucuresti, 1969.

32. Tertulian N. Critica, estetica, filosofie. Bucuresti, 1972.

参阅书目

33. Жизнь, творчество, реализм. —Вопросы литературы, 1977, № 12.

34. Крохмэлничану О. В лаборатории критической мысли. — Вопросы литературы, 1977, № 12.

35. Лекции по истории эстетики. Л., 1977, кн. 3, ч. 2.

36. Тобошару И. Эстетические взгляды К. Доброджану-Геря. Автореф. канд. дис. М., 1963.

37. Фарбштейн А. А. Современная марксистско-ленинская эстетика в социалистических странах Европы. Л., 1975.

38. Breazu M., Dima AI. L'Esthetipue et la theorie de la literature dans la Roumanie contemporaine. — In: Esteticieni romani. Bucuresti, 1972.

39. Esteticieni romani. Bucuresti, 1972.

40. Pascadi I. Roumanie. — Revie d'Esthetipue. Paris, 1972, N 1—2.

第十二章

第二节

原著

1. Торез М. Избр. соч., М., 1959, т. 1.

2. Роллан Р. Собр. соч. М., 1958, т. 14.

3. Сев Л. Марксизм и теория личности. М., 1972.

4. Французские коммунисты в борьбе за прогрессивную идеологию. М., 1953.

5. Debats sur les problemes ideologipues et culturelles. — Cahiers du communisme, 1966, № 5—6.

6. Freville J. Preface. — In.: Lafargue P. Critipues litteraires. Paris, 1936.

7. Le parti communiste francais: La culture et les intellectuels. Paris, 1962.

8. Politzer G. La crise de la psychologie contemporaine. Paris, 1947.

9. 20-eCongres du Parti Communiste francais. — Cahiers du

communisme. janvier—fevrier, 1973.

参阅书目

10. Материалы XXV съезда КПСС. М., 1976.

11. Грецкий М. Н. Марксистская философская мысль во Франции. М., 1977.

12. Евнина Е. М. Современный французский роман. М., 1962.

13. Зись А. Я. Искусство и эстетика. М., 1975.

14. История Франции. М., 1973, т. 3.

15. Калитина Н. Н. Встречи с искусством Франции. Л. ; М., 1963.

16. Калитина Н. Н. Художественная критика в годы Народного фронта во Франции. —В кн.: Пробдлемы отечественной и всеобщей истории. Л., 1978.

17. Кузнецов В. Н. Развитие марксистской философии во Франции после второй мировой войны. М., 1962.

18. Смирнова З. Предисловие кнн.: Лефевр. А. Введение в эстетику. М., 1954.

19. Соколов В. С. Печать Народного фронта и прогрессивная французская литература. Л., 1967.

20. Fajon E. En feuilletant l'Humanite. Paris, 1964.

21. Histoire du Parti Communiste francais. Paris, 1964.

22. Morawski S. Il marxismo e l'stetica. Roma. 1973.

23. Mueunovic E. Esteticki problemi u savremenom francuskom marksizmu. Beograd. 1967.

第三节

原著

1. Банфи А. Изьр. М., 1925.

2. Грамши А. Изьр. произв. в 3-х т. М., 1957.

3. Грамши А. О литературе и искусстве. М., 1967.

4. Banfi A. Filosofia delarte. La Habana, 1968.

5. Gramsci A. Literatura e vita masionale. Morino, 1952.

6. Gramsci A. II materialismo storico e la filosofia de Benedetto Croce. Torino, 1952.

7. Della Volpe G. Critica del gusto. Milano, 1960.

8. Della Volpe G. Sckuzzo di una storia del gusto. Яоша, 1971.

参阅书目

9. Musolino R. Marxismo ed estetica in Italia. Toma, 1971.

第十三章

第一节

原著

1. Кеттл А. Введение в историю английского романа. М., 1966.

2. Кеттл А. Прогрессивные ченности литературы прошлого.— В кн.: Общественные деятели Англии в борьбе за передовую идеологию. М., 1954.

3. Кодуэлл К- Иллюзия и действительность. М., 1969.

4. Мортон А. От Мелори до Элиота. М., 1970.

5. Против современного абстракционизма. М., 1964.

6. Фокс Р. Роман и народ. М., 1960.

7. Caudwill Ch. Further studies in dying culture. London, 1950.

8. Caudwell Ch Studies in dying culture, london, 1938.

9. Marxism Today, 1974, vol. 18, N3, 7, 10, 11.

10. Marxism Today, 1975, vol. 19, N5.

11. Marxism Today, 1976, vol. 20, N1.

12. Marxism Today, 1977, vol. 21, N6.

13. Marxism Today Series, 1943, N3.

14. Modern Quartirly, 1951, vol. 6, N3.

15. Modern Quarterly, 1951, vol. 6, N4.

16. Thomson G. Marxism and poetry. London, 1945.

17. West A. Crisis, and criticism. London, 1937.

18. West A. The mountain in the sunlight. London, 1958.

参阅书目

19. Маркс К., Энгельс Ф. Об искусстве. М., 1957, т. 1.

20. Алексеева М. Н. Ральф Фокс. Автореф. канд. дис. Л., 1953.

21. Померанцева Р., Кагарлицкий Ю. Предисловие к кн.: Фокс Р. Роман и народ.

22. Соврменная прогрессивная эстетическая мысль. М., 1974.

23. Урнов Л. В борьбе. — В кн. : Кодуэлл К. Иллюзия и действительность.

24. Margolis D. A study of Caudwell's aesthetics. New York, 1969.

第二节
原著

1. Боноски Ф. Две культуры. М., 1987.

2. Голд М. Драйзер, которого я знал. —В кн. : Культура и общество; Марксистская литературно-художественная критика США. М., 1976.

3. Джером В. Идти навстречу.—Там же.

4. Лерой Г. Марксизм и современная литература.—Там же.

5. Лоусон Д. Кинофильмы в борьбе идей. М., 1954.

6. Лоусон Д. Фильм—творческий процесс. М., 1965.

7. Лоуенфельс У. Литература и общество. —В кн.: Культура и общество.

8. Стивенсон С. Маленькие журналы. —Там же.

9. Финкелстайн С. Кому нужен Шекспир. —Там же.

10. Финелстайн С. Реализм в искусстве. М., 1956.

11. Финкелстайн С. Экзистенцизм проблмы отчуждения в американской литературе. М., 1967.

12. Фостер У. Элементы народной культурной политтки. —В кн.: Культура и общество.

13. Холл Г. Из выступления на конференции, состоявшейся 5—6 мая 1973 года. —Там же.

14. Finkelstein S. Composer and nation. New York, 1960.

15. Finkeostein S. How music expresses ideas. New York, 1952.

16. Reed J. Anthology. Moscow, 1966.

参阅书目

17. Ермолаева В. Н. Борьба за реалистическое искусство в марксистской эстетике США. М., 1978.

18. Журавлев И. К. Очерки по истории маркстской литературной критики США. Саратов, 1963.

19. Засурский Я. Н. Предисловие к кн.: Культура и общество.

20. Современная прогрессивная философская и социологическая мысль в США. М., 1977.

第三、四节

原著

1. Arbeiterklasse und Kultur. —Mauxistische Blatter, lurger 1971, N11-12.

2. Bürger P. Was leistet der Wiederspiegelungdbegriff in der Literalurwissenschaft. —Das Argument, 1975, Hf. 3—4.

3. Fischer E. Kunst und Koexistenz: Beituag zu einer modernen marxistischen Ästhetik. Hamburg, 1966.

4. Fischer E. Von der Notwendigkeit der Kunst. Dresden, 1959.

5. Gorsen P. Marxismus und Kunstanalyse. —Asthetik und Kommunikation, 1970, N 2.

6. Hahn U. Kagans System der Asthetik. —Das Argument, 1975, Hf. 3—4.

7. Haug W. F. Zur Kritik der Warenasthetik. —Kursbuch, 1970, N 20,

März.

8. Hiepe R. Die Kunst der meuen Klasse. Munchen, 1973.

9. Hiepe R. Die Taube in der Hand: Aufsatze zur Kunst und Kulturpolitik. Leipzig, 1976.

10. Hinz B. Die faschistische Ma⏌erei: Kunst und Kontrrebolution. Mtinchen, 1977.

11. Huppert H. Sinnen und Trachten: Anmerkungen zur Poetologie. Halle, 1973.

12. Kulturpolitisches Forum der DKP in Nurnberg: Materialien. Dusseldorf, 1971.

13. Methodendiskussion: Aubeitsbuch fur Literaturwissenschaft. Frankfurt am Main, 1971, Bd. 2.

14. Metscher TH. Asthetik und Abbildtheorie. —Das Argument, 1972, Hf. 11—12.

15. Metscher TH. Asthetische Erkenntnis und die realistische Kunst. —Das Argument, 1975, Hf. 3—4.

16. Pforte D. Franz Mehrings Literaturthelrie in ihrer BedeHung für den sozialistischen Realismus. —In: Beitrage zur Theorie der Kunste im 19. Jahrhundert. Frankfurt am Main, 1972, Bd. 2.

17. Sandkuhler H. J. Praxis und Geschichtsbewuptsein. Studie zur materialistischen Dialektik, Erkenntnistheorie und Hermeneutik. Frankfurt am Main, 1973.

参阅书目

18. Ленин В. И. Партийная организация и партийная литература.
—Полн. собр. соч., т. 12.

19. Ленин В. И. Пролетарская революция и ренегат Каутский. —
Полн. собр. соч., т. 37.

20. Материалы XXV съезда КПСС. М., 1976.

21. Козинг А. Эрнст Фишер—современный марксист? М., 1971.

22. Суровцев Ю. И. В лабиринте ревизионизма: Эрнст Фищер,
его идеология и эстетика. М., 1972.

23. Фогел ер Я. Г. Борьба австрийских коммунистов против
идеологии правого оппортунизма. —Философские науки, 1970,
№ 3.

24. Ästhetik heute. Berlin, 1978.

25. Frei B. Der Weg Ernst Fischers: Eine Dokumentation. Wien,
1968.

26. Hirdina Rezension zu Wolfgang Fritz Haugs 《Kritik der
Warenasthetik》. —In: Weimarer Beitrage, 1973, Hf. 12.

27. Koch M. Mehrings Beitrag zur marxistischen Literaturtheorie,
Berlin, 1959.

28. Wimmer E. Behordlich konzessionierter Utopismus. —In: Weg und
Ziel, 1970, N 3.